White Jasmine of Changsha

Ray Huang

黄仁宇全集

第十四册

长沙白茉莉

宋碧云 译

九州出版社

图书在版编目（CIP）数据

长沙白茉莉 /

（美）黄仁宇著；宋碧云译 . —2 版 . —北京：九州出版社，
2011.11（2022.10重印）

（黄仁宇全集）

ISBN 978-7-5108-1226-2

Ⅰ . ①长… Ⅱ . ①黄… ②宋… Ⅲ . ①历史小说
－美国－现代 Ⅳ . ① I712.45

中国版本图书馆 CIP 数据核字（2011）第 227937 号

1949 年在日本东京担任中国驻日代表团团长副官的黄仁宇

1986 年黄仁宇首度回到祖国大陆，与妹妹（黄粹存）合影于桂林

序 *

这是一部"时代"小说。

虽然当中也局部地渗杂了一些真人实事，此种背景上之情节以陪衬虚构之主题故事为宗旨，不能全部存真；作者尤无意以之作任何道德上之褒贬。

黄仁宇

一九八九年年终

---

* 《长沙白茉莉》原系黄仁宇先生用英文创作、后以笔名"李尉昂"在台湾出版的繁体中译本，译者为宋碧云女士。为了适应大陆读者的阅读习惯，简体中文版对繁体中译文本作了少许译法上的改动。——编者注

1

别搞错。我仍是共产党员。就算你用手枪抵着我的脑袋问我同一句话，我也还是这么说。自重的人必须守信。我不急着写自白书求饶。但是你若有兴趣，我要告诉你我怎么会卷入这一切是非之中。事情很复杂，远比你想象中复杂多了。

我要声明，这个故事可没有贪生怕死这回事。事实上，故事开始的那段期间，每天都有共产党员被公开处死。那是一九二七年，将近四年前了。那时候你若停在公共场所看墙上的报纸，总会听到黄包车夫在背后聊天。他们正在谈当天处决人犯的事。谈话内容可能是这样：

"今天砍了二十七颗。"

"只有二十七颗？"

"只有二十七颗，这话是什么意思？如果嫌不够，我就把你的脏脑袋割下来，凑成二十八颗。咔嚓！"你仿佛看得见那人把手掌边缘当作利剑，要砍同伴的脑袋。但是另一位黄包车夫不闪也不躲。他说："不妨事，不妨事，不过是个碗大的疤。"

次年是一九二八年。当局不再在公共广场将犯人斩首示众，改押到识字岭公墓去枪毙，每次枪毙一两个。过了一段时间，长沙慈善委员会就在那儿立一道高高的石碑，上面刻着："绞斩炮亡脱苦界，低头礼佛得生机。"

真是谎话，真是虚伪！难怪马克思说宗教是民族的鸦片烟。主持善事的先生说他们给死刑犯带来安慰，但他们却鼓励死刑犯乖乖当待宰的羔羊。你也会恨那些黄包车夫，气他们迟钝和无知，他们任由军阀和卖国贼掌握他们的命运，使大家永远陷在耻辱和贫苦的深渊。他们耻笑那些想救他们的人，调侃那些在奋斗中丧命的志士。现在你渐渐明白中国国民为什么会像狗一样在小国城镇被外国人射杀了吧。我们活该！我们是一群被贫穷压垮了的无知的人民。我们为什么会被日本人欺侮呢？我们活该，用不着再细说了。为了拯救民族，我们必须唤醒大众。中国共产党就是为此而设的。不过，理想要付诸实现，可就复杂多了，远比我想象中来得复杂。

我怎么会卷入这一切是非之中？这要从一九二八年，我十八岁中学毕业那年说起。当时我正在恋爱，陷得很深。

李丽华是我的同班同学，年龄只比我大几个月。打从中三，我就注意到她非凡的美貌。她的脸色白皙，肤质柔滑，白得像缎子，简直可比美那种薄得只剩一层釉的细瓷。很多人说我喜欢把事情罩上浪漫色彩，也许吧。但李丽华可不是那种浪漫的弱女子：谁也支配不了她，谁也不能对她神气活现。由于她有肺病，她从不让我亲嘴。是她带我去参加"马克思主义研习团"的。

我只吻过她一次。有一天晚上我送她回家，硬逼她就范。她很生气地对我大吼："你这白痴，一年后你就会害肺痨死掉。"

我答道："不会，你和我都不会夭折。我们会活很久。我们快快乐乐相伴过一生。"

听了我的讲法，她似乎很感动；心软下来，但还是犹豫不决。她用手指抚摸我大衣的衣领，在上面画小圈圈，身体却跟我保持一段距离。然后她轻声说："答应我，在我觉得妥当以前，千万别再这样，好不好？"

我不太明白她是指她的病情还是我们之间的关系。她抬起下巴望着我，我看见她眼里含着泪，在月光下亮晶晶的。我永远忘不了那一幕，晶莹剔透，实在太美了。唯有白居易的"梨花一枝春带雨"差可形容。

李丽华在六个月后去世，我茫然若失。长久以来我一直假定她马上就会复原，跟我厮守，现在我必须孤零零开创新生，带着破灭的希望翻开生命的新页。我不知道我是怎么毕业的，这大抵要归功于我的数学老师。他给我加分，而且跟别的老师说："这孩子本来是好学生，现在有烦恼，我们好心给他一次机会吧。"就这样，我没有被退学。其实也没有什么差别。不管毕业或不毕业，中学文凭根本算不了什么。

我不想在商店或其他地方当学徒。我若想当学徒，早就可以当了，何必辛辛苦苦念中学呢？但是我的成绩太差，自知不可能申请到奖学金去上大学。靠家里出钱在沿海的都市读书更是妄想。自父亲去世后，母亲便住在平江娘家，她已经把仅有的一点积蓄全部给了我：她觉得我若是好儿子，过不久就会寄点钱给她。毕业后我搬出宿舍，住进二叔家。

我参加"马克思主义研习团"每周的聚会，几乎从不间断。没事做是原因之一。我喜欢我们的小组长——邹全和他太太姚梦：他们都是学校的老师，他们和李丽华很熟。我想不起开会时我说过些什么话。想必很激烈吧，没有理由不激进的。不过现在回想起来，一切只是学术讨论而已。我们不是任何党派的正式党员，也没有签过什么誓词或发过什么誓：但是研习团的每一个人都被视为共青团员。在国民政府和军阀集团心目中，共青团员就是共产党，也就是"共匪"。他们不注意我们的组织细节。他们订出一段时间该逮捕多少共产党的配额，最近我们人数不多，所以处决的人犯只有几个。大多数被捕的都是党员游击队，有些只是嫌疑犯而已，既非共产党，也非共青团员。

我在亲戚家住了将近一年，仍然不知道该做什么。我的二叔曾对我说："克明，我的好侄儿，听我说，我家就是你家，多亏你爹，我才有今天。他牺牲一切，让弟弟好好受教育，要是没有他，我不会是今天的我。他的恩情我一辈子也还不清，你在我们这儿爱住多久就住多久，不管人家说什么闲话，都别理他们。"

这话我听了很感动，而他说的也是真情。我父亲确实牺牲过，而且是不小的牺牲。他辛辛苦苦帮助二叔上完土地测量学院。现在二叔是测量工程师，在湖南公路局上班。不过他应该先请示他太太再向我提出保证才对，我不止一次听见二婶对访客说："每一家都有几个穷亲戚嘛。我们应该互相帮忙，不错。可是帮忙也该有个限度。我们可以帮忙三个月，或者至多六个月——这样已经够久了！"

所以，我听到党要派我到上海那天，非常兴奋。至少我可以有机会脱离这种沉闷的生活了。

2

共产党组织中，我只见过娄义农同志。跟他面谈的经验怪怪的。见过江西野战领袖的照片后，你会以为每一个共产党头子都是大老粗，穿棉袄，吃狗肉。娄义农给人的印象完全不同。他穿西装，裤子上的褶痕好挺好挺。他曾脱下银边眼镜，用一条白手帕擦镜片，然后把眼镜举在空中检查，觉得满意了才戴回脸上。几分钟后又再来一次。他是习惯这样，还是心里想别的事，或者摘下眼镜偷瞄我？我真的不知道。

起先他不叫我同志，跟"马克思主义研习团"的朋友们一样叫我"小赵"。他也称呼邹全"老邹"。"老邹，明天十点跟你碰面，不是在这儿，是在皇仓坪。"他就这样把我的小组长打发走了。现场只剩我们两个人，我们继续谈下去。

他笑嘻嘻对我说："听说你上海话讲得不错。讲一句来听听。"

真没想到。前些时候我们学校的话剧社演过一出戏，剧中有个人物是沿海来的人，可怜他只会说家乡话，碰巧他要的东西在内地话里听来像另一种东西。那个角色由我饰演，对白很不错，我们都笑得半死。还有人夸我有语言天才呢。其实也不难，说话时只要把舌头顶着上牙床的恰当部位，稍微拖拉一下，含糊一点就成了。我喜欢学舌。那种话特殊的词汇不多，不难对付。我猜那出戏演得很成功。我不知道在湖南党委会相当重要的娄义农怎么会知道消息，单挑这件事来试我。我随口说了几句戏里的台词。

娄义农说："不坏嘛，你的口音像青浦地区的人。"他自己显然不太熟悉上海话。接着他说出几句话，要我用上海方言说一遍。他听了很满意。他第二次擦眼镜，就在这个时候。

墙边有个脱了壳的旧式手提箱，用皮带束着。娄义农对我说："我要你把这个东西举起来，扛在右肩上。"

我听命行事。皮箱挺重的，我穿着长袍，费了一番工夫才把皮箱举起来。不过总算办到了。

"看好。假设这是一艘小船的跳板。"他一脚前一脚后，踩上地面的一块木板，又回头摆个平衡的姿势，然后继续说："我要你单手扶皮箱在上面走走看。左手要随时准备挡开港口附近的混混：他们可能会伸手来抢皮箱。"

我不是运动健将，但我身高五尺九寸，这事难不倒我。我照他的吩咐做，自信一定能应付那种场面。我觉得真好玩。娄义农老是咧着嘴笑，我也笑了。

但娄义农突然面色一寒，命令道，"放下，赵克明同志。"这是他第一次把我当党员，叫我同志，"这可不是儿戏，事关千万人的生死。"

我放下皮箱，发现他又看了我一眼。隔着厚厚的镜片，他的目光冷得吓人，脸上的肌肉绷得很紧。我照他的吩咐坐下。

"你想问怎么回事，对不对？千万别问，我们还在打仗，每个人都是战士。我们服从命令就好了。军队正在热战中，士兵一直问我们为什么这样，为什么不那样，保准有大祸临头。我们会全部完蛋！"

他正用左手掌揉搓右手的指节，害我也好紧张。他说："放轻松，你自告奋勇接下这档差事，我们很感激。"

我可是头一回听到有这回事。我从来没有自告奋勇做什么。刚才邹全才告诉我，上级要我跑腿办一件事。反正争辩也没有用。这时候我已彻底明白娄义农是什么样的人——无论讨论什么问题都是他有理就对了。等我们俩都平静下来后，他把我需要知道的事项一五一十告诉我。

皮箱里全是黄金，有戒指、手镯、项链、链环、耳环……一共五百一十九件，总共三十五斤左右，全部是我们红军在江西的战果。国民政府军想包围毛泽东和朱德手下的战士，朱毛迎头痛击。起先国民政府军以为可以轻易得胜；他们涌到那几个地方，一发现情形不对，连忙脱掉袖子上的青天白日臂章，向我们投降。现在我们的苏维埃区扩大不少，春耕前的土地改革进行得很顺利。很多地主的财产被没收，连家用品也包括在内，这些黄金就是战利品。

我们解放区实在用不着贵重的金属。必要的东西都有了，何况区内的银元够用好长一段日子。党部决定把金饰送往上海，因为我们的地下工作人员在那边压力很大。打一剂强心针可以鼓舞士气，而且可以巩固我们的国际地位。

从江西到上海最好走的路当然是东北方向直行。不过国民政府军在那边设了不少路障，他们的情报人员在沿路的所有客栈徘徊流连。我们的策略是把黄金往西运到长沙，再由这边的党支部接转到海岸地区。把它分成许多小包裹会启人疑窦，若有一包曝光，其他的也保不住。所以我们绕大圈子送货，采用集中方式，也就是全部放在一起，结果成功了。一位农家出身的女同志把东西全部放进竹篓，塞上脏兮兮的破布，扛在背上带进来，总共超过五百件，重达三十五斤。她讨饭讨了三天，才抵达军阀何键的军队控制的地区。这三天内没人猜想到这个乞丐其实是全区最阔的女人。她完成这截任务后，我没有理由不把下一段办好——下一段是坐河上的小船运送。

娄义农打开手提箱。他要我把大件的金饰放进一条棉被里，另外有一些塞进衬衫和长裤，有些跟袜子卷在一起。他解开其中一件，是一枚戒指。他指给我看："看好，内缘刻有金匠的名字和商标。他们一直宣称这是百分之百的红沙纯金，其实成色不定。专家看一眼上面的小字迹就知道黄金的成色。看，这个小钩钩注明东西是江西产的。你一定奇怪我们为什么不把金饰熔掉。我告诉你，省得你多问。这方面我们有困难。三四十斤黄金不是小数量。假如在市场卸货，金匠有义务向同业公会的师傅报告，话就会传开。所以我们只得照原样把东西运出去，我们在上海的朋友——我们在那边有位特别的朋友——懂得怎么处理。"

"我知道，娄先……"我迟疑不决。见过乌云和艳阳轮流在他戴眼镜的脸上出现后，我不知道该叫他同志还是先生才好。但是娄义农似乎不在意。

他说："还有一件事，随身带些你写过字的纸张和笔记本。记住，你是内地学生，准备到大都市考大学。除非必要，你用不着说上海话。这趟任务不要求你要什么手腕。我要你装傻，避免不必要的接触。只要东西送到，你就立了一件大功。"

当时我还没会意过来，如果在今天就不同了。听他的语气，活像我是来应征这项差事的；可是我到那儿之前，手提箱上早就印好我的名字，衣服上的洗衣店标签也打上我的姓名。噢！这件行李箱装了好多宝贝。我不敢确定黄金有多少，全凭他一句话，我也不知道每一件都注明来自苏维埃。如果有人问我娄义农是谁，我很难说出差强人意的答案。我只知道他三十出头，体形微胖，衣着十分讲究。说老实话，那时候我甚至不知道他的真实姓名，他在党内究竟是什么身份。

我用不着装傻，我本来就是大傻瓜。

3

我不想长篇大论描写我到上海的经过。你们有很多人以前都去过，算不了什么。不过对那些从未乘船航行长江的人，有几件事必须提一下。首先你得乘火车到武昌。三等车厢的窗户通常都关不起来，梅雨季节当然也不例外。于是你需要一条大手帕，有条干净的毛巾就更好了。火车头叽叽嘎嘎往北走，撒得头几节车厢满是煤屑。所以你必须不时擦擦眼睛，挖挖鼻孔和耳朵外侧。到了武昌，就乘市内渡船过江到汉口，再连夜搭轮船顺流而下，或者一大早上船。长江边随时有轮船停着——通常是英国船，偶尔也有中国船或日本船。那天我搭的是英国籍的船，名叫"福州号"，烟囱呈橘红色，顶上有一道黑边。

娄义农说得不错。我需要装出一副"别惹我"、"我很有把握"的模样，才能挡开港口附近的那些家伙。黄包车夫吆喝着："嘿，少爷，你要去哪里？"一两个流氓模样的家伙会走上前来说："先生，要不要旅馆房间？"他们举起硬纸板上贴的红招纸，在你眼睛前面晃呀晃。假如你落入圈套，说不准流氓的另外一只手会在你身上搞什么花样，等你发现可就太迟了。若有满脸嫩相的旅客提着三四件行李，这些无赖会上前各提走一件。人家诘问他们，他们便说年轻人初进城，无亲无故，他们好心帮忙嘛。那边当然有警察。不过，想想看这种场面他们见多了，一个月看三十天，一年看十二个月，白痴才相信他们有心保护你呢！总之，我得避开这些扒手、警察、地下工作人员、国民党特务和身兼上述几种身份的人。对我来说，他们的威胁都很大：都有可能坏了我的大事。

那么，为什么让我一个人走这趟路呢？这是娄义农聪明的地方。他要不是胸有城府，怎么会成为共产党指挥阶层里的大红人？他的主意是出奇制胜。出奇就得采用不合常理的方法行事，冒一次大险比冒许多次小险安全多了。

我肩上扛着破破烂烂的老爷皮箱，左手挥着一把伞骨斑驳的乡下雨伞，骗过了那些自以为聪明的家伙。他们走近之前，我略微转身，把伞举到手肘的高度。我只要眼睛一扫，他们就不敢打我的主意了。试过一两次后，我觉得好玩，还多加了一招。又有一个码头老前辈跟我打招呼了："嘿，小子，你要去哪里？"

我学他的湖北口音，说出一个料想不到的答案："一个好地方。"

他被唬得目瞪口呆，举步跟上来，嗓门却小多了："是什么地方？"

我得意洋洋地说："嘿，你居然不知道！还当向导？"

不过这一招太莽撞了。娄义农同志如果发现，决不会饶我。搞不好全部计划都会遭殃。李丽华如果还在世，也决不会让我这么做。她会痛骂我的小资产阶级心态，事后还长篇大论教训我要怎么帮助这些被腐败社会害惨、却没有阶级意识的无产阶级。

上了轮船"福州号"，我爬上大统舱的一个上层卧铺。大统舱跟货舱同在甲板下面：卧铺分两层，一共有五六十个。我多给了茶房一块钱，所以我住的是靠墙的卧铺，不是靠走道的，而且头顶还吊了一盏灯泡。我跟他说晚上我要看点书，有灯太好了。我把手提箱贴着床头板放好，身子靠在手提箱上，把那儿当做小躺椅，睡了三夜。

你大概会觉得我小心过度吧。什么扒手有办法在钢板做成的大统舱带走一个三英尺半长、拴着皮带的大皮箱呢？不过事情很难说。长江的河船上，什么事都可能发生。小偷若非跟船员勾结，哪里敢在船上作案呢？听说他们连船锚都有办法带走。他们可能是"红帮"、"青帮"、"袍哥会"、"三合会"、"宁波帮"或"绍兴帮"的人——总之，什么都有可能。我知道有小偷用剃刀割开旅客的袋子和箱子。他们也可能派个人先喊"抓贼哟，有扒手！"等大家四下检查贵重物品的时候，真的贼在一旁细看，下一次就知道该从什么地方下手了。

住大统舱有几个好处。行李不必寄存，比较不显眼。旅客不会应邀到包厢房去打扑克牌或麻将，也不需要到餐厅去用餐。吃饭时间到了，茶房会扛一大竹篓饭进来，宣布："吃饭啰！"轮船公司只供应米饭。旅客冲过去，用自己带来的饭碗和搪瓷杯装饭，拼命填满，不久竹篓便见底了。回到铺位上后，他们坐着或蹲着，用自己带来的一罐罐酱瓜、大白菜干、豆腐乳、熏鱼配饭吃，偶尔也有人带腌猪肉和香肠。有些旅客没有菜佐餐，只有一小包一小包辣椒粉，用滚水一泡，熏得眼睛和额头都红了。油腻腻热辣辣的气味在舱房里好久都不会散去。

上厕所对我来说是最严重的问题。洗手间在统舱外。我要跑上再跑下楼梯才能到那儿，而那边总有六七个人在前头等着。只有那段时间，珍贵的手提箱暂时离开我的视线，我愈是急着赶快进厕所，好尽快回到卧铺，排在前面的人好像愈要在厕所里磨时间。噢，我真是急死了，想想千万人的生死全仰赖我，我上厕所的快慢关系太重大了！我真的好紧张。后来我一想：妈的，就算我急得尿裤子也无济于事嘛，只会使情况更糟糕。有什么严重呢？万一黄金被人摸走，就随它去吧，等事情真的发生再操心也不迟。这一来我的心情马上就好多了。我觉得根本不必上厕所——至少不必上这么多次。

这艘船宣布停靠九江、芜湖和安庆三个河港装卸货物，船一靠码头，旅客还没下船，民众就一群群蜂拥而入，有苦力，有摊贩，也有换钱的人。他们带着绳子和竹竿，一托盘一托盘的食品和香烟，一捆捆纸纱，一堆堆铜币和银元。他们大声吆喝，把手上的钱币弄得吭吭响。晚上他们带着灯盏甚至火把上船。直到船上鸣锣开船，他们才肯走。

第三天我在首都南京下船。轮船要继续开往上海。但我们知道国民政府军对进出上海的货物要抽内陆运输税，几个外国大势力加入竞争，所以僵持不下。中国海关不肯插手。打从清朝，他们便一直听命于英国总税司。现在蒋氏的财政部长，也是他的大舅子宋子文成立一支税警队，可能会强行收税。他们至少会搜船找禁运品，听说相当麻烦。我奉命避开上海港口，由南京搭夜班火车。事实上坐火车路程还短些，只是一路上也要冒几个小险。

我得通过三处检查哨。第一关在南京码头，第二关在火车站，第三关是我在上海下了火车，进入外国租界以前。京沪区被称为蒋氏的"下腹"不是没有理由的。那边警卫森严，到处都可以看到穿特种制服的宪兵。他们戴着红白蓝三色臂章，身上带着手枪。"福州轮"停靠时，我注意到他们在岸边活动。他们乘摩托车来回穿梭，一个负责骑，一个坐在船形侧箱里。他们总是两个两个结伴出勤。

遇到避不开的危险情况，最好的办法就是鼓起勇气去面对，尽量先发制人。此时娄义农的忠告是无懈可击的。他推测国民政府的宪兵队只是仪仗官。他们整天坐在那儿等期盼中的嫌犯出现。其实他们最大的作用是用威武的表情吓走潜在的敌人。当局从来不要求他们有想象力，所以他们的想象力确实很缺乏。我们怎么办呢？不理会他们威武的表情，专心利用他们的弱点。上前吧！ 不入虎穴，焉得虎子。

我们走近码头的检查台时，我摇摇摆摆从人群中出来，挤到一位衣着时髦的俏姐前面—— 她看来像头等舱的旅客。这回我的皮箱不是扛在肩上，是挂在手臂上。我另一只手上拿着雨伞，挥开一条路，笨手笨脚向前挪。轮到我的时候，我一手举起沉重的皮箱，砰的一声甩在台面上。皮箱有皮带牢牢拴着，东西不怕掉出来。我站在那儿汗流浃背直喘气。两个宪兵结伴作业，一个检查，一个在旁边看。我突来的动作害他们一时乱了手脚，何况应该注意特殊状况的那一个宪兵正盯着我后面的漂亮女人，一脸兴奋和好奇。

前面的宪兵骂我说："急什么？你以为你是什么大人物吗？"我知道他们不会热心搜索一个急着上前受检的人。

"对不起，别生气，拜托。"我说了一大堆道歉的话，假装把手提箱的钥匙弄丢了。匆匆找出来后，正要开锁，雨伞掉在地上，我又捡起来抓紧……拙态毕露，显得好自然。我在宪兵面前成了讨厌鬼。他们的工作已经够烦人了，这一来更不愉快。

我前面那个人，也就是宪兵下士问我："手提箱里有什么东西？"

"宪兵先生，你自己看嘛。一件棉被、两件衬衫、西裤、三套内衣裤、几只袜子，是五双还是六双，对不起，我忘了。"我使劲儿想解开皮带，可惜心余力绌。

"走吧。"头一位宪兵终于下令放行。

我还站在那儿，用手直揉脖子，仿佛想不通为什么我没机会证明自己的无辜，就要被打发走。

另一位宪兵吼道："听到他的话没有，快走！斯文一点，你这烂箱子别撞到人！"我回头看见后面的女孩子笑眯眯的。她一定是笑我笨手笨脚。不过她的皮包被宪兵彻底搜过，两名挑夫替她拎的行李也检查得很仔细。

我搭马车到下关火车站。运气不错，逃过一劫。这回我的皮箱被打开了。可是宪兵上士是湖南人，我们讲起家乡话来。他一手放在棉被上对我说："原来你也是长沙人？我是岳阳人。"

"好地方。"我拍他的马屁，眼睛一直盯着他。

他眼睛没看见皮箱里的东西，嘴里答道，"那地方不错，只是小了一点。"接着他放开行李，问我说："你说你要去考南洋公学？"

我答道："哎，只是这么想啦。不过那个学校太有名。真的，我不知道有没有胆子试。"

上士说："得了，别灭自己的威风。湖南人就是这个毛病。我们太谦虚了。在江浙这个地区，每个人都抢着出头。太害臊成不了大器。"

我谢谢他的忠告，他微微掀唇，他的同伴就把手提箱关上了。上士用粉笔在箱盖上以草书签名，表示这件行李已仔细检查过。我连忙扣好手提箱的皮带，让位给下一个旅客。

坐夜车平安无事，第二天一早来到上海北站。我没事先想好要怎么过最后一关。经验告诉我，我必须随机应变。没想到运气真好！这回他们根本没设检查台。宪兵和警察列队守在出口附近，任由旅客通过。于是我随人群来到黄包车停放的地方。我用标准的上海话叫苦力载我到法租界的亚尔培路。

我发现娄义农说得不错，国民政府主要是怕我们带武器和颠覆政府的传单到首都。所以我的第一关最难过。离开南京，他们的戒心渐渐松弛下来，但我不敢松懈。

公共租界和中国管区之间有一道铁门。只要附近发生战争或骚乱，英国人就关上门，堆起沙袋来挡住入口。但四月的那天早晨，一切都很平静。铁门大开，行人和黄包车夫自由行动。法租界和公共租界之间没有关卡。不过黄包车向南走的时候，我注意到戴头巾的印度阿三不见了，换上两颊凹陷的安南人在十字路口指挥交通。印度阿三留着密密的胡子，每个人都这样。家乡的同志跟我说，安南人的牙齿黑溜溜的，但我没有看见他们的牙齿。到了那边，我告诉自己任务快要达成了。可是，我一点都不知道这件事对我有什么意义，对我的下半生又会有什么影响。

4

我们暂时先别管胡琼芳是谁，我又是怎么认识她的。我很快就会谈到那件事。信不信由你，我发现她就是我在上海应该联络的人，真是大吃一惊。这种不可思议的事一生中很难得碰见的。

红砖房子完全吻合家乡同志的描述。我按电铃，告诉男仆我是湖南来的，要见王太太。他坚持要接过手提箱，我就交给他。但他把手提箱放在门厅的时候，我往里挪几步，免得东西离开我的视线。这个地方很安静。房子面向街道的一端有一道实心的厚墙，我想是为了防盗吧。花园在房子后面，正对着我站的地方。起居室有点暗，佣人带路的时候开了灯，还是暗暗的。屋里的摆设全属西式，擦得一尘不染，又干净又雅致。地毯很厚，沙发和搭配的椅子装有铜杯垫。空气中有松节油的气味。这里的寂静和前四五天一路上随时有一大群人在身边的热闹生活形成尖锐的对比。真滑稽。我还以为会在这座城里见到周恩来和李立三呢。佣人关上门，四处静悄悄的，唯一有生命的东西就是水箱里的金鱼。

五分钟后，男仆用银柄玻璃杯优哉游哉端一杯绿茶进来，后来我才知道他的名字叫阿朱。我谢谢他，他微微一鞠躬。我正要提醒他我想见王太太，他先开口说："你们湖南是不是常下雨？"

还好，他没忘记我是湖南来的。我要求见女主人，他想必已通报了吧。我发现他是北方人，可能来自山东，这表示我要见的女士一定会说国语。此时我仍以为王太太是脖子粗粗的、上臂肌肉厚厚的中年妇人。我冷冷回答男仆的话说："不少。你们上海这边是不是多雨？"

他诉苦说："多得叫这一把老骨头受不了。"说话语气温和，笑容满面，眼睛眯成一条缝。他转身离开，把我一个人留在起居室，临走又说："太太马上来。现在对她来说太早了一点，太早了一点。"我看看手表：都快十点了。

又过了十五分钟，我听见楼梯上有脚步声传来，不是沉重的咚咚声，而是敏捷的走动声，走到半路她提醒女佣屋里有点乱。那是年轻女人的声音，我觉得很耳熟。后来我才听懂她是骂女佣屋里有客人为什么没把窗帘卷起来。她下楼时，女佣跑进跑出，补救这个过失，把面向花园那扇画窗上的帘子匆匆推开。胡琼芳走进来，一道阳光射在我们身上。她静立了几秒钟，细细打量我，也让我好好打量她。她身上穿着西式服装：毛衣、裙子、高跟鞋，淡淡的化妆在朝阳中非常好看。她伸出一只手："赵克明，原来是你！"愉快又顽皮的笑声使我马上确定这人就是胡琼芳，虽然我已经将近四年没见到她了。这样也好。既然她是王太太，事情就比较简单。

我当然觉得很尴尬，不知道该谈往事，还是马上谈我来上海要办的事情。而且我不晓得在佣人面前要怎么谈正经事。幸好胡琼芳很快就指挥起来。她闻闻戴在脖子上的珍珠项链，似乎想吸点自己身上的香味提提神。主意拿定以后，她的动作很干脆。她把男佣人叫进来："阿朱，我表弟要在我们家住两天。把赵先生的手提箱拿到中间的卧房。噢，对了，他的雨伞。别管那把伞，留在门厅的壁橱里吧。"

所以，在佣人眼中我是老板娘的亲戚。一下子成了暂住的客人，我觉得很不自在，但也没有别的办法。阿朱得把大皮箱拎上楼。老板娘说怎么样，就得怎么样，不容争辩，我很替他老人家难过。过了一会儿，我也跟着胡琼芳上楼。

我们把门关上，把手提箱打开。我撕开棉被的缝合线，黄金滚了出来，起先是整把整把往外掉，后来就得用手去掏了。我在地板上找金饰，她坐在椅子上看着我。地板涂过亮光漆，滑溜溜的。金属会滚动，她从床边拉出一个辫子花的椭圆形大垫子说："喏，用地毯。"这样好多了。她改坐在地毯边缘，弓着腿，躯干弯曲对着我，害我好紧张。我算件数。算到六十或七十的时候，两次算岔了数字。

胡琼芳戴上一个手镯，又脱下来，接着试戴一枚戒指。我注意到她的头发梳得很整齐，烫过但不太明显，牙齿白得发亮。除了珍珠项链和耳上的珍珠，没戴别的装饰品。

她用长沙话说："咳，我们两个人拿它一两块自用好不咯？"

我听了大吃一惊。但我凭直觉赶快回了一句话。我望着她说："我们算算有几件。如果数目相符，我就可以交差了。他们只叫我把东西全部交给王太太。所以，再过几分钟这些东西全是你的。两件也好，二十件也好，你想怎么处置用不着问我。"

她把戒指扔回金饰堆说："赵克明，你不像我想象中那么傻嘛！"

我说："别闹了，这是正经事。"

"赵克明，你真有意思。"

她嘻嘻偷笑，我好生气。她把我当做什么？当做聋子和哑巴吗？可是眼前的胡琼芳俏脸上长着两个酒窝，小腿修长匀称，活力充沛，一副淘气的样子。你实在没办法生她的气。我忍气吞声没说话。琼芳把手放在我的下巴底，将我的脑袋扳向她说："你知不知道半个钟头以前你也跟我一样，可以把整批货占为己有，高兴的话甚至可以把它全扔进黄浦江？"

我对这种说法很不高兴，推开她的手咕哝道："我不知道你怎么想。对我来说，这是荣誉和责任的问题。我是为理想而奋斗。"

她反驳说："荣誉和责任感，也许吧。若谈理想，我可不敢说，以前我也碰过说这种话的人。"

我反击道："你的问题就在这里，总想用你们那个圈子的标准来判断每一个人。"

这个指责相当严重，我以为她会生气，便瞄了她一眼。不，她没有生气。她在丝袜上找到一处脱针的地方，同时改用上海话说：
"侬晓得格哇，殆些个湖南骡子，外头倍野邪气驯良，革里头才是一
肚子骡子脾气，把伊一点点子格火花，伊内就烧起大火来哩，只勿过
伊内心里有哦什嘴里就讲哦什野好相格哩，阿拉只碰到一个湖南人，
他倒是勿讲理格哉，直勿是殆是交关久格事体啦！"

我正在找卷在袜子、衬衫和短裤里的金饰。我不喜欢被人称为
湖南骡子，更不爱听她谈过去征服男人的丰功伟绩。所以我也用上
海话问她："阿拉雅可以顺手牵羊，用勿着侬王太太，勿过殆么多金
子啥格法子处理？侬有好革办法哪？"

她耸耸肩说："勿晓得格啦。"说时双手已不再补丝袜上脱掉的
线了。她眼睛睁得很大，继续说："侬亦可以到那个西贡郊外买一个
橡胶树林，侬也可以同东洋人杰下围棋。侬还可以到巴黎当 留学生，
做一个艺术家耶顶灵光格啦。哦什事体侬勿可以做咯？ 侬勿晓得一
个男子汉同一个女人有分别的啦！"

她捡起一件金饰，又随意扔回垫子上。我算过大的一堆刚好
四百件，不希望数目被搞乱。于是我把它放回大堆里。胡琼芳继续
说："赵克明，我可没说你该逃。我知道当逃犯不好玩，尤其是这么
……"

我打断她的话，坚定地说："说到逃犯，我已经是了。你以为我
是什么？安分守己的良民？"跟她玩捉迷藏没什么意思。既然她知
道我是今天送货的信差，她一定晓得我介入有多深。同时我受她蔑视，
也感到很不耐烦。

胡琼芳咯咯笑起来。她用指尖抚弄一个珍珠耳环说："你可曾自
己照顾自己？赵克明，看着我，你今年多大，满二十岁了没有？"

我红着脸答道："差不多，九月初就满二十了。"

"你实在太年轻了。你慢慢就会知道的。"

我听见她的声音稍微远了一点。她站起身来。不一会儿，她脱

下高跟鞋，坐在床沿上，用手腕撑着身体，两腿交叠，整理裙摆。我专心找衣服里夹的金饰，记得总共有五百一十九件。头五百件一下就找齐了，没什么困难。后来的十件好不容易才找到，再下来每一件都得费尽工夫去挖掘，最后三件几乎把我给逼疯。我把袜子里外翻透，短裤也差一点撕破了。运气不错！总算找到五百一十九件，一件也不少。我忍不住以这个成果为荣。最后那段辛苦的时间，胡琼芳坐在那儿默默观望。全部找齐后，我吐了一口长气，望了她一眼。她问我："你老是干这种事——吃苦受罪不妥协？"

我回答说："大概吧！不妨说这是我的个性，或者我的命。"

"我可不羡慕你——滋味一定不好受。"她说出她的想法。

此时我得意洋洋，才不在乎她的反应呢。我兴致勃勃地说："胡小姐，王太太，宝藏在这儿，你想把它存放在什么地方？"我没忘记这些金子很重，她恐怕搬不动。

"等一下。"她没穿鞋就溜出房间。她走后，我第一次有机会审视四周的环境。我站的地方看来是客房，屋里有红木家具，但也有少数杂物。左右可能有两个大卧室，否则胡琼芳不会说这是中间的房间。那两个卧房显然在面向花园的后侧。既然大家叫她王太太，那么一定有个王先生存在。但她一直没提起他。万一他露面，我不晓得该不该继续假装是琼芳的表弟。好奇怪的经验！琼芳回来的时候，我除了"上海法租界亚尔培路一三二Ｂ号"这栋住宅内的约会，脑子里还萦绕着长程旅行的回忆。她带来一个结实的金属抽屉，嘴里直抱怨有一根指甲弄裂了。

"全部放进抽屉就好了。"她下令说。

我跪地放金饰的时候，她在我背后说："对了，你不用住在我们家。我是说给佣人听的。"过了一会她又说："反正你在这边也不自在。"不知怎么搞的，我突然觉得很失望。我没打算贸然住在别人家，但我发现人家不要我，心里却也不好过。她的香水和笑声使我深感不安，我必须尽量冷静下来，免得受她蛊惑。可是，我发现她的香味和笑声不是冲着我来的，不免怅然若失。

为了把事情做个了结，她在前面带路，我端着满满一抽屉的金饰，跟着走进她房间。这是她的卧房，屋里样样都有女人味，气氛恬静安详，化妆品的香味更不用说了。床罩的质料很厚，又白又软，上面有粉红色的图样。床头几上放着一架玩具钢琴和一个弹琴的小玩偶：其实是闹钟和音乐盒组合而成的。我们在客室的当儿，女佣一定打扫过了。

这时候我才发现，我手上的抽屉是从一个保险箱里拿出来的，保险箱藏在床头几里，箱门开向一侧，床头几的开口向着另一侧。床铺和内墙之间留有窄窄的走道，只容一个人进去，胡琼芳叫我把抽屉推进去就好了，不用管小弹簧锁，但是要当心我的手指头。我照她的吩咐行事，顺便瞄了一眼她原先放在保险箱里的贵重物品。里面有一卷一卷的美金钞票，还有金条。我闪到旁边以后，她走过去关上门，转动暗码。

我们回到客室。她把鞋子穿好，我则将手提箱恢复原状。我转身时，她不知道从哪里拿出一具西方人物的缩小半身像说："带着吧，算是王太太送的纪念品。"她又咯咯笑起来。雕像比我想象中来得重，上面刻着"歌德"（GOETHE）的名字。我谢谢她，把雕像卷在一件短裤里面。这时候我注意到我们站的地方附近有一个五斗柜抽屉开着。她从里面掏出一具青铜香炉，"这个也带着。"这回她没有笑，"不妨送给令堂或者你二婶。只不要说起从胡家坏女人家里拿来的就好了。"

我打算回绝第二件礼物。我妈妈和我二婶，她们甚至不知道我大老远来到上海呢！我只说我要到汉口面试，申请大学奖学金。我对胡琼芳说："我已经拿了那座雕像，不该再拿你的东西。至于我娘和二婶，她们对你没有什么恶感。"这话说得不够圆滑，我一说出口就后悔了。

她的眼睛睁得很大，炯炯有神，轻蔑地"啊哈！"一声表示怀疑，接着用高高在上的口吻说："听好，你需要这具香炉来补足重量。"当时我没听懂她的意思。我用一件衬衫把香炉包起来，然后合上手提箱。

我们在楼下的起居室逗留将近十分钟。女佣端来两杯甜汤，里面有枣子、樱桃、陈皮梅和莲子。我这杯喝光了，胡琼芳那杯几乎碰都没有碰。她再度用长沙话告诉我市区的哪些地方可以去走走。谈话结束后，她叫男佣人进来。"阿朱，"她说："我劝赵先生住在我们家，他不肯。他想在闸北火车站附近找家旅馆住，你上去把他的行李拿下来。替他叫部野鸡汽车。"

老头将长袍的下摆扎个结，把手提箱扛下楼，跟我在船边跳板上的扛法差不多——他还伸出左手去扶墙壁和楼梯顶，摸索前进。但愿他不要跌倒。现在我想通胡琼芳用歌德半身像和铜香炉取代黄金的用意了：扛下楼的重量必须和上楼的重量相等啊。

野鸡汽车来了。这种车叫做"祥生出租车"，车顶上有个大大的"J"字。要不是阿朱拿我的伞过来，我早已将这把破伞忘得精光。胡琼芳在门口送我。"可别在赌场里把钱输光啰！"她说这句话的时候，左眼向我眨了几下。

5

我的旅馆房间摆了一套未上漆的松木家具，屋里相当整洁，价钱很合理，但是位在三楼，街上人车嘈杂，吵得人受不了。我倒在床上，双手枕在脖子下面，望着天花板发呆。你若像我一样，满以为会有什么刺激的奇遇发生，结果希望完全粉碎，只得到一件仿大理石雕像和一个铜合金的香炉，你的心情一定跟我差不多。

黄金的事我一点也不担心。就我而言，东西已交给恰当的人了。王太太就是我原先认识的胡琼芳，这不能怪我。她可不可靠，她如何处置那些黄金，都与我无关。我彻底执行上级的命令，冒了相当大的险，何况我亲眼看见她存在保险箱里的财物。她既是生意人，一定有相当地位，后台也一定很硬。不让我们跟地下组织建立横向联系是党的政策。我若向上海行动委员会讨收据，未免太可笑了。拿收据既不可能，我看不出还有什么该做的事没有做好。

但我心里总觉得不太好受。

胡琼芳。我不愿提这件事。她是玩物，她是交际花。严格说来，她根本就是特种妓女。她在父母家接待某些男人。

我家的家规很严。十五岁以前，从来没有人在我面前提过男女之事，甚至连暗示都不曾有过。到了十五岁，也只有比较不长进的同学偷偷提起。我读过千百页古典文学，内容总是强调对长上尽忠、对父母尽孝、对朋友讲义气，这是男性气概的精髓。反之，一切人欲都不纯洁，必须加以抑制。我看的小说全是净化本。他们说的人欲究竟是什么？我十一二岁就开始略知一二，一想起来就脸红，我静静地约束自己，有些同学竟骂我"伪君子"。他们用这三个字，通常是指那些绝口不提男女之事，却偷偷手淫的家伙。

发现班上的女同学整天在女生休息室讨论月经和生子的问题，后来更大谈被男人触摸是什么滋味，我们非常震惊。大概某人的姐妹很多嘴，而她的兄弟又不太老实吧，所以这个秘密辗转传到男生耳中，包括我自己在内。

在这种情况下，我愈来愈难守住自己的品德，你若要说我虚伪但也无所谓。

大多数女性都喜欢受人注意，受人景仰，甚至接受精神上的爱抚。她们可能喜欢人家吻她们，搂抱她们。但她们是不是也喜欢被男性驾驭呢？有人曾对我说："当然嘛！她们跟你我一样，身体的火可以扭开，也可以关掉的。女人身体的某一部分充血时，她会热情得像母狼似的。她会咬你的下巴，把你的耳朵扯下来。"

"你碰过这种麻烦事吗？"

"当然，好多次了。"

这家伙两只耳朵好好的，下巴连一点刮痕都没有，咧着嘴巴笑得好开心。不可能真有这回事吧。他一定是吹牛，大概是杜撰或者辗转听来的。我一直全力否认这种野女人的存在，想到她们，我的心就扑通扑通乱跳。我朋友说的一定是假话，是对所有女性最大的污辱。好恶心。女性天生柔美，所以一定是纯洁温婉的。

为了抗拒不洁的念头，我还以"犯规者绝不会成功"的金科玉律来自勉。要等生理成熟，财务独立才能发挥传宗接代的功能，否则身心都会受损，万一为形势所迫，不得不结婚，或者对不起女方，一辈子受良心责备，那就更糟糕了。当时我偶尔梦遗，早晨醒来总是非常恐慌，生怕长不高。说不定我会比原先应长的高度矮个一两寸呢。

诱惑当然存在。长沙的妓女是领有执照的，各级妓院设在特定的街道上。偶尔你会看见年轻的女人穿着诱人的绸缎衣裳和精致的内衣，脸上搽着厚厚的粉，蜷坐在车体漆得光灿灿、铬钢车轮擦得亮晶晶的特制黄包车上，在人群中散发出诱人的香气。这种场面造成的骚动可以用道德力量来克服。这些女人是卖身的婊子，只有口味粗俗、道德败坏的人才会想要她们。为了揭露妓女的悲惨命运，市区的日报常发表她们自杀的故事。公厕的药品广告还提醒人要当心性病呢。

文学的威力影响更大。中学的最后三年，我们的课程维持旧形态。但我看了不少课外读物，一部分是向学校图书馆借的，一部分是买来跟朋友合看的。我读过一篇小说——如果我没有记错的话，作者应该是莫泊桑——内容叙述一个女人要求丈夫同床一次该给她若干法郎，因为他若不付给她，迟早也会花在别的女人身上，还不如留在自己家好些。我还读过一本长篇小说，描写一个贫苦的青年让太太嫁给老头子，他自己再以哥哥的身份到她家找她。我读过日本一位美术女老师的自传，她坦承跟一位男学生有染。当时电影杂志和"内幕新闻"非常畅销，这些书仿佛要告诉读者，每个男人或女人都得有一件风流韵事，才会留名青史。拿破仑娶了一位曾当过别人情妇的妻室，离婚后改娶奥国公主，她却有个情夫，拿破仑自己也跟一位波兰伯爵夫人过从甚密。很多教皇都有私生子。世界历史跟我们课堂上读的完全不一样。

后来我才发现，中国文化也不是师长传授的那个样子，使我非常吃惊。各个时代都有行为不检的女人，有些出身于名门世家，自己的文化水准也很高。如果她们才貌双全，仰慕者会将她推崇为道家的女神。描写这种故事的作品相当多，我以前没有发现，现在我仍把它当做远古的传奇，从来没想到会真有其事。胡琼芳的例子证明每一道金科玉律都有例外。

我认识胡琼芳，纯属偶然。有一天我去看二叔，碰巧他正要出去。他说："一起走吧，我们路上再谈。我想那边准备的酒菜很多，多去几个也无妨。"那次是公路局有人升官，他们在胡家设宴庆祝，来宾多得不得了，二叔介绍我认识胡先生和胡太太，我按照习俗叫他们大叔和大婶。后来我看见一个漂亮的姑娘，比我大四五岁左右，在客人间穿梭，一直娇笑个不停。她就是胡家的女儿。她看到我，转向二叔说："赵先生，这是你的侄儿吗？挺俊的！"以前从来没有女人当着我的面说我俊，我面红耳赤，脉搏跳得好快。

回到二叔家，他进房跟二婶说了一些悄悄话。后来二婶走出来，神秘兮兮笑着跟我说："原来你已见过长沙白茉莉了！"接着又提醒我："当心，她可不是那种让人吃白食的女人。你要花很多很多钱才能亲近她！"我不知道二婶的话是什么意思，又不好意思问。

大约半个月后，我碰到一个年纪跟我差不多的男孩子，他父亲也在公路局上班。他告诉我：胡琼芳陪家里的男宾睡觉，已是公开的秘密。否则她不会被封上那样的别号。一般相信，某一天某一个时辰生的女孩子命带桃花，身世寒微，一生注定要陪很多男人。她们的八字可能缺什么或多什么，所以不能用传统的标准来判断她们。这是不是她们高价卖身的借口呢？很可能。琼芳不是人人可以亲近的，她也从不收公定的价格。不过有几位被她接待过的人送了她父母许多值钱的礼物。最值得注意的是，胡昌茂两年前离开公路局，改任包商，专门承包局里的桥梁工程，生意做得很成功。他女儿替她拉了不少交情，对他帮助很大。八字的说法就算不是借口，也发挥了极大的功效。平常长沙人很讲品德，但我从来没听人声张胡昌茂让女儿在家卖身的劣行。就算偶尔提到这件事，最多也只是像二婶那样露出诡异的笑容，仿佛告诉人家：公开的秘密不能说破，应该永远只是公开的秘密。我发现胡家并未遭到一般人的蔑视。

当时我只有十六岁，还不懂得应付自己成长的问题。胡琼芳绝不会知道她的故事给我带来多大的折磨。直到今天，我仍不懂为什么别人做某些事的自由会在我心中造成这么大的震撼，使清寒的生活变得这样难以忍受。何况她的生活和我的生活截然不同。总之，我心情很不平静，胡思乱想过很多回，我想象琼芳特立独行，对仰慕者必有特殊的吸引力。他们竞相争取她的好感，她父母也把他们当做女儿的恩客。他们一定很受欢迎，形同浪子女婿。她可以任意和男人眉来眼去，不必担心后果。她可以借命运之名献身，令人喘不过气来。她可以帮父亲记账，把自己也列为一项资产。她可以托母亲准备女性卫生用品，然后一起向佣人灌输新观念，说小姐为了顺从天意，只得牺牲贵体。能把一切规矩像破布般扔进垃圾箱，必是一大解放吧。就说这是她的命，有何不可呢？我将胡琼芳比作古代以琴棋诗画见长的女校书。联想的诱惑照例赢过现实。长沙的白茉莉，好迷人的外号！她说不定会留名青史，变成传奇人物呢！

后来我又见过琼芳三次，一次是她独个儿在街上闲逛。说也奇怪，她在每一种场合都泰然自若，显得好自然。我感到很尴尬。据说女人陪太多男人睡觉后，声音会沙哑，眼窝四周会出现黑圈。但是琼芳说话的声音还是非常悦耳，夹着爽快的笑声。在街上碰面那天，我一直想从她脸上看出性疲乏的迹象，可是她照旧精神抖擞，找不到一点瑕疵，棕色的眸子亮晶晶的，酒窝荡漾。我盯着她看了好久，她发现了。她轻轻擦了一下眼睛说："嘿，赵克明，你为什么盯着我看？我脸上有泥巴还是什么？"她小心翼翼，免得弄坏了脸上的化妆，想来她大概已看出我的想法，所以作势反驳。

这么一想，心里就不太舒服了。她似乎总有办法扭转情势，使我自觉比她矮一两截。我进一步发挥想象力，仿佛听得见她说："很久以前，我失去了贞操。别问我事情的原委，反正已失身就是了。守贞既然不再是我的人生目标，我就朝另一个方向努力。只要列出几个对我有利的条件就行了。在父母为我设的屏障内，我名利双收。这件事你有什么高见吗？"

她是婊子，金玉其外败絮其中。我照镜子，看见自己脸上的疲态，深信非把她赶出我的脑海不行了。这种心结不会妨碍我长高，但对我的心理健康一定没有好处。胡琼芳毕竟不是诗人也不是画家。她不是爱上某一个文人。她只和腐败的政客及满身铜臭的男人厮混，将她和道教的女神相比实在是不伦不类。

我用不着再强调我的决心。没过多久，时局就有了变化。陈西濂将军是湘西的"土皇帝"，他当土匪出身，控制山区，以种鸦片来养私人部队。军阀时代，他与各派将军谈判和交易。他的部队出租为人打仗，但他从不放弃以五个县为核心的根据地。省长都得敬他三分，县长上任前还得先向他致敬。国民政府想跟他做最后的交易，只要他和手下的人肯离开湘西，政府愿意公开宣布派他为师长，显示政府的诚意。我听说这位土匪将军到长沙来讨论和解的细节，心想胡家可能也会插一脚。公路局有几项工程计划要开向陈西濂的管区，当然也包括桥梁啰。

报上印着他的照片，肥肥胖胖，眼睛像猪眼，鼻子扁扁的，嘴上留着八字胡，看来活像鲶鱼似的。我看到胡昌茂夫妇招待他的那一段描写，倒抽了一口气，但愿琼芳玲珑的身材不必承受这个大肥佬的重量。如果造桥工程的利润对她父亲而言很重要，他会不择手段去争取。政府也可能对他施压。胡琼芳不是我姐姐，但我心里并不恨她。只要你不逼问我是不是曾经暗恋她，我甚至敢说自己对她还颇有好感呢。

事情比我想的更严重。陈西濂显然不是真心想跟政府谈和，因为谈和就得离开他的根据地，还得放弃利润颇高的鸦片生意。他找了一个借口使谈判破裂，走前出价一万银元，要向胡昌茂买下他的女儿当八姨太。胡家连夜逃离长沙，下落不明。内情可能比这更复杂。谣言满天飞，可证实的事实却很少，报上根本没登这个消息。我不知道自己日后迷恋李丽华，与胡琼芳这件事有没有关系。丽华不像琼芳那么抢眼，也不够活泼。她的社会正义感很强，但我跟她在一起远比在琼芳面前来得平静和自在。人若得经常跟周围的人斗心机，世界未免太复杂了。不过，陈西濂的事使我了解到长沙白茉莉胡琼芳的另一面。如果她得应付老虎将军之流的人物，她的日子会过得很辛苦，苦得远非我所能想象。她的轻松是装出来的。

可是，我在她家看见她以前，谁会想到三年多以后的今天，她会在上海以"王太太"的身份出现，协助共产党接运金条呢？我想起长沙的娄义农同志。我可以想象他们的千百种关系。不知道他们怎么样互相联络，她竟能预先知道我要带到她家的货品重多少、体积有多大！

噢，对了，女佣端水果甜汤给我们喝的时候，我曾问起她父母的近况。她说："很好啊，你明知道他们一向很会照顾自己。"她说话不带任何感情。因为她这么说，我也就没继续问他们是不是跟她一起住在上海。胡琼芳只有笑的时候看起来年轻。她不嬉皮笑脸，年龄就显出来了。她一定比我想象中来得老，可能大我六岁或七岁左右。

6

窗前的街道恰好是电车的主要路线。电车装有橡皮轮胎，可在行人阵里穿梭，司机总是开着车弯来弯去变换车道，发出呜—— 厄—— 呜—— 呜的声音。偶尔车顶的集电器会跟上面的电线脱节一两秒钟，发出蓝色和绿色的火花，噼噼啪啪打在我房间的玻璃窗上，天花板不时映出瞬间即逝的光影。一连几次之后，我知道那天我无论如何睡不成了。

怎么回事？我居然心绪不宁。当时我没有办法用确切的话表达，想来我一定体验到所谓的"文化小震撼"了。

我以前听说过霓虹灯和香槟酒，见过抽水马桶，也曾跳上弹簧床，但是我们内地连螺丝起子都很少见，一切现代化用具皆被视为奇技淫巧的玩意儿。我这是第一回看见大量现代用品凑在一起，代表一种不同色彩、不同步调的生活。

我从小就听见大人提醒我：这是外来文化—— 我该憎恨和轻视外国鬼子，不该仰慕他们、佩服他们，他们只是物质方面胜过我们罢了。五年前，也就是一九二五年，上海市有一个中国工人被日本工头打死，群众聚在南京路巡捕房前面示威。英国巡捕下令开火，枪杀了十三个人。以前上海的公园不许中国人进去，直到两年半前才放宽。至今一流的旅社和俱乐部仍旧不收中国客人。有识者一再提醒我们，这种情形发生在中国的领土上。

我一搬进闸北的旅社，马上搭公车到上海西区，最远曾到兆丰花园。我在园外停了一会，没有进去，只到附近的店铺吃了一碟美女牌冰淇淋，然后跳上另一辆公车，向东南走，到达市中心。走到住宅区，我生平第一次看到这么多同一种式样的洋楼排满整条街道。路上有一队英国兵走过，乐队敲鼓吹风笛；我还看见意大利或法国来的士兵，头上戴着镶有绒球的小帽子。电车和公车接驳得很好。噢，我一辈子没见过这么多广告！到处都是广告。"约翰行者"威士忌、棕榄香皂、桂格麦片、开普斯丹香烟、强生液体蜡、柯达软片，还有胜家缝衣机。"美女牌冰淇淋最好吃"、"好立克麦芽乳真营养"（Hazelwood Always Good Horlick's Original Malted Milk)，简洁、精确、有效。有时候告示板上的模特儿和看板下遛狗的金发女郎好像哦！

街角有花店，有欧式面包糕饼店。书店里什么都有，就是不卖印中国字的书。裁缝店里摆着一卷卷进口的羊毛织品，穿着入时的假人在一旁微笑，我觉得她的下巴翘得太高了。西式餐厅临街的一面有大玻璃窗，窗上挂着天鹅绒窗帘，只露出天花板上的花枝形烛架，视平线以下的部分全部遮住了，变成黑黑的背景，使玻璃表面所漆的灿烂字体显得更为亮丽。

这一切在我眼中代表什么？万事万物都那么迷人，那么夸张，那么漂亮，煽起我的情绪，激起我的好奇，仿佛告诉我：这些东西和这些地方代表各种各样可能发生的奇遇，除了更高的生活水准和多彩多姿的形貌，一切还显示出活跃的动能和海洋的影响。我感动莫名。

我回到旅馆吃了一顿晚午餐。午觉睡不成，我决定走一段路，搭一段车，继续逛一会。听说南京路颇值得一逛。这条路起先叫大马路，当地人至今还这么叫法。有一段铺了木头，比别的地方窄。我在一家照相馆前面站了几分钟，瞻仰现代的照相设备。我对中国商场没什么兴趣，但是路尾的一家英国百货公司吸引了我的注意力

—— 中文名称叫做"惠罗"，英文叫 Whiteaway, Laidlaw Company。我走进去，发现每一件产品都是外国制的。地板有西方气味，不像内地城镇的大部分商店充满桐油和黑豆豉味儿。我在二楼买了一条领带。我连西装都没有，何必花一块半大洋买领带呢？我猜只是心血来潮，喜欢那种样式和颜色罢了。

我继续向东走，逛到戴生昌码头。那边有一排堤岸建筑物；建到一半的更多。钻地基的工作用机器执行。大金属块往下锤的时候，机械体冒出一股蒸汽。但在几英尺之遥的地方，苦力正用扁担挑石头。他们一边用力，一边唱着"哎—— 呀—— 耶—— 嗬，哎—— 呀—— 耶—— 嗬"。黄浦江上，小船沿着港边停泊，大船抛了锚，停在水道中央，把货品移到驳船上。我看见几艘舢板装满绿色的包心菜，由赤足少女摇桨操舟。女孩子晃着上半身，一拉一推之际，头上的猪尾辫甩呀甩个不停。

公共租界的这一带地方我记得很清楚。主要街道都呈东西向—— 我研究过地图，早把街道的格局牢记在心底了。大马路隔邻是九江路；南边再过去一条是汉口路；隔邻是福州路，上海人称之为四马路。福州路很特别，白天是中国最著名的文化市场之一，晚上则是流莺出没的地方，尽管两者并无关联。

我本能地转向这条书店和古董店密布的街道。全国知名的出版社大多在这边设有业务分所。每当有新的杂志出刊或者名作家有新作品发表，上海的福州路总是最先贴出布告。平常我很喜欢逛这种地方。但是那天我根本提不起劲来。我走进两家店，都空手走出店门。进门时，店员瞪着我，出来的时候，换我瞪着他们。

我感到心绪不宁，有种无家可归的感觉。上海是找刺激、享受特殊经验的好地方，但我只踏到它的前门台阶而已。我的任务完成了，货物已如期送达，而我甚至没有机会和收货人细谈。我走出第二家店门，在路上瞥见自己的身影映在橱窗的落地大镜里。不是我自夸，我自认长得挺帅的。但我和这个都市格格不入。我在内地剪的头发不够时髦，布袍看起来土里土气。就算那些地方不请我吃闭门羹，我也不好意思闯进去。

我在旅馆房间内曾仔细看过大都会报纸的消遣和娱乐版。丽都、百乐门和凯乐舞厅有茶舞。我不会跳舞，而且也没有舞伴，职业舞女的票券一定贵得吓人。旅馆的大舞厅有歌舞表演，牛排餐外加服务费，对我来说太奢侈了，我没有那么阔气。赛马要到五月底才举行。逸园有猎犬比赛：不知道怎么搞的，我不太想看猎犬追电动白兔。拉丁美洲的回力球我也不感兴趣—— 有人说胜负是事先安排的，可能不假。最新奇的是美国电影，附有声带，称为有声电影。但是我的英文不够好，看不懂。此外还有什么？ 我得听胡琼芳的劝告，到游乐场去赌赌运气，"大世界"或"新世界"都可以，两家都在西藏路。

我的皮夹里还有七十块大洋左右。旅馆费和回家的路费只要二十五块大洋就够了。我买完门票，还有三十二块大洋可以赌轮盘、纸牌和骰子。这笔钱归我。娄义农说过，黄金送到后，剩下的路费我可以留着，他不反对我在上海多留一两天，我该不该用这二十二块大洋碰个运气呢？ 如果赢钱，明天和后天我可以找些事情做。万一运气不好，随时可以卷铺盖返乡，说不定一早就走。

三十二块大洋不是一笔小数目，在沿海都市虽然派不上大用场，但仍然很可观。也许我该留给我妈，或者买一套我早就想买的百科全书，还可以剩下一点钱买双新鞋之类的。我也可以把钱留在口袋里，到汉口再买些礼物送给叔叔和婶婶。三十二块大洋，等于湖南三个工人一个月的工资，他们用这笔钱养家，足足可以用三十天呢！如果没花掉，我其实应该还给党部的。不过研习团的人一定会说我是伪君子，一心求表现，甚至说我是马屁精，想讨好娄义农。他已经叫我这笔钱爱怎么花就怎么花了，我何必假惺惺？

"猪猡，艾晴勿关事格啦！"有个人对我大吼。他手上抱着好几盒东西，层层相叠。我差一点撞到他。我不该心不在焉，但他也没有权利要路上行人全都让路吧！不过我想起自己是湖南乡下来的愣小子，不太懂沿海各地的方言，于是我一句话也没说就躲开了。后来我停在一家高级文具店前面，欣赏橱窗里的东西。

那边有各式各样的自来水笔：派克啦，康克林啦，西华啦……卡特牌和另外一种牌子的墨水则有十二种不同的颜色。文具后面摆了不少西方作家和音乐家的缩小半身像：拜伦、雪莱、贝多芬、莫扎特、韩德尔和舒伯特，他们的姓名刻在胸部底下。现在我大致知道胡琼芳给我的雕像是什么地方来的了。就算不是这家店买的，也一定出自于同一家工厂。我想起胡琼芳，脑子里不免浮现她的话，"我不羡慕你——滋味一定不好受！"接着又想起她问我，"你可曾自己照顾自己？"

我漫无目标继续向前走。噢，胡琼芳，她说得不错。看，此刻上海像一块好吃的水果，气味芬芳，但是外壳太硬，我根本咬不动。我的挫折感很深，自觉像一名太监，在皇帝的后宫进进出出，却只能入宝山而空回。我有机会寻欢作乐，可是我老想到民族自尊、家庭义务、我对同胞和党的责任，以及农夫们的生计！农民同胞有四万万，四万万啊！我冒死运黄金，不是已经为党效力了吗？就算我省吃俭用，把剩下的钱全都交给管钱的同志，又有什么用呢？码头的苦力照样用扁担挑石头，船家女照样也赤脚操舟。

我对外面的世界所知有限，但我深信外国人不像我们这样，整天把责任和义务挂在心头。他们不会逼自己整天讲仁讲义。这样并不是不爱国或不人道，他们只是以自然方法和平常心来处理事情。我怎么会知道这些？我看过很多西方作家写的小说和非小说类作品。有了这些知识，不免要提出一个很难回答的问题：为什么外国强权能把国家治理得这么好，我们好像什么美德都有，却始终这么穷、这么乱，这么漫无目标呢？

黄梅天实在难以预料！现在下雨了。人人都去找地方躲雨，人行道上只剩我一个人。我闷闷不乐。这里是福州路，是中国最重要的文化市场，他们卖的有些是我不该看的文学作品，有些是我没兴趣碰的东西。我来上海之前，长沙"马克思主义研习团"的同志曾批评过我的阅读习惯。他们说莫泊桑是疯子，王尔德只会反反复复堆砌华而不实的辞藻，描写幻想和丑闻，本身且是同性恋者；歌德不诚实，叫年轻人去自杀，自己却活到八十多岁；鲁德威不可靠，他为小资产阶级的读者撰写小资产阶级英雄的传记，故意扭曲内容。我中了这种读物的毒，难怪思想不正确。医治的良方呢？务必读苏俄文学。我告诉他们，俄国作家的中译本我只对普希金有点兴趣。他们对我大吼说，他们指的是苏俄新作家，不是旧俄作家。我不敢告诉他们，苏俄新小说家的大作我看了就想睡觉。说这些有什么用呢？

我没什么好抱怨的，小雨不久就停了，太阳重新露出笑脸。我知道自己非常寂寞，才会垂头丧气。我不常想起李丽华，现在却很想念她。没有她，开头我决不会参加研习团。有她在我身边，我参加任何活动都兴致勃勃。凡是能使她快乐、帮助她康复的事情便符合我的目标。当时我的人生是有方向的。

我用手护着领带，所以没有弄脏。长袍穿在身上倒不太难过，但是衬衫湿湿黏着背脊，好受罪，长袍用熨斗轻轻一烫就干了。旅社前台通常有熨斗供房客使用。处理完之后，我可以优哉游哉吃晚餐。吃饱不妨到"新世界"去。我这辈子要荒唐一次，把三十二块大洋都赌掉又何妨？

可是我一进门，还没说话，前台的职员就跳起来："赵先生，你表姐夫一个钟头前来过。"

"我表姐夫？"我简直不敢相信。胡琼芳虽然在佣人面前叫我表弟，但是我离开她家的时候，她并没有说要跟我联络呀。而且她不可能知道我住在什么旅社。不可能。我踌躇之际，柜台职员肯定地说："没错，赵先生，是你的表姐夫。脸圆圆的，差不多这么高，自己开一辆车，对吧？他要我把这个交给你，还说很重要呢。"他由桌上找出一个信封，递给我。我放下惠罗百货公司买来的领带，把信封撕开，正要展开便条的时候，柜台职员又说："赵先生，我把你的西装放进你房间了。"

便条的内容很短：

克明：今天晚上你应邀赴宴。琼芳要你穿上我带来的衣服。八点以前请准备好。我会来接你。待会儿见。王彬

我跑进房间。没错，衣架上挂着一套深棕色的斜纹绒布西装，里面是一件浆过的衬衫。

7

我第一眼就不喜欢王彬。对于面如满月的男人，我向来有偏见，何况王彬的头发是中分的，说话带有苏州口音，娘娘腔得很。我跟他在一起的时候，他的谈话离不开两个主题：钞票和汽车。我父亲常说："整天谈权势的人不会掌权。整天谈钞票的人不配有钱。成天把过去的机会挂在嘴边的人，未来也只有丧失良机的分。专心奋斗的人很少把名利挂在嘴边，只是默默耕耘，闭着嘴努力。"

如果家父的看法还不算落伍的话，我"表姐夫"绝对不会有太大的出息。

我猜他跟胡琼芳的婚姻有名无实。他们的卧室隔得老远。我搬黄金的时候，恰好进过她的房间。屋里没有丈夫存在的迹象，连一双拖鞋或一张照片都没有。床铺和内墙之间通往保险柜的甬道很窄，不够

胖子转身。我们可以断言，保险柜里的资产全部属于她，不是他们共有的财产。凭她的出身，不难想象她财务独立在他们家代表什么意义。

我是不是把想象力发挥得太过火了？也许吧。情势所逼，我不能不赶快算计一下。怪请帖从天而降，我到游乐场的计划不得不往后延。琼芳怎么发现我的旅馆，这个谜不难解。她跟"祥生出租汽车"一定有联络，可以轻易追踪我的去处。她既然有能力在上海出售大量打了标记的黄金，那她可能暗中操纵很多地方。这个线索说明了她活动的性质。她家另有客人。既然我在她家的时候，她没邀我赴宴，那么请客的念头一定是别人提出的。这位"别人"可能是共产党上海委员会，或者琼芳的地下工作同志。第一种可能性不高，娄义农不止一次告诉我，我不可能直接跟他们接触。何况，琼芳如果介绍我和周恩来认识，那她这个中间联络人岂不是失去了作用？我即将见到的人物一定来自不同的组织。这个人是不是把帽檐拉得低低的，外套的领子盖住耳朵？若是那样，一定有趣极了！他们为什么请我穿一件借来的西装去见这位神秘人物呢？

我把西装穿上又脱下，一共演习了两次。上衣很合身。裤子有点短，腰部也太宽，不过我只要小心走路，不会太严重的。后来我又试穿一次——希望能穿习惯。天黑前，我到旅馆附近的理发店去理个头发。理发师替我洗头，还抹上一层发胶。接着我花了一角五分钱，叫擦鞋童用力替我擦鞋。我准备跟琼芳合作。既然要打扮，不如打扮得英俊些。八点见面很晚，吃饭时间可能更晚，于是我叫了一碗鸡肉香菇面在房里吃，吃完才正式换上西装。我没用衣架上挂的领带，我打上自己在"惠罗"买的那条。

起先王彬大谈房地产经。我们走过去搭他的"别克"车——在他嘴里成了"别伊克"。他一放开手刹车，汽车隆隆作响，他就开始发言，还用右手做手势，强调他的看法："三十或二十年前，谁也想不到这一带会发展成今天这副样子。只要花点小钱，就可以向本地农夫买下整个西藏路以西的地区。有些聪明人就买啦。他们每亩大概花……噢，二十到三十吊铜钱吧。别问我现在值多少。看看那些地方的店铺和公寓建筑吧！现在全用金条算价钱。不过赵克明——我叫你赵克明，你不介意吧？你叫我王彬好了。你听我的话没错，另一次房地产旋风又要来了，有人也许会说，现在地价太高。如果跟十年或二十年前相比，确实很高，不过你该看看涨价的潜力，再过两三年，人家都会说现在好便宜噢。只要能向银行借钱，买得起哪儿，就买哪儿，不必太挑眼。先付百分之五头款，一定能赚钱。信不信由你，这是在上海发财的好办法。"

我不记得话题怎么会转到汽车方面。反正一直是王彬在讲话，他爱谈什么就谈什么。我们过了苏州河向南走，他跟我说这辆"别伊克"花了他六千银元，虽然不像"鲁西莱西"（劳斯莱斯）那么贵，却远比"福德"（福特）或"西佛兰"（雪佛兰）贵多了。何必买"鲁西莱西"呢？他又不是傻瓜。"鲁西莱西"唯一的优点就是在外国公路上时速可达一百哩（一百七十余公里）。"这座城市没有人的时速能超过二十五哩。你看！"他指指仪表板上的一个刻度盘，从我的座位根本看不太清楚，但我相信他的话。

"阿木灵！"王彬埋怨黄包车夫。他故意把汽车开近他们，一连按了好几下喇叭，害黄包车夫吓一跳，接着连忙换挡、踩刹车，免得跟人车相撞。有两次他差一点被夹在电车和公车之间，幸亏有人退让一步，我们便穿过来了。我不知道王彬是平时就这样开法，还是想让我这个初来上海、初次坐轿车的土包子留下深刻的印象。我们进入法租界以后，他说他有司机，但大抵自己驾车。雇来的司机只负责照顾车子、加油、跑腿等等。

汽车在霞飞路停下来。"表姐夫"告诉我：这是法租界的主要道路，事实上可以说是西方世界以外受到法国文化影响最深的地方。街道又宽又直。人行道整整齐齐种着梧桐树。楼房不太高，但整齐划一；街道两侧林立着高雅的店铺。我们下了车，有一个人迎上来，好像是负责代顾客保管汽车的门房。天气有点凉，我看看共同租界那片被霓虹灯染成霞黄色的天空，觉得这个都市刚刚才苏醒过来。我好兴奋，满心期待有奇遇发生，精神好得很。但我决心不问王彬任何问题，我愈少说话，愈能从他那儿探到消息，而且不会泄露自己的底细。

我们进的饭店名叫"庇里牛斯"（PYRENEES），玻璃窗上标着店名，专卖法国菜。门口不远的大厅有三架角子老虎。有一个欧洲人双手插在裤袋里，在前面和左通餐厅、右通吧台的走廊之间漫步。他向王彬点点头，"表姐夫"只抬抬手算是回礼。我们穿过衣帽间，走进餐厅。里面的座位大约五成满。我发现部分侍者和女酒保是浅棕发儿，由一位穿晚礼服的白种胖女人和穿正式礼服的中国男士监督。噢，不是吹牛，他们的菜色叫人胃口大开！黄色和绿色的香瓜去了籽，切成半个半个；小虾浸在番茄酱里，用玻璃杯盛着，还有一个咖啡壶架在小推车上，旁边摆着切片的外国糕饼和小点心。托盘里的菜都有金属罩盖着。幸亏我先吃了一碗汤面。胡琼芳说得对，我必须穿西装才能走进这种地方。看看店里的食客，有不少是白种人。

没想到所有的服务人员都不理我们，也不出声拦阻或盘查。王彬充满自信率先走进去。我们一路穿过餐厅，来到一扇门前，门上用三种语言写着"闲人莫进"等字样。王彬转动门把，让我进去；迅速关上门，前面有一道楼梯。现在我才明白，我们要使用楼上不对外开放的特种餐厅。

房间小小的。几张沙发和躺椅围着一张圆形小茶几，供来宾坐着休息聊天。旁边有一个衣帽架。屋里摆着两张餐桌，都铺了桌巾，其中一张空空的，靠近我们这一张摆着四副餐具。盘子是外国制品，其他餐具倒是中式的，包括象牙筷子和瓷汤匙，没有刀叉。由这种安排看来，"长沙的白茉莉"要介绍我认识一个喜欢中餐的特殊人物。

宴席的规模很小，主客加起来，只有我们四个人。

侍者端茶进来。不久又来了另一位侍者，拿一张纸条给王彬。王彬看了以后，把纸条收进口袋，向我宣布："杜先生待会儿才能来，但愿别太晚。琼芳跟他在一起，他们还有事要办。"于是我知道待会儿要来赴宴的是位姓杜的先生。

茶几上的玻璃板上有两碟零食，黑的是西瓜子，白的是葵花子。这不算什么线索，但却显示这家饭店——至少这个房间——准备招待传统口味的中国客人。我一直打量四周的环境，王彬说："我们别喝茶。既然要在这边待一阵子，不如喝点啤酒。他们有上好的怡和啤酒哦。没问题吧？"我还没说能不能喝，他就招手叫侍者进来，点了啤酒。过了几分钟，我们面前已摆出两个大啤酒杯。王彬喝下两三大口之后，更健谈了。我想知道"庇里牛斯"餐厅的来龙去脉，他一五一十告诉我。

这儿虽然号称法国餐厅，却不是法国人开的，店东是"铁罗汉"张先生。可是"铁罗汉"本人不能出面当老板，否则万一跟外国人发生诉讼，他的处境将十分凄惨。这种案件在上海必须由领事法庭裁决，我知道他是指"治外法权"而言。你若控告法国人，就由法国副领事当法官，照法国法律办案。你跟美国人发生争端，他们便用美国诉讼法。此外还有荷兰人、比利时人、西班牙人、意大利人、印度人、菲律宾人……这种地方的店主一暴露自己的弱点，难免会碰到一大堆法律上争议重重的问题。就算花万贯家财请律师，官司也不一定能打赢。所以"铁罗汉"张先生雇了一位外国佬德培恩先生，让他入股，在楼下给他设了一个办公室。一般人都以为这家法国餐厅是法国老板开的，店门和电话簿上印着他的全名"查理·德培恩"，"铁罗汉"张先生刚当幕后老板，不必天天到餐馆来。

德培恩是不是道地的法国人呢？很难说。他是"罗宋瘪三"出身的。王彬向我解释说，上海人所谓的"罗宋"是指俄国人而言。

俄式甜菜肉汤叫做罗宋汤，骨牌叫做罗宋麻将。不过"罗宋瘪三"倒不一定是指俄国无赖，只要是不成器的白种人，无论他是奥国移民、匈牙利移民，或是新近跳船的比利时、丹麦、波兰或瓜地马拉人，都可以适用这个称呼。因为俄国十月革命后许多人流亡海外，一文不名逃到中国的也有成千上万，所以在上海人眼中，凡是需要做工谋生的都是"罗宋瘪三"。不过王彬坚称，楼下的女性员工，都是俄国人；只有招待人员会说几句法语。角子老虎旁的门房就是一位"罗宋瘪三"，没有人在乎他是哪一国人，所以没有人知道他的国籍。

　　王彬的满月脸涨得通红，他笑眯眯地劝我："小兄弟，听我一句话，别让那些罗宋瘪三太难堪。你永远不知道他们会在什么地方露面。他们的处境已经坏得不能再坏？说不定有一天他们会飞黄腾达哦。信不信由你，他们发起来可不得了。"我懂他的意思。上海被称为"冒险家的乐园"不是没有理由的。会讲英语和法语的白人尤其吃香。各报章杂志都报道过，上海有两位房地产大亨是巴格达来的犹太人。不过王彬特别宣扬这件事，不知道和他自己的暴发户身份有没有关系。记得我们走进餐厅的时候，只有波希米亚门房稍微向他行了个礼。那边的人一定认得出王彬的身份，否则他们会拦阻我们，盘问我们，可是其他的人不管是不是"罗宋瘪三"，全都没看我们一眼。

　　在这种情况下，我决定滴酒不沾。我得随时留神。王彬注意到了，他嚷道："嘿，赵克明，你碰都不碰啤酒杯。你知道，这是怡和啤酒呢。"

　　我找了个借口："我知道。不过我来之前喝了很多绿茶。听说茶和酒在胃里会打架。"

　　"既然这样嘛……"他抓起我的啤酒杯，把三分之二的酒倒进他杯里。我看着杯里的气泡慢慢消失，心想他何不干脆全部倒过去还省事些。

　　他告个饶，上了一道洗手间。回来后，我终于提出一个简单的问题："喂，王彬，你是不是常在这家餐馆吃饭？"我尽可能装出漫

　　　　　　　　　　　　　　　　　　　　　　　　　黄仁宇全集

不经心的口吻。

"我？"他瞪着我发呆，好像不懂我为什么问这种话，不过他相当合作。"我常来这儿。至于吃饭嘛，噢，没有。"他从口袋里掏出一包香烟，抽出一根来，正要放进嘴巴，考虑了一下，又放回纸包里，再把整包放回大衣口袋，笑眯眯继续说："这个房间很特别。杜先生只在某些场合使用。'铁罗汉'张先生要他常来。杜先生开玩笑说，'铁罗汉'若要他常来，得把后巷拓宽一点。他的'鲁西莱西'回转很困难。新车刮几道痕他倒不介意，可是他不喜欢看小杨—— 小杨是杜先生的司机—— 满头大汗，回车那么吃力。其实他只是开玩笑。他不想拆人家的房子。你知道，那一排房子也是铁罗汉的。"

我听到这则情报，兴奋莫名，却故作镇定说："我明白了。"

"如果'铁罗汉'知道杜先生今晚要来，他会过来打声招呼。"王彬看看手表，继续说，"不过今天晚上—— 我不敢确定。真的很晚了。"

我心跳得厉害。我的猜测全部证实了。王彬不是什么大人物，他只是超级随从，替大人物跑腿罢了，他爱叫人家的绰号，法国佬德培恩绰号"燕尾服"，他叫得很顺口。但是杜先生永远是杜先生，王彬从来不叫他的外号。所以待会儿要来吃饭的必是"青帮"老大、上海黑社会总司令"杜大耳"无疑。他对王彬管教有方，王彬这个马屁精在他私用的餐厅里连烟都不敢抽！还有谁会把劳斯莱斯轿车停在后巷，进这家餐馆吃饭呢？还有谁的势力这么大，能让一家豪华餐馆的店东兼房地产大户随时准备侍候他？有谁这么晚了还带着"白茉莉"在城里办事呢？

看来琼芳是他的姘妇。那么，我带来的黄金、长沙的娄义农、共产党和我自己又算什么？我记得三年前"杜大耳"曾跟国民党合作，痛击上海的共产党。他自称一切共产党分子都是他的死敌。黄金已交出去，我又没什么秘密情报可提供；我只知道货来自江西，有戒指，有手镯，这一点不难查验。我们曾在马克思主义研习团讨论过很多事情，杜先生对我应该没什么恶意。如果他想整我，早就可以把我绑走，甚至关进地牢，不会请我来这个移转的公共场所，让"表姐夫"陪我嗑瓜子。不过，他叫人找我来干什么？我实在想不通。

我觉得一股寒气沿着背脊往下传，接着胸前、颈部和耳垂忽然燥热起来。我情不自禁扭动着脖子。王彬问道："怎么回事？"

我说："没什么，浆过的衬衫领我不太习惯。"

他接受我的说法，忽然像发现新大陆似的说："嘿，你没打我买给你的领带！"

十一点差几分，有人从后门匆匆走过来。走廊上传出急促的脚步声。我猜得不错，正是琼芳。她的打扮跟早上见到时截然不同。西式服装已经卸下，改穿中国绸布衣裳，头发绾成一个髻，高跟鞋也换成平底鞋。珍珠耳环还挂在耳上，化妆则淡得若隐若现。

她把短袄扔在沙发上说："开饭吧。今天晚上忙死了！"她看看王彬，斥骂道，"又喝酒！"接着挑我的毛病："你呀！为了你，我们奔波劳累成这样！"我不知道自己究竟有什么不对。她提到"我们"，却没有人跟她在一起。我真希望她行事和说话不要这么冒失，旋风似的，跟她迷人的容貌很不相称。我宁可看她修指甲或者补丝袜。

这时候我真的饿了，听她叫开饭，非常开心。我们吃的是中国菜，色香味俱全：豆腐、竹笋、香菇、木耳和荸荠，跟肉类一起炒着煎着，然后又排得整整齐齐端出来，不像有些中国餐馆乱糟糟堆在盘子里。琼芳吃得很少，却吞得很快，脸上一再现出甜甜的酒窝。相反的，王彬吃得很慢，他添了三碗饭，还没打算歇手。胡琼芳对他使了一个厌烦的眼色。

等她吩咐侍者，我才弄明白:杜先生还是想见我。我"表姐"说："今天晚上杜先生不要别的菜，只要嫩嫩的黄秧白菜心，加奶油煮，起锅前再放乳霜。杜先生应该马上就到了。跟厨子说，这回宁可煮得熟透熟透，别半生不熟端出来。杜先生喜欢软一点。记住，乳霜可别太早加。"她接过侍者递上来的毛巾，轻轻擦嘴唇，接着由小皮包拿出粉饼和唇膏。小皮包内盖附有一面小镜子，她当场对镜补妆。完事后，她移到一张躺椅上，我跟着过去，只有王彬留在餐桌畔继续吃。我看到她的短袄还摊在沙发上，伸手捡起来，折好，放在椅子另一边，自己则贴着她坐下。她看看我，好像有什么意见，又忍着没说出口。

她目光如炬，改口对我说："信不信由你，大白天的，他们竟开枪对打起来！"我以前听过帮派火拼的事，但事不关己。想不到她竟跟我提起这些，我一时不知道该说什么或者该问什么才好。这时候王彬含着饭菜插嘴说："难怪你来晚了！是不是在斜桥？"

她说："不在斜桥还会在哪里？他们大概是枪法不准，不然就是只想吓唬吓唬对方。打了六七枪，没有一个人伤到毛皮。"

王彬得意洋洋说："我早就说过了嘛，他们不是打斗，是对上头施压。只要杜先生一插手，他们就立于不败之地了。不管是赢是输，他们知道杜先生非得让出一点空间给他们两方不可。如果他们这么想，我可要劝杜先生别管这档子事。陆矮子和金大锤既然决定要同归于尽，就随他们去嘛。"

琼芳骂道："就你聪明！你赶快吃完好不好？别这么大老远吼来吼去的。"王彬连忙放下碗筷，过来跟我们坐在茶几前。琼芳解释说："问题不在'大锤'或斜桥。是记者的问题。消息掌握在他们手里，随他们加油添醋。"

王彬说："我不信。"他坐在一张躺椅上继续说，"编辑受过教训。他们都知道什么东西可以登，什么东西不能登。干这一行的人都听说过，只要出现一行坏话，整个报纸就要泡黄浦江了。杜先生说他保证哪一家报社收不到一块钱广告费，绝对说到做到。就算编辑喝醉酒，让某一则新闻过关，检字房的小弟也不肯检排。反正绝不会见报就是了。记者和报社，没什么好担心的。"

胡琼芳哼了一声："靠你提供情报，那还用混吗？谁说我们跟报社打交道？我说的是无线电台的记者！有一个家伙是江湾电台的人。挺精明的，他替公共租界和法租界外面的'大上海'市长工作。他们给这件事取了个外国名字，叫做'十字军'。只要那家电台率先广播，明天别家跟着播放，报纸和杂志也会引述这个消息。"

　　到目前为止，我一句话都没说。这时候有点好奇，就问她："事情已经摆平了吧？"

　　"摆平没？问得不识相。"胡琼芳猛盯着我瞧。噢，她的语气令人很不愉快。"当然，非摆平不可！所以我们来迟了。杜先生对市长发了一顿脾气，他告诉市长，从虹口公园到徐家汇，只有我们这一帮人敢对外国佬说个'不'字。假如市长不吃这一套，要扫荡我们，请便吧。必要时杜先生会到南京去见蒋先生。人人都说蒋总司令让那个家伙在沼地区建市政府根本是个错误，害他自以为是真的市长。他不知道这边的人把他当小猴子看待。好啦！我们一提蒋先生，他的态度马上一百八十度大转弯，直向我们赔不是。他说那个记者是生手，刚从南京调来，不懂上海市的规矩，他会把他调走。市长既然这么说，我们看着办吧。明天早上我们派代表到江湾跟市政府谈判，希望以后不再发生这种误会。可怜杜先生还得对两派的老大训话。我走的时候，他还在说呢——把他们狠狠骂了一顿。嘿，赵克明，你怎么啦？"

　　她透露杜先生和国民党及蒋介石的关系，我的身体突然抽动了好几下。我倒也不是不知道这层关系，但是她怎么能在代表共产党的我面前大谈这些呢？难道胡琼芳忘了今天早晨我们在她家办的事了吗？我不想露出紧张的神色，但我实在很紧张。我已决定不把手指伸到硬衬衫领内，可是我坐立不安，不知不觉用手掌去揉颈背到右耳的部位。既然她看出我的焦虑，我得再找个借口。到理发店的事正好拿出来当挡箭牌。我说："没什么，真的没什么。我刚理过头发，可能剃得太短了。这下面有点痒。"

胡琼芳是个善体人意的女人。她没再逼问,顺势改变话题,她说:"剃得不错。嘿,赵克明,这套西装你穿起来真好看。站起身,让我瞧瞧。"

我乖乖站起来。她赞道:"好个俊小子。不知谁好福气,能嫁给你。"

她这句话说得正是时候。我发觉她和我在政治方面分属不同的阵营,感到很不安。如今她夸我俊,我自然会脸红,也就把内心的疑虑掩饰过去了。我趁机坐下,这时候王彬在后面嘀嘀咕咕说:"可是他没打我买给他的领带。"胡琼芳对丈夫的话置之不理。

饭后侍者端来饮料,事先没问我们要什么。我和王彬喝的是一小杯加了奶精和糖的浓缩咖啡。端给琼芳的比较特别,是一个瓷杯,上面罩着瓷盖子,我猜里面装着药草茶。不管是什么,反正这种特别的服务显示她在这个房间里身份不同,势力较大。现在她心情比较轻松了,又恢复平常那种玩世不恭的样子,斜斜掀开杯盖,啜了一口,然后问王彬:"喂,现在斜桥有个空位,我们调赵克明去当老大怎么样?"她大笑起来:"他当老大不知有多妙,还会说方言哩!'阿拉上海话讲得交关好格啦!'"她学我说话,故意夸大不标准的口音,害我窘得要命。这种调笑我该怎么反应呢?发脾气,抗议她残忍,承认自己笨拙,还是陪她一笑置之呢?我的语言能力从来没有被人这样嘲讽过。短短的几秒之间,我实在无法摆脱屈辱的感觉,我猜自己的脸色大概很难看。胡琼芳再度扭转乾坤,她逼着问,"喏,别拉长脸好不好?我是闹着玩儿的。我们在长沙的时候,我跟你说过一个故事,你还记得吗?有一个男孩子拿两文钱,到底该用哪一文钱买酱油,哪一文钱买醋,他拿不定主张,你现在就陷入那个思想框框了。轻松一点,你太正经了吧。"

我说:"才不呢!"其实我也知道她说得没有错。

她说:"凡事不必太认真。我知道你担心什么。你是担心今天早上交的货。傻子,放心。只有你把它当做一笔大横财。上海人看都不会着它第二眼。谁会为那点小东西欺骗你或者长沙的朋友呢？收宽心，杜先生想见你，是看你老实可靠。他说，'我们见个面，打个交道'，今天他碰到这么多事，还肯到市区来见你，小子，你应该引以为荣。换了我，我会光荣得要命。"

我辩解道，"我没说不光荣啊。问题是，不管走到什么地方，人家都不告诉我真相。我从来不知道这是什么地方，我要去见谁，用意在哪里。我有一半的时间都在瞎摸索……"

这段牢骚让胡琼芳笑得半死。"可不是吗？你这可怜虫！"她吃吃笑着承认，还亲昵地用小拳头敲敲我的手臂。后来她又说："我们说实话吧。现在你身在上海的一家高级餐厅，对不对？'杜先生'要见你。他是法租界公务局董事、中外银行总裁和大夏大学的董事。他还有很多别的头衔。我们长话短说吧。你已经听见他跟蒋总司令的关系了。我刚才说过，这次会面只是认识认识。他要跟你打个交道，没什么条件，完全是他自己起的念头。赵克明，你今年几岁？噢，对了，今天早上你说过，你还没满二十岁。你的生日在八月或九月。对不满二十岁的小伙子来说，这是全世界最难得的机会，比中特奖还了不得呢。福气临门，你不信，旁人又有什么办法？"

她说得不错，这件事从头到尾显得很不真实；我内心还在挣扎，不知道该不该信她的话。可是我相信那些黄金会交到我们的地下工作同志手中，而且杜先生不会亏待我。这次会面虽然很古怪，但我知道他们俩自有一套独特的品格。既然如此，我其实没什么好担心的。也许我该暂时搁下国共问题。琼芳仍是我的"表姐"：待会儿我会见到她的情人—— 全上海最传奇的人物。我心情稍微平静了一点，听到琼芳对王彬说："你看，这就是湖南人的脾气，什么事都方方正正的。只要你不拐弯抹角，跟这些湖南汉子一定合得来。我生平只见过一个不干不脆的湖南人，那是好久以前的事了。"

现在轮到王彬嘲笑我的长沙口音了。他说："你们都是福兰人，好地方。"他知道我习惯把"湖"说成"福","南"说成"兰"。

琼芳不放过他，反过来攻击道："总比'阿拉苏州'好。"然后对我说："赵克明，你知不知道苏州人怎么吃螃蟹的？先生们领着太太们上餐馆——对女人来说真是少有的赏心乐事。可是螃蟹端上桌以后，丈夫先吃。他们吸吮蟹足，把蟹白和蟹黄都挖出来吃了。等他们吃完，太太们才捡起来再啃一遍，丈夫们还在一旁催她们好好啃干净，说角落和夹缝里还有肉屑呢。"

我咯咯笑起来。我看着他们跟前一对也算是夫妻，忍不住又咧嘴一笑。王彬在后面咕咕哝哝，根本没人理他。胡琼芳已经跳起来，指挥侍者重新摆桌子。不知道为什么，她坚持屋内那两张一模一样的餐桌要移动位置，我们刚才用过的那张撤到旁边，里面那张拉出来，重新布置，以便迎接超级贵客。桌子摆好后，她重新放好象牙筷子，又整一整耳环。一切刚准备停当，后巷正好传来汽车声。引擎那么有力，显然是"鲁西莱西"无疑。

一眼看去，杜先生倒没有什么特别的个人魅力，甚至看不出非凡或出众的地方。他留平头，脸很瘦，额头不宽也不深。你要仔细看他，才会发现他是那种威力内敛的人。他很少转头去看旁边发生的事件，只有眼球骨碌碌转动，什么都看得清清楚楚，两只耳朵是招风耳。他进门的时候，有两件事吸引了我的注意。他带了一批随从，屋里霎时挤满司机、保镖和仆人，可是他一句话都没说，他们就静悄悄一一退下了。饭馆显然为他们准备了另外的房间。后来我想了一下，断定杜先生一定是用暗号打发他们，就仔细观察，有一回我发现他右手的指头弓起来，只有小指伸着，王彬本来想高谈阔论，突然噤声不语。还有，我没想到杜先生会穿中式衣裳，不戴帽子，也不穿大衣。他身穿一件重重的斜纹哗叽长袍，鞋子倒是皮的。我何必换一套西装来见他呢？真蠢。后来我才知道，"青帮"喜欢穿长袍，那是头子们威望的象征。

如果说这次餐叙是为我晋见杜先生而安排的，那结果可以说完全不是那么一回事。琼芳只约略在他面前提一下我的名字，他点了点头，接着琼芳便领他到餐桌边坐下来吃稀饭，佐餐的只有几碟酱菜和那盘特别煮的奶油焗黄秧白菜。原来这位黑社会霸主吃得这么简单。我还以为过他们这种生活的人一定整天大鱼大肉，不可一日无美酒呢。其实他和琼芳都烟酒不沾，使我感到很意外。

侍者退下以后，屋里只有我们四个人，气氛显得很不自然，我陪王彬在茶几畔坐了十分钟，两个人都没说话。他是奉命闭嘴，我是找不到话说，何况我自己也被杜先生的威仪吓呆了。

琼芳端着瓷杯坐在杜先生旁边，大抵是她在说话。杜先生只偶尔停下筷子应一句，"这个最要紧。"他说话带有很重的浦东口音。信不信由你，他们正在谈那天发生在斜桥的事件。

当时我听不太懂，只依稀听见琼芳提到"黄鲤鱼"、"汤算盘"、"李海绵"等浑名。我当然想象不出那几十个黑社会人物的形貌。我猜斜桥的枪战涉案人不只"大锤"和"矮子"两个。后来我对"青帮"的事略知一二，但是概念依然很模糊，只知道他们是以结拜的亲族关系为基础。新入会的人必须拜某人为师傅，辈分严明。说起来很简单，他们都以兄弟叔侄相称，还有几个祖师爷。这种制度在上海有几个缺点。上海外国人多，有码头、有工厂、有公用事业、有银行、有大学、有报馆，广播电台更不用说了。帮派面临许多新问题。杜先生的才华就在于把结拜关系和新的官僚手腕结合在一起。他手下有几百个直属的门徒。不过这个新体系有时候会跟老派的帮会分子发生倾轧。如果他在某地区安插一个人手，底下的人不喜欢，他们不会公开抗命，但会搞些尴尬的场面，让新头子拙于应付，自己知难而退，例如让帮会特别保护的地区出个窃案之类的。还有人想请调或者要求升宫，不敢没大没小直接要求，就会做些怪事，"向上级施压"，这是王彬说的。斜桥的枪战可能包含上面几项因素。

从胡琼芳和杜先生的谈话中，我猜有一个帮会头目会受到处分，但我不知道是哪一位。问题是"青帮"没有多少法子可以惩戒辈分高的人，因此他们决定派他到青岛或香港"冰"一阵子，表面上是派他出差，给他留个颜面，实际上是警告他：他再不检点，就要被逐出门墙了。

后来他们决定叫那人去香港，不去青岛。胡琼芳一向懂得在紧张的场面中制造轻松气氛，她已经把一只平底鞋轻轻甩掉，用手托着下巴，另外一只手端着茶杯，左脚荡来荡去，笑着对杜先生说："他上路前叫他来见我，好不好？"

杜先生快要吃完了。他说："琼芳，别把事情愈搞愈复杂。"

琼芳笑眯眯露出一对酒窝。她说："别担心。我不会愈搞愈复杂。请跟他说我要托他在香港买点特别的东西，麻烦他到我家来拿单子。"杜先生没搭腔，她就当做他已经同意了。杜先生用热毛巾擦嘴，正要站起来，她连忙命令她丈夫，"告诉他们杜先生要走了。"王彬冲出去传话。

他们怎么会在我面前谈黑社会的事呢？想来"青帮"已不是我们想象中的地下组织了，它至少是水陆两栖的，一脚蹬在泥水中，一脚踩在陆地上，难怪他们一方面对帮内暧昧的勾当十分敏感，一方面却肆无忌惮跟蒋氏臣僚勾结，与外国权威来往，跟国民政府的市长作对。他们并没打算掩饰一切，事实上也掩饰不了；他们只是尽量不让传播媒体粉碎"青帮"的声誉，对某些秘密倒并不严格防守。我实在不愿意承认，胡琼芳可能还把我当做半大不小的孩子，几年前她就有这种偏见，至今仍改不过来，所以对我毫不设防。

不过那天晚上我觉得挺好玩的。杜先生虽然迟到将近三小时，但他总算来了，我很开心。他们起身时，我也站起来。就在这个当儿，胡琼芳发现杜先生的长袍上有一块泥斑，"啧！"她说着用指甲去刮。

他轻声说："没关系，不用刮，免得又弄伤指甲。"然后转向我，"年轻人，你立了一件大功。"

我不知道说什么才好，胡琼芳插嘴说："我正要告诉他，他应该在上海多留两天，见识见识。"杜先生点点头。他看我的时候，我觉得好像被人拍下了照片似的。

他又夸我了："琼芳说你咬紧牙关，手指差一点脱臼，好不容易才把棉被里的金饰找齐了。'受人之托，忠人之事'就是这个意思。年轻人，我要你知道，我年轻的时候也是这样起家的。"

我强自镇定说："杜先生，琼芳恐怕夸张了一点。我记得没那么吃力嘛。"

不过，他已经转向胡琼芳，帮她披上外套，同时自言自语道："三十八斤七两八钱金子，一点都没丢，真了不起！"

说也奇怪，这是我头一回听见自己带到上海的黄金有多重。我一直以为黄金是按件算的呢：一共有五百一十九件。

8

我四月中离开上海，五月初又回来，中间相隔不到四个礼拜，这回我在望志路的一条弄堂里面租了个房间，位在法租界，离公共租界热闹的地带很近。上海有些房子住了很多户人家，上下楼梯得互相让道儿。我租的房间不一样，是独门独院的住宅。房东夫妇姓闵，有三个女儿，最小的才十三岁。他们本来想找个单身女郎当房客。可是闵太太仔细打量过我之后，听我自称是湖南来的学生，要在上海考大学，不会有访客进进出出，她考虑一下终于答应把房子租给我。"月租十五块钱，每个月月底先付下个月的租金。五月已经过了七天，我只收半价。你大老远来的嘛，给你行个方便。"我当场就接受了她的条件。

我租的是二楼和三楼之间的"亭子间",在盥洗室隔壁。亭子间通常用来当客房或储藏室,不过阍家决定出租,补贴一点家用,对我来说正好。

南洋公学的入学考试在八月初举行,我有三个月的时间可以好好准备;同时我还到八仙桥的夜校去注册,补习英文和数学。你大概以为我该心满意足了吧——起先我也这么想。

我安顿下来以后,先到胡琼芳家。阿朱说她不在。第二天我再去,她让我在楼下干等了半个钟头。好不容易盼到她下来,我还没开口,她就凶巴巴问道:"赵克明,你来这边干什么?该不会又带来一批金饰吧!"

她显然不欢迎我。一张曾经那么娇艳那么快活的俏脸蛋儿,笑容消失后,变得非常严肃,一点也不动人了。我弄得手足无措,结结巴巴说:"这次我没有……没有带什么货来。"我知道重点不在这里,一定有什么基本的问题存在。

琼芳轻轻坐下,照例掌握了全局。她说:"赵克明,我们这样的人不是标准女性,一定有人对你这么说过吧!不是你妈妈,就是你婶婶,反正一定有人说过就是了。我们这样的人有两件事体他们最看不顺眼,我们贪心、唯利是图,喜欢享受好东西。你没带贵重物品上门,我可不睬你。而且我们跟不三不四的人厮混,会把你给带坏,你一心想要当圣贤,当革命英雄,我们不同路。"

她说得这么坦白,我也不客气,用坚定的口吻说:"我没打算当什么圣人贤人,你不了解我。我不像你想的那么正派,我没做坏事,是因为没有机会!骨子里我很大胆的。"这些话自然而然脱口而出。我本来想学她连名带姓叫人,称呼她"胡琼芳",可是又没敢叫出口。

没想到琼芳居然露出了笑容,明眸皓齿,梨涡荡漾。她摸摸耳环说:"你真是怪人,换了别人,一定会说:'我偶尔犯点小错,但是内心纯洁也不妨事体。'只有你会说：'我正好相反，我的行为十全十美；可是我的心术有问题，一肚子坏水。'赵克明，就算要表现湖南人的脾气，也用不着这么离谱！"

她说得好滑稽，连我都忍不住笑起来。

琼芳马上板起面孔，睁着一双大眼睛说："赵克明，我是说真的。你要明白，不管你胆子有多大，你并不适用于上海白相人的办法。如果我是你，绝不会跟我们这帮人交往。埋头啃书才是你的本分。"

我说："有哇，我正准备要考南洋公学。"

"再好不过了。那你为什么来找我？我又没开什么应考课程。"

"我以为你会带我去见杜先生。我希望你们俩知道，我回上海来了，这次要待一段日子，上回承蒙杜先生招待，我想我该去拜会拜会。"

胡琼芳又凶起来了："赵克明，我不知道是谁出的鬼主意。拜会杜先生！你知道他有多忙？上回他抽空跟你打声招呼，你就以为他该随时摆下手头的工作，接见你这愣头小子！"后来她的语气稍微缓和了一点，"杜先生觉得你以后会有出息，可不是要你三个礼拜就一步登天！我问你：上次碰面以后，你做了什么了不起的大事？我敢说最大的差别不过是换了一条领带罢了！"

她的话针针见血，我觉得自己可能犯了严重的错误。我绝望地求她："请告诉杜先生我到上海来了，代我问候他。"

我知道求也是白求，不会有什么结果的。

这次回上海，跟四月之行有关。上次在"庇里牛斯"餐厅吃完饭后，王彬陪我到闸北的旅社拿行李，当时已经是下半夜。我只拎走手提箱，破伞我故意留下不要了。他载我到西区的一家客栈，我在那儿过了两夜。我曾经到游乐园，赌轮盘赢了一点钱，玩骰子输了一点；后来又去看赛狗和美国电影，还到丽都去跳舞，全是杜先生请客。所以我回到长沙，皮夹里还有三十几块大洋。起先我不太好意思在娄义农面前提起这些功绩，而且怕"马克思研习团"的人批评我。不过胡琼芳既然就是"王太太",我想娄义农迟早会发现的,不如先告诉他。我叙述细节的时候,他有点吃惊。跟上回一样,他脱下眼镜,用手帕仔细擦。我一提到杜先生说要跟我"见见面"、"打个交道",娄义农当场停下手中的动作,眼睛发亮,嘴巴微微张开,我问他怎么了。他把眼镜戴好,伸出一只手说:"哇,噢,噢!"两个人半晌没说话,后来他说:"小赵,那边有些事情可能挺有意思。我们来考虑一下。"

娄义农的想法明明白白写在脸上。他右手握拳,轻轻捶左手掌。我一句话也不说,耐心等他。

他在脑中理出头绪后,继续说:"我对'杜大耳'不太了解。不过我知道他很少用你刚才提到的两句话。说那种话等于邀你入帮。他真的跟你说'我们见见面'?"

"不错。"

"还说'我们打个交道'?"

"那是胡琼芳说的。我相信她是转述杜先生的话。"

"没什么分别。话是她说的,对不对?小赵,剩下的路费不必操心。尽管花掉,我早说过那笔钱归你。你回平江乡下去看看你的母亲好啦。两个礼拜内回来见我。你是不是说过要去读上海的南洋公学?"

"是的。"我回答说。

"我们也许能做个安排。再过十天到两个礼拜,你来见我。"

十二天后我回去看他,事情就这么说定了。娄义农的表情不再时晴时阴,显得很开朗,很和气。他问我在上海需要多少生活费。我估计一个月五十块钱。他说太少了,七十五块钱还差不多,而且我需要钱买衣服和各项用品,所以头三个月他要给我三百块钱。他提到不久以前他自己也在上海住过,我想他可能就是在那边认识"王太太"胡琼芳的。

他对着我讲了二十分钟的课,革命是长期的斗争,也许要拖个十年到二十年。其中会牵涉到很多现在还看不见的因素。结果如何,谁也不敢说。我们身为马克思列宁主义的信徒，应该随时把握每一个机会。他夸我立了大功，说我们的地下工作人员已经收到卖黄金的钱。"中间人"收了一点佣金，满公道的。这么一来我们可以利用"青帮"达到我们的目的，只看我们能不能恰当掌握局面罢了。他咧嘴一笑说："人人都说他们支持国民党，不过你自己也发现啦，青帮跟大上海的市长争权夺利，狗咬狗，斗得好厉害，那人还是蒋介石亲自派的呢！可见凡事都可以改变，全看我们自己：我们要好好利用机会！"

他问我当共产党有什么感想。我说我只是思想上如此，其实我没有打算拖梭镖扔手榴弹地去进行革命。"你！"他伸手戳我，我吓一跳，以为自己犯了什么大错，把问题弄得歪曲了。

可是他依旧笑眯眯的，继续说："你，这样正好！真是求之不得！"他向我解释说，我到上海之后，只要跟杜先生保持良好的关系就行了。杜先生说话算话，他很少跟人说"我们打个交道"，可是这话一旦说出口，就有了几分交情。此人惯例如是，他一定心口相随。既然如此，良机不可错过。我一定要借着这缘分褡裢在此人身边，替党打开另一条出路。就算这分交情要三五年后才派得上用场，他娄义农也不在乎。我只要静静待在上海，顺便读个大学就行了。

我简直不敢相信有这么好的事。反正一切已安排妥当，不容我选择。不知道我在上海需不需要向周恩来报告。娄义农同志说："周恩来！小赵，你的消息不正确。他目前在江西。如果我猜得没错，他已经上路去莫斯科了。"

答案是否定的。我没有义务见任何人。上海的地下组织没有谁会调查我的事，我也不必写报告。愈少人知道我的任务愈好。三个月后，不是我回长沙，就是娄义农到上海去找我，看情形而定，我不必管当地的"马克思主义研习团"——事后娄义农同志会代我解释。

我在信上告诉老母，我已得到一笔奖学金，要到上海去读书，运气好的话，可以进入大学。我还把这个消息透露给叔叔和婶婶，不过我有点担心，万一他们发现这件事和长沙白茉莉有关系，不知道会怎么想。二婶没想这么多，她说："克明，你真的就要走了？ 我们一家骨肉又这样单薄，还没彼此照顾就要各奔前程了。"

我搬出她家，总算松了一口气。到上海之后，我一心想接近杜先生。没想到碰了白茉莉一个软钉子。我恨不得直接到华格臬路去找杜先生，那儿离我住的地方不远。可是我忍住了。

冲动成不了大器。胡琼芳已经明白告诉我：杜先生没时间见我，我也没什么理由找他。既然通过他的姘妇都行不通，穿过重重保镖、门房和帮闲客接近他更不可能。如果再冒冒失失犯个错，未来的机会就完全断绝了。

我心焦还有一个理由，刚才忘了讲：第二次离开长沙之前，研习团的领导人邹全来看我。他说娄义农原名叫苏湘仲，是个野心很大的人，他勾结"青帮"不见得是为了党的利益。长久以来，大家一直说中共中央没有停留在上海的必要，应该随朱德和毛泽东迁往江西。不过也有人不以为然。很多人觉得湖南该辟为苏维埃区。江西的红军不是膨胀就是撤退，长沙可以充任下一阶段的作战据点。娄义农或苏湘仲正在执行这个计划，主要是想增强个人的势力。听说他要当下一任总书记。他曾经把触角用力往外伸，不只派出我一个人。邹全说："听着，小赵，上次到上海的任务是我推荐你去的。我知道你失魂落魄，出去走走对你有好处。没想到事情会变成这个样子。我和内子都觉得应该提醒你当心。你知道，她和李丽华很要好。丽华临死之前，叫她照顾你。"

9

事后回想起来，五月到七月我如果听胡琼芳的话专心准备考试，说不定能考上南洋公费学堂，那么我一生的方向就完全不同了。不过马后炮于事无补。当时我不得不用某种特殊的方式来应付紧急状况。我在上海定居下来后，第一件事就是联络杜先生。可惜无功而返，我自觉对不起娄义农，心里很难过。

邹全的警告我并没有放在心上，事实上，我对他的做法起了疑心。他说我是娄义农伸出的触角，而且坦承四月他未征求我的同意，就代我"毛遂自荐"，请缨运金饰到上海。他以为出来走走很好玩，从来不担心我会碰上危险。现在他对党的行动路线另有主张，跟娄义农意见不合。他不设法消除彼此的歧见，却私下找我谈话，想动摇我的信心。娄义农从来没做过这种事。

我见不到杜先生，决定多查查他和"青帮"的资料。万一娄义农问起那三百大洋怎么用法，我至少有个档案可以交差，说我已做了初步的调查。公立图书馆大抵有《新中国名人录》这本书，里面就收有杜先生的资料。依照书上记载，他生于一八八七年，算起来今年四十三岁。出生地是上海浦东，从小就进入商界。学历的记载完全空白，也没提前半生的经历，直接跳到目前的一大堆头衔。可以肯定他没受过多少正式的教育，但我不相信他不识字。我观察过，他很有修养。他若什么都不懂，怎么有能力雇外语秘书呢？传说他十来岁就在十六铺卖水果，后来在那边靠赌博和鸦片买卖赚了大钱，这个说法大概有些依据。他出身低，不能靠正统方法往上爬，只好走旁门左道，黑社会遂成了他的晋身之阶。上海有很多人喜欢谈他的出身，青年会夜校的同学也不例外。不过这没什么意思。杜先生最了不起的地方在于他能利用早年的经验，白手起家。他在金融、高等教育、公共服务、慈善、内政和外交方面都非常有名。包括"黄麻子"在内，没有人这么神气过。

综合起来，杜先生发迹的经过大致是这样的：杜先生曾拜"麻子"黄金荣为师。有人说当年看见过杜先生替黄金荣拎公事包，站在茶馆的餐桌畔替他办事。这话可能不假,"黄麻子"如今还健在。黄金荣是"青帮"的头号祖师爷,曾主掌法租界的侦探局,后来渐渐转入商界,投资游乐园和戏院。

他喜欢一位名叫"露兰春"的女戏子。有一天,"露兰春"唱戏的园子来了个粗鲁的醉客,嫌"露兰春"唱得不好,当场嘘她。戏园子的跑堂劝他检点些,他还是叫骂个不停,跑堂就把他赶出门外。当时没有人知道这个无赖是最近占领上海的陆荣祥将军的儿子。蒋介石北伐之前,陆将军也是争霸的要角之一。陆家哪丢得起这个面子?

他利用一位驻扎在几哩外的指挥官出面复仇。一群官兵穿便服,带手枪进入游乐园,当场逮住"黄麻子",狠狠戏弄了一番,完全没把这个帮派头子放在眼里。到了军营,立刻将他送进黑漆漆的大牢,跟普通人犯一起关了三天,才放他出来。他们没打算跟整个"青帮"作对,可是黄金荣出狱后,再也没法领导"青帮",杜先生遂取而代之,礼貌上仍尊黄金荣为师父,处之如逼宫后的太上皇。黑社会发号施令半靠虚张声势,纸老虎一戳穿就威信扫地,不值钱了。那件事可能发生在一九二三或一九二四年。此后杜先生就接掌了师父的事业。

我觉得这个小故事很有趣,可是对我没什么用处。杜先生比退休的麻子多了好几把刷子,这是尽人皆知的事。跟法国人、英国人及蒋氏臣僚打交道远比以前的黑社会活动复杂。不管共产党是要跟他合作,跟他作对,还是取代他,我们都想知道他如何处理各种矛盾。杜先生显然掌握了帮派人物和他自己培养的一批文士。个中的秘诀值得探讨。我不敢说杜先生没遇到问题。那天晚上一起吃饭的时候,我听说他得跟吴市长斗智,还得应付部属。研究问题的特性,可以知道他管人管事的方针。可是到目前为止,没有一个人告诉我详细的资料。

这些问题占满心田,我在屋里实在待不住。我渐渐养成一种习惯:每天散步到共同租界,走累了才回头。我常顺着几条东西向的"马路"往东走——最常走的是公馆马路,到了浙江路或山东路再朝北拐。我在南京路和福州路上消磨过许多时光。回程通常走不同的路线，例如向西走一段爱文义路，再沿维尔蒙路南行之类的。

不管走到哪里，街上都挤满了人。行人不时互相亮拳头，说脏话，偶尔还有人追人的场面。救火车叮叮当当穿过大街，我也碰过许多回。有一次我听说有个女人被汽车撞倒了，车子走得无影无踪，她躺在人行道上，好多人围观。我被挡住看不见，只听到前面的人说："她不是真的受伤，大概是受了惊吓，至多有几个地方瘀血罢了！"还有一次我听见邻街传来两发像手枪子弹的声音，我赶到那边，什么都没看见，大家照常做生意，一点异样都没有。

我在福州路上逛过很多家书局，也常经过摆有西洋作家和音乐家雕像的那家店，可是没见过一本书提到"青帮"，而我总得买些东西应付店员，于是每天带一堆报纸和杂志回家。阂太太看了很高兴。她说："我没见过谁每天看这么多书的！"旧报纸本来可以卖给收破烂的人，但我为了讨房东太太的欢心，没有卖掉，每隔三四天弄成一捆送给她。大家约略看过以后，就留起来包东西。我没忘记偶尔带一本当期的杂志，里面有电影明星的照片，阂家的小女儿丽莲非常喜欢。

我开始读英文报纸，当时大家都认为这样对考大学有帮助。《字林西报》是英国人办的。《大陆报》是美国人办的，读起来很吃力。我有英汉字典，对新闻的背景也相当熟悉，一栏一栏努力读。照报纸和杂志的说法，另一回合的全面内战眼看要爆发了。长江以北的地区在地图上像一个大"A"字。两条铁路干线从北京往南走，一条经郑州到汉口，一条略微偏东，经天津和徐州到浦口，过河通往南京。这两条路像"A"字的两只脚。另外有一条铁路贯穿徐州和郑州，继续往东西行。现在整个地区可能会落入冯玉祥和阎锡山联军的手中。

第一波热浪吹到上海，苍蝇开始满天飞。报上说蒋介石前往北方，指挥收复上述的大"A"区。他照例向民众宣扬"攘外必先安内"的论调。其实外国报纸分析，就算他赢了第一回合，还有两个潜在的对手要应付。东北张少帅正密切注意情势的发展，对中原的战局谨守中立。西南的桂系军阀则摆好了阵势，可能会出兵进占汉口。我每天看报纸，替我娘担心，湖南平江位在桂军来袭的主要通道上。他们随时会发动攻势。

这些军阀还没打够吗？老百姓早就受够了！可是我更为中共的分裂而难过。两年前我和李丽华参加"马克思主义研习团"的时候，一切显得好单纯。事情怎么会变得这样复杂呢？事情的面貌完全改观，各种路线纷纷出笼，我们自己也被列为左派和右派。有时候我迷迷糊糊的，一觉醒来根本说不出自己身在何处，到底是什么样的人。

我是不是已过了天真烂漫的年龄？但愿如此。至少这两年我见了不少世面。如果我对"马克思主义研习团"的朋友们说：杜先生不是黑社会暴徒，是非官方的市长，胡琼芳不是娼妇，是解放妇女的救星，她操纵男人，只是想弥补身为女性的无力感。他们会怎么想呢？

我可以自由自在，爱怎么想就怎么想；没有人在身边告诉我该相信什么，不相信什么。可是我自觉像一片离根的海草，虽不是在水面上漂浮，却也没能在水底栖身，晃晃荡荡，很不实在。

我找遍方圆数哩，硬是找不到我要的线索，不过我看见很多以前没注意到的东西。福州路上有几家商店卖一种国外进口的绘图铅笔，表面呈六角形，漆成水绿色，上面有浅绿的小脉纹。这种商品常常跟维纳斯像一起出现。维纳斯为什么没有手臂，长袍又为什么要褪到腰部呢？看了这尊雕像，总觉得她只要向前走一步，身上仅存的衣裳就会掉下来似的。

雕像名叫"爱神维纳斯"。爱是什么？这个谜语恐怕用唯物辩证法都答不出来。我以前认为，爱是个人对某种美丽、不平凡的东西所怀的特殊感觉。对男子而言，人世间最大的吸引力，无过女色。

有人也许会抱怨：世间女子风华各异，天生丽质的人并不多。不过男人的眼光也并非一成不变，环肥燕瘦，各有千秋。以前我把李丽华看成理想的标准。她像一件超级瓷器，白皙精致，让爱慕者神魂颠倒，可是后来我发觉不上釉的器皿也可能有一种朴素之美。我一向喜欢娇小玲珑的女孩。不过，我后来才发现，像胡琼芳刚健婀娜，又淘气地吸引人家对她自己的注意，也另有风味。杜先生看上她不是没有理由的。上海的女性有各种不同的典型，现在天气转热，她们纷纷穿上短袖的花棉布和绸布衣裳，连无袖旗袍都出笼了。

最迷人的当然还是她们脸上的表情，有的令人联想到朝霞，有的使人想到暮霭，有的表现着一座虹桥般的对称与均衡，有的则像细柳样的软韧，也真是各有各的色彩与布局。有时造物又偏在如此美妙的颜面上加重点，把一个好弯曲的蛾眉引伸到耳根边去，或是把另一个的樱唇逼近下颚，那样挑战性的吸引力看来更令人情怀荡漾，我的一颗心已像一池春水，被落叶激起了阵阵涟漪，不由自主。好像月夜航行于扬子江，看到闪烁的波光逐下游而去，这时候真想摆脱此身，临风与这些飘曳着的节奏同趋大海。

可是最近那种幽情似乎被另一种感觉推翻了。

我做过一件不该做的事。第二次来上海途中，我在船舱里闲得无聊，就向茶房租了两本不正当的书消遣。书上用一种与众不同的角度描写女人：女人像食物，有甜、有酸、有咸、有辣，可以当主食，可以当点心，可以当冷食，也可以熟吃。爱女人就得抓她们、揉她们，咀嚼她们的风味，进入她们的身体，检视她们的每一个毛孔和秘穴，事后再告诉她们，她们香汗淋漓之中个别间的甜酸苦辣、个中滋味。长沙的朋友们跟我说的事书上都有，而且写得更粗。你们看到这段描写，可能会生气。我却看得津津有味，掌心出了好多汗，指尖兴奋得发抖。下船后，我看见一个打扮入时的少女在静安寺路"皇宫旅社"门前碎步走去搭轿车，不禁把她幻想成不正当书里的女主角，表面看来端庄娴雅，骨子里却是风骚又孟浪。可见坏书对我有不良的影响。

上海刺激人欲的东西很多。有一种牌子的古龙水刊出广告，暗示女人搽了就会成为男性追逐的对象。旅行社宣称他们有许多迷人的女导游待雇。大戏院正上演"百花汇艳闻"。有个美国女明星在报纸上露面，以"千人拜倒石榴裙下，敢爱敢恨"为号召。

我住在阁家，很少看到男主人。阁先生在博物馆路的一家洋行当会计，每天早出晚归，想拼出一点功劳，多领些年终奖金。他不在家，浴室通常由我和四个女人共用。"大姐"戴副眼镜，不化妆，很讨厌男人。她可能没结过婚，也可能是弃妇，在学校里教书，从来不跟男人打交道。我们在街上碰面，总是假装没看见对方。"二姐"是复旦大学三年级的学生。她有个男朋友，但是两人只能在下午出去约会几个钟头，次数还不能太多。"小妹"名叫丽莲，梳个马尾巴，在我面前显得天真烂漫。跟其他女孩在一起的时候，可就不同了。我们若在街道两侧的人行道上遥遥相遇，她会把手放在女友的耳朵上，跟她们说些悄悄话，于是大家都朝我这边看，叽叽咯咯笑个不停。

她们姐妹或者阁太太上洗手间的时候，我听脚步声就知道是谁。我自己坐马桶，脑子里总会浮出那本禁书描绘的女体奥妙。有一次我看见水中漂浮的卫生纸带有血丝，显然刚刚才扔进马桶，未及冲走。我因此洞悉了前面那位女士的新陈代谢周期。女人胸部隆起，臀骨变宽，身体的分泌改变，等待着未知的伴侣来纾解她子宫充血的压力，同时也给予对方更大的解脱和刺激，那是什么样的况味呢？浴室里到处是化妆品和发夹。我在这种环境下比早年在长沙更容易想入非非，何况现在我脑海中有不少插图，能使想象更为生动。

为了摆脱种种绮思，我宁可在街上闲逛。每次走近福州路上那家摆有雕像的铺子，我就会格外谨慎——起先我想不通为什么。后来一想，我是怕再撞到上次那个手抱很多盒子的男人。我不想吵架，也不想被人叫做白痴。那家店附近有一家书局，橱窗里挂着全身的大镜子，不知道为什么，每次我走到镜子前面，就好像照了 X 光一样：总觉得心中的一切念头都被收到镜里了。

有一次，我特意绕道，走汉口路附近的一条小街，信步踏进一家西式酒吧，想喝杯啤酒。结果碰到一件很特殊的事。有一位中国少女身穿绸布旗袍，跟一个外地水手用洋泾浜英语交谈，由另一个白人从旁协助。我如果没听错的话，交谈的内容大概是这样的：

少女："你这儿，喜欢我。你走，就忘了。"

通译："她说你在这边的时候，爱她。你一回船上，就会把什么事都忘得精光。"

水手："说来也是真话。好精明，聪明的骚货。这妮子能看透人的心思。不过现在我好迷她的凤眼和高高的颧骨。告诉她：我喜欢她，甘愿花十块大洋。"

通译（对少女说）："他喜欢你，愿付十块大洋。"

酒吧里有很多女人和水手，音乐声很大。酒保正专心洗杯子，没理我，我只好快步走出那个地方。

五月底，我还是接触不到杜先生，也没做好他的资料档案。有一天，我在汇河路上看见王彬开着别克车往西走，胡琼芳搭另一辆车往东开，两个人只相隔几百码，我实在想不通他们这样是什么意思。我猜他俩都没看见我。杜先生的照片曾上报不止一回。一位法国将军访问上海，他曾在接待会上露面；联合慈善会的募款活动他也参加了。我看了照片，想不出他怎么能不带保镖，单枪匹马赴会。不过他就是请我吃饭的杜先生没错：招风耳，眼睛很灵活。他曾经跟我那么接近，如今却是咫尺天涯。命运真会捉弄人啊！

我充满挫折感和疲惫感，只能自求解脱。我到药房买了一包橡皮保险套，看说明书看了好几遍。我怕得花柳病，可是另一种恐惧更强。我在夜校认识一位姓高的学生，他的英文名字叫布鲁斯——

上海人大抵有个英文名字。布鲁斯不像我在长沙的同学那么淘气，但他有时候相当野。

有一天他问我："你说你快满二十岁了，还没碰过女人？"

我说："对。有什么法子吗？"

"我来想想看。不过我告诉你：男人如果到二十岁还没碰过女人，他那话儿很快就会失灵的！"

我不懂器官放着不用怎么会变成废物，但我心里很害怕。我自尊心强，想自己去弄个清楚。于是我关起门来试验，把保险套戴上又脱下，打算待会儿实地应用。我先喝些啤酒——不是在水手和吧女充斥的酒吧，而是到隔两条街的一家中国店铺去喝的。我预料自己走到福州路的时候，会有流莺来搭讪。我计划拒绝头两个，稍微挑一下，然后找个顺眼的，带她上旅馆。

"嘿，少爷，跟我来！"福州路的流莺开始拉客了。头一两个我没搭理，第三四个我也拒绝了……直到第十八位和第十九位，我仍然推掉不要。这时候我已走过好长一段路，我知道橡皮保险套用不着了。那些女人都是可怜虫，实在引不起我的爱欲。她们倒也不是完全没有女人味儿，有两三个长得还不错。可是在昏黄的街灯下，大多数流莺脸上露出饥饿、困苦、饱受蹂躏的表情，我对性爱的胃口完全消失了。我的想象力太差，无法将她们幻想成"米罗的维纳斯"或者光泽诱人的陶像。要我搂着一个残花败柳，鼻子贴着鼻子，让她的心脏顶着我的肋骨跳动，我实在受不了。改天再说吧。

10

"五卅惨案"五周年没出什么乱子。现在大多数人的注意力集中在北方的战局上，湖南方面，桂系军阀曾出兵占领长沙，不久蒋家军反攻，侵略者又被赶回广西去了。

六月初，我到徐家汇的南洋公学去了一趟，这是我首度踏进"南洋"的校园。我发现新生入学考试定在八月四日到六日，也就是星期一到星期三。我交了报名费，拿到一本新的大学概况手册，然后浏览了室内游泳池和图书馆。最近苦寻不着的重要线索，居然在期刊室找到了。信不信由你，报纸和通俗杂志只字不提上海黑社会，学术刊物的文章反而提了一点。内容并未提名道姓，只是把它当做社会问题来探讨。有一本社会学刊物登了一篇文章，说纳妾制度在现代中国逐渐式微；被当做玩物、跟丈夫事业完全脱节的女眷，在迅速变迁的世界上不再有任何地位。孙中山已跟元配离婚，蒋介石也跟元配离婚。这些领袖宁可娶年纪较轻、能陪丈夫应酬的新派伴侣。那篇文章又说，帮派领袖的处境比较棘手。他们的元配被徒弟们尊为师娘，不能说换就换。姨太太偷人，则有损他们的面子。举一位跟外国人来往密切的黑社会头头为例，他的四姨太不贞，他就把她关在屋里，另外收了一个有夫之妇做姘头。我一眼就看出文中所指的是杜先生。我想不通编辑怎么敢登。王彬一口咬定没有人敢公然诽谤"青帮"和"杜大耳"，可见偶尔也有例外。也许学术刊物不登广告，所以不怕威逼吧，我特意背下出版单位的地址，以备不时之需。

另一篇谈"青帮"的文章登在上海方志上。文中指出，十六铺位于上海城内和法租界之间，濒临水湄，是上海帮会的摇篮。黑社会人物靠鸦片买卖和赌博业起家。大人物往上爬，小人物仍然靠世袭制度掌握那个地区。斜桥也是黑社会的基地。那边本来有一条溪，上面有一座斜斜的桥，水边两岸很陡，附近的少年常协助黄包车夫上坡。乘客高兴的话，会赏几文钱给他们。后来来了个恶棍，把顽童组织起来，规定乘客非赏钱不可。这帮人的组织日渐扩张，势力也愈来愈大。不久，全区的面貌完全改观。清溪填平了，桥拆了，斜桥地区布满店铺和公寓建筑。可是帮派并未被剿平，反而愈来愈复杂。他们不再向人车收过路费，改向附近商店和路边摊收保护费。这篇文章使我想起四月在法国餐馆听来的"大锤"和"矮子"枪战的故事。

这些情报成为我调查的重点，我以后再详细说明。现在我要打个岔，说两段对我个人相当重要的插曲。对了，离开徐家汇之前，我瞥了一眼南洋公学的乡间，看来"南洋"和"东亚同文书院"是市区边缘的最后两个尖点，再过去是铁道，铁道另一边就是农田，我简直不相信市区就到此为止了。我回到住处，随口跟阆太太提起，没想到竟给她留下非常强烈的印象。

青年会夜校的布鲁斯，中文名字叫做高甫溪，他听说我访问流莺扫兴而归，对我另有指示。他自己人生经验很丰富，坚信有少数女人对男人的胃口奇大，对钱的胃口也不小。这种人惹不得。另外有些女孩子感情很脆弱，容易闹悲剧，怪男人毁了她们的一生，也不好惹。聂明萱不属于这两类。她不是职业的—— 高甫溪的意思是说，她并不定时陪伴男人。她在新亚当店员，在家还替工厂织丝袜，但不反对偶尔接个男宾。第二天他说一切已安排妥当，叫我去找她，还把她的地址告诉我。但他提醒道："放轻松，赵克明，但愿这次对你有好处。你要学着放轻松点！"

我到达聂明萱的公寓。有个女孩子来开门，年约二十五六岁。她并不漂亮，但是长相干干净净的，似乎有一股内敛的光泽等着人去发掘。聂明萱还有一项优点：身材苗条，大约比我矮三英寸左右。

真是紧张又兴奋的一刻。我年纪轻，长得不坏，特地穿上讲究的服装前来。我从小过着清苦的生活，对很多事存着幻想，还差三个月才满二十岁。此刻站在她的门阶上，准备付出自己的童贞，加上小高替我讲好的一笔酬金，向她索求一夜的温存。心想自己若是女人，又不是处女，应该会觉得受宠若惊，兴奋得要命才对。可惜聂明萱并不这么想。

"你是赵——？"她站在门口。从门缝中我看出她正在干活儿。桌缘钳着一架手摇式织袜机，桌上摆着彩色的线和一把剪刀。

我尽量装出镇定的口吻，"我叫赵克明，高甫溪介绍我来的。"可是她不让我进去，仍旧挡在门口。

我表明了身份，来访的用意相当明显，她没拒绝我，只表示现在不合适："这么早不行！"她看看手表。九点过几分。我以为她会请我进去喝一杯薄荷凉茶之类的。我以为两人该坐下来，先认识认识。她显然没有这个打算。

我望着她的橄榄脸说："你看什么时间比较方便？"

她又看看表，才肯定地说："你十一点半再回来。"

于是我转身离开，心想浪漫夜还没开始，我必须耐心等待令人兴奋的一刻。也许我的一夜新娘怕太早会惊动邻居吧。可是看起来又不像：她没往公寓两端瞧，只回头看织袜机，脸上没有一丝笑容，没有一点喜悦甚至惊讶的表情。她对手表和桌上的剪刀、毛线、缝衣机比门口的客人更关心。我的头发、眼睛、肤色、身高或衣着并未吸引她的注意。我自我安慰说：她可能对访客有些害怕，敲门的说不定是勒索的流氓或便衣警察呢。

我一直在城内绕圈子，暗想这个时刻不知道有没有别的年轻人像我这样出来寻欢，而我这一道寻欢不知是否算得上罗曼蒂克？

十一点三十五分，我回到聂明萱的公寓。她的织袜机已经撤走，床上的蚊帐也挂好了。她自己穿着内衣裤露面。当她甩甩头发，伸手到背后解胸罩的时候，我心中的火焰又熊熊燃烧起来。她把内衣整整齐齐放在椅子上，然后关上灯。两个人站在黑暗中，我真希望她要求来个热烈的拥抱。可是她的臀部已贴在床上，问我说："你喜欢睡里面还是外面？"原来客人有权挑位置。我说："随便都可以，"然后加上一句："里面也好。"聂明萱缩起赤裸裸的身体，让我爬过去。

两人并肩仰躺着，我把手放在她胸部。她没有反应，也没有抗议，我僵在那儿。指尖的热情很快就消失了。

"怎么啦？"她问道。

我完全照本宣科。我说："我以为好好替你按按摩，你会喜欢。"这是从船上那本有插图的淫书上看来的。

她用不屑的口吻说："噢，那个啊，有些女人喜欢。她们长得胖，胸脯大。我不一样。"

真希望我的一夜新娘是个胖妞。跟前这位小姐长得这么瘦，个性又这么难缠，什么花样都不能来，只能直接进行，一两分钟就结束了。又过了不到五分钟，我此生头一次共眠的对象聂明萱已呼呼大睡，连衣服都没有穿。我躺在蚊帐里，忍受初夏郁闷的湿气。两具肉体活像猪肉和羊肉似的。我翻身对着木头墙板，听见暗处的蚊子嗡嗡乱飞。聂明萱的邻居没受到惊扰？下半夜附近还有人在练京戏："一马离了西凉界……"

男人失去童贞没什么好惋惜的，名节不会受损，身心也不会受伤害，我这回连歉疚都不必，我的身子刚离开聂明萱，她已经打起鼾来了。不过我一直睡不着，凌晨才昏昏睡去。我梦见李丽华；她生前我从未由她联想到情欲，梦中自然也是如此。过不久，我好像迷迷糊糊对福州路的流莺说："改天吧。"早上醒来，我觉得有些为难。高甫溪的意思我不太懂，夜度资到底是十块钱，还是该另外加一点呢？我身上只有一张十元的钞票和一点零钱。后来我想一想，没什么额外的服务嘛。于是我把钞票放在桌上原先装织袜机的地方。聂明萱看了一眼，没说什么。我们都没有兴趣吻别或拥别。我走前，她说："听好，别在十一点以前来。下回你只要敲敲门就行了。三短一长，我就知道是你。如果太忙，我会敲门回应。"我点头同意，暗想她敲门回应大概表示屋里已经有别的男人了吧。

我累得要命，可是第一班火车由江湾抵达我们那一站以后，我又逛了半个钟头，才回住的地方。我已经跟闳家的人说，我要在江湾的朋友家过夜。

"江湾好不好玩，赵克明？"闳太太一开门就问我。

"棒极了，挺好玩的。"我说出事先想好的答案。

"你一脸倦容。"

"我跟朋友玩牌。大家好久没见面了嘛。我们熬到很晚才睡。"我的手插在裤袋里，紧抓着那两包没用过的橡皮保险套。

"除了玩牌，还有什么好玩的事？"

"我们到同济大学看了一眼。不过所有的标帜都用德文。英文被赶出校园了。"我想这方面她大概不会打破砂锅问到底。

"我看你还是考南洋公学好些。我若是你，我会回房睡一觉。下回不要熬到这么晚。"

"好，闳太太。"我说着舒了一大口气。

过了几天我才发觉，我去找聂明萱，确实失落了不少东西，至少李丽华的珍贵回忆已一去不复返。余生我大概不可能再有纯纯的爱了。完美的梦境和肉欲的现实，我选择了后者，而这种事是要钱的。用唯物辩证法来分析，一切离不开财务问题。社会阶级是什么？就是钱嘛。

夜校课程结束了，我用不着向高甫溪报告聂明萱和我的一夜姻缘，其实也没什么刺激的事情值得报告。星期六到了。那天晚上法国公园有一场露天音乐会，闳家拿到四张票。闳先生和"大姐"不想参加。他们请我陪闳太太和两个女儿去，我欣然答应。

公园里有好几百个人，有些人在草地上铺毯子，用热水瓶带饮料来喝。节目开始前，丽莲要她妈妈买冰淇淋，她支支吾吾，我就自告奋勇到小吃摊买了四个"爱斯基摩派"回来请客。丽莲硬要跟我去。我们绕着公园边走，避开拥挤的人群，转过一个灌木林的时候，看见一对青年男女坐在毯子上，女孩子两腿微曲侧坐，丽莲刚好认识她。"嗨，茉莉亚！"丽莲过去打招呼。她跟我介绍说，对方姓万，英文名字叫茉莉亚；又跟对方说我是她家的房客。茉莉亚也介绍了身边的男伴。赵朴站起来。他在万家的身份跟我差不多，也是租用"亭子间"的房客。丽莲和茉莉亚的妹妹欣西雅是同班同学，而且一起学钢琴。有时候丽莲下午会到辣斐德路的万家去玩一两个钟头。欣西雅也来过阇家一两次。

真巧，两家的"亭子间"都租给姓赵的房客。不过中国有三百多个姓氏，人口却有四亿五千万，而"赵"是常见的大姓之一，所以不算太离奇。丽莲看我和赵朴握手，高兴得要命。她说："喔，赵先生，久仰久仰。你们俩说这句话可以说一整天，我们根本分不清谁是谁，哪个是哪个。"

赵朴和颜悦色说："小妹，有道理。他该叫我赵朴，我叫他赵克明。我们是双胞胎。你高兴了吧？"我向他咧嘴一笑，接着提醒丽莲赶快去买冰淇淋棒，免得节目开始买不成。

小妹回到母亲和姐姐身边宣布："我们看见欣西雅的姐姐和她的男朋友。"她二姐斐依把手指放在唇边，示意妹妹别声张，然后伸手接过冰淇淋棒。没想到我们看到的恋爱镜头日后竟演变成一场悲剧，而且还影响了我的人生。

听音乐会对我而言是一种教育，我在昏黄的灯光下仔细读节目表，才了解演奏的曲目。乐队相当好玩。伸缩喇叭手使尽胸腔里的力气，把音符吐出来，宛如吐出肺腑之言，与人进行一场对话。反之，女横笛手优哉游哉奏出优美的曲调，余音缭绕。最引人入胜的是声乐。一位穿黑色长袍，胸口戴个大别针的外国女士独唱了好几首歌。她的嗓音叫人想起潺潺的溪水，和煦的春风，一望无际的黄菜花田……唱到高亢的地方，她皱起眉头，紧紧拧绸布手巾。这一刻观众看到的不是表演的人，而是她的艺术表现。草地、清溪、篱笆、小桥、远山……——在动人的旋律中浮现，叫人心旷神怡，耳目一新。我分享这种美的感觉，烦恼顿时消失了。过去这个礼拜我自作自受，辜负了阄家对我的信任，做出丑陋的事。心情乱纷纷，简直无颜面对阄家，如今听到一波连一波的高音曲，种种积郁一扫而空。

11

六月中我不再到夜校去上课。那两小包橡皮保险套早就被我扔进望志路转角的垃圾箱去了。我下定决心，将来绝不用钱买爱情。我要做个有用的人。眼前唯一的要务，就是多找些跟"青帮"有关的资料。

很多观察者把帮派分子的所有活动看成黑社会本身的勾当，我自己不久以前也犯了这个错误。其实组织的非法生意有时候会跟部分成员的合法事业相冲突。根据过去几周的经验，尤其是几家报社的案件报道，我觉得"青帮"看起来像一个伞状组织，覆盖着十几个远在黄金荣和杜先生登场前就已存在的小黑帮。黄金荣和杜先生为他们提供了一种分区代理权制度，略作协调，容许他们和平共存，整体上控制并不严密。只有遇到特殊问题，上头才会传话下来干涉，例如叫他们放掉某一个肉票，归还某些赃物之类的。如果抗命，会遭到联合抵制，甚至被逐出门墙。

我猜杜先生曾运用赌博技巧增强个人的权力。他的外号叫"大耳"或"闷葫芦"。他慷慨勾销赌债，跟人结为至交的故事太多了。因为天生精明，擅于看透人的心思，意志又坚决如钢铁，他赌博通常都会赢，至少赢钱的次数比输钱多，而且老是赢大钱；吐回一点做个人情对他来说根本算不了什么。他有时候也输钱，输得非常干脆，当场由口袋掏出来给对方，一文也不少，所以人人都说他是君子。

至于鸦片生意，我推测以前他们曾用这一行来整合黑社会的各个组织。上海的色情行业局限在部分地区。最近一位名叫艾德嘉·史诺的美国作家曾在杂志上撰文指出，上海的白人女子的妓院也只坐落在特殊的定点。这种行业的组织不会扩散，所以没有蔓延的能力。赌博有社会阶级之分。上海的高利贷由当铺经营。只有鸦片买卖牵涉到三教九流，影响到整个大上海，"青帮"应该不会容许批发商和零售商另外建立指挥系统来跟他们竞争。他们早就确立了上海鸦片进口和分销的独占地位。我猜杜先生和黄金荣最初是靠这一行发迹的，其他行业——包括开赌场——不可能有这么惊人的暴利。他们不但发了，对帮派分子的影响力也渐渐扩大。一旦这些目标达到了，他们便把注意力转向合法的生意。最近他们俩都支持蒋介石的禁烟运动，就是很好的例证。

　　听说过年过节黑社会人物照例要到华格臬路的杜先生家拜会，川流不息。我真想实地验证一番。就我所知，只有少数人由杜先生亲自接见，夫妻同来的更少，重要人物的妻子会被迎到内室去见"师娘"杜太太。其他人物则由重要的随从或帮里的"大哥们"接见，领个红包。高甫溪说，这种场合，他们会发放金锭或银锭给重要人物，低阶人员则只领些袁大头。杜先生过个年得花上一百万块大洋呢。

　　如果这个传闻属实，那"青帮"可以说蔓延得很广。他们不只是犯罪集团，以他们在上海无所不包又颇具排他性的角色看来，他们一定填补了不少本来该由市政府执行的功能。"青帮"每年酬佣帮会成员，一方面有点像发红利，一方面也稍稍补偿手下无薪给服务的辛劳。

　　到目前为止，大多数情报只是道听途说或臆测罢了。我需要能够证实的细节。不说出人名和日期，怎能取信于娄义农呢？对于"青帮"自相矛盾的特性，我尤其非找到充分的解释不可。如果采取了这些步骤，我更有资格辩称自己做不少事，党部投资三百块钱让我住在上海一点也不冤枉，连我在长沙"马克思主义研习团"的两年光阴也没有虚度哇。

"马克思主义研习团"不是训练间谍或侦探的学校。

它强调唯物辩证法。其实那只是一种与众不同的评估事实的方式，并不像我们想象中那么糟糕。我们生活在事事都靠联想和分类吸引人的时代。唯物辩证法指出，联想和分类端赖每一项目提出的方式而定，只要各项目重新计划和安排，结果就会跟传统说法完全不同。有些事面貌相近，实质却不一样；东西组合起来，其特性可能和分开时有很大的差别。最重要的是，一切都会随时间改变。谁也不敢保证它们的隐性特质将来会不会显现出来，压倒目前的显性特质。其中牵涉到许多条件的组合，看不出潜在力量的人有时候会被事情的结果吓一大跳。革命志士绝对不能这么大意。

娄义农认为"青帮"不只是一个帮派。现在我还怀疑，把它当做"秘密会社"恐怕也不太恰当了。它是上海都会生活的一部分，不再属于地下；而他们的组织像变形虫，也不能算"会社"了。我与他们小有瓜葛，使事情显得更复杂。谈到内部关系嘛，"青帮"总司令我已经见过。他的姘妇我也认识多年。无论"青帮"是一个组织实体，抑或只是一个松散的标签，我空有这些优势，却没有办法进一步察知他们的内情，真遗憾。

我锲而不舍追下去。打从那夜碰到流莺，我就很少逛福州路。我在汉口路和九江路消磨过不少时光，坚信我要找的线索在那一带应该找得到。既然"青帮"分布这么广，一定有部分成员会在人口密集的商业区留下蛛丝马迹。可是我日复一日看见同样的柏油路和同样的砖楼。拍卖的布条换过，基本的设计格局却没什么变化。我垂下眼睛，看见人行道上照例撒满橘子皮和花生壳。街上的行人那么多，谁肯提供我情报呢？在一条弄堂里，我目睹饭店的工人将残羹倒进阴沟，一天下来难免要发出酸臭味。这也没什么稀奇。一切都是例行公事，可以料到的。

有一天我暗想自己的策略必须修改了。漫无目标乱逛不会有什么成果。我内心充满挫折感，好想再到聂明萱家一次，寻找安慰。我仍在挣扎的时候，难题突然有了出路。胡琼芳的佣人阿朱迎面走来。他不见得能提供什么情报，但他至少可以帮我确定脑中的几个想法到底对不对。

四川路的酒馆正面不临街，得由一条窄廊穿进去。我以前打从那儿走过几十回，从来不知道有这么一家酒馆存在。店里样样都是传统风味。酒装在大罐子里，用勺子舀。客人要酒，店家就把它装在金属瓶里端出来——瓶子外层装着热水，可以保温。乍看之下，这种大热天给人温酒未免有些古怪。可是满屋子客人似乎喝得津津有味。他们汗流浃背，跑堂的殷勤递上热毛巾，让人擦个痛快。有人用力揉耳背和脖子，活像洗完热水澡出来似的。

说实话，我曾在这一带见过阿朱两次，当时我不知道他能帮上我的忙。也许是短视或势利眼吧，我低估了这位无知老仆的情报价值，所以信步走开，没有理他。这次我请他喝酒，他客客气气推辞两句，因为理论上我是他老板娘的表弟。最后我说："阿朱，你不来，我可生气了。"他终于接受邀请，带我到这家特别的酒店。

米酒辛辣刺激，可是用袖珍酒杯喝，痛痛快快流一身汗，应该不会有什么大碍才对，每一个人走出酒店，都挺正常的，阿朱是内行人，他最爱这家酒馆。

"阿朱，这杯敬你。"我啜了一口，举起酒杯。

"谢谢你，赵先生。"他满脸堆笑，眼睛眯成一条缝。

向一脸老实相的老头儿套取情报，是不是有点罪过？我想了一想，觉得没什么好愧疚的。他并不像外表看来那么坦白和单纯。胡琼芳的门房采用北方人，一定有特殊的理由存在。他可能是杜先生安插的：旨在监视进出的人物，却又不会跟上海人说太多话。我第一次到胡琼芳家的时候，他曾替我叫野鸡汽车，不久他就查到我住的旅社。他常常到这一带来，连这么隐秘的酒馆都知道，到底是来办什么事呢？这一带我很熟，我知道隔街有一家证券交易所。买卖证券可以用电话通知，但是股票得有人送来或拿回去。记得上回我在人群中瞥见他的时候，他好像拎着一个咖啡色的公事包。我猜阿朱替他的女主人跑腿，大概八九不离十。

我要点菜下酒，阿朱建议来一盘猪耳朵，我照办了。阿朱用筷子夹着，吃得津津有味。我为了陪他，也用手拈一片来吃。味道像脆纸板似的，我连忙灌了一大口酒，把它吞下去。

现在该办正事了。我要像留声机一样，顺顺溜溜播出事先筹划好的内容，不能有一点疙瘩。

我说："阿朱，准备过端午了吧？"

老头子还是笑眯眯的。他说："快到了，可不是吗？我一个孤老头子，没亲没故，过节不过节还不是一样！"

"咦，我以为你会到华格臬路去过节。"

阿朱喜怒不形于色。他说："赵先生，您真会开玩笑。我当下人的，哪配？"

不错，他明白我的意思。我赶快追击道："可是过年你去了，对不对？"

"对。"阿朱承认道。

"你是不是由辈分很高的大哥们接待，领一大锭黄金回来？"

"噢，赵先生！"他抬起手，仿佛说，"请别逗我了！"

我巴不得他有这种反应。于是我继续说："到目前为止，你一次只领五十个袁大头，呢？没关系。阿朱，你总有一天会出头的。我来敬上海最可靠的管家！"我举起酒杯，又啜了一口说："你过年该领一锭黄金，真的。那一天很快就会到来，说不定比你想象的还要快哟。"我发觉阿朱很高兴。

他放下酒杯说："赵先生，您现在住哪里？"

"回程我指给你看。阿朱，有件事我很好奇，想问问你。听说杜先生对四娘不太满意，成天把她关在华格臬路楼上，不许她下楼。她是不是真的很漂亮？你见过她没有？"

我不能太有分寸，否则就查不下去了。阿朱听了，果然很生气，他抗议说："对不起，赵先生，我不是爱嚼舌根的人。我没读多少书，可是我知道规矩，下人不该在背后说主人家的闲话！"

我在南洋公学图书馆看到的报道果然是真的。幸亏阿朱没有大发雷霆走出门外，酒馆里人人忙着高谈阔论，没人理我们，我设法安抚他。我说："阿朱，多亏你提起这道规矩。是我不对。不过现在没有多少人遵守那些老规矩了。说实话，我有时候也不拘小节。幸亏有你这样的北方汉子还照规矩来，一点也不让步。真是北地英豪，现在已经不多见了。"

阿朱还是气呼呼的。他说："不管北方人还是南方人，规矩就是规矩嘛。而且失去杜先生欢心的不是四娘，是三娘！这不能怪杜先生，她自作自受！"

等阿朱吃完猪耳朵，喝完米酒，我们就搭计程车回家，省得他等电车。我吩咐司机先送我回望志路，再把车开到亚尔培路。我付了全部车资，另外还留一点钱给阿朱，叫他赏给司机。到了我住的那条弄堂前面，我推门下车说："右手边第七栋房子，门牌十九号。阿朱，有空随时来看我。房东太太不介意我有客人。"

我想打动杜先生安插在胡琼芳家的门房，日后这一招果然派上了用场。

我对自己的调查技术相当满意，那天就寝前仔细考虑了一下。我不能静候事情发生，要找些自己知道或假装知道的事，一步一步套别人的话。继阿朱之后，该访问谁呢？

人人谈到"青帮"，都会提起地域的划分，胡琼芳提过区域老大，杜先生未加反驳。我在南洋公学读到的方志特别强调，某些地区的既得利益阶级是帮派构成的基础。既然我无法从上面调查，只得由下面查起，借用小人物的眼光。目标要到哪儿去找呢？第二天醒来，我忽然想出了进行的方向。

公共租界和法租界有很多路边哲学家和艺术家。他们可能是魔术师，也可能是命相师、巫医或江湖郎中。市政当局巴不得把这些人赶出去，英文报纸的主张尤其强烈，可是他们一直占用人行道，赶也赶不走。看来他们提供了大众需要的多种服务，收费刚刚好，不多也不少，所以才能生存。

一位命相师要在某一条街的某一个地点摆测字摊，该由谁批准？帮派分子不可能不管。河南路庙口替人拔牙的男子勾起了我的好奇心。我早晨见过他几回，他一来就先收那把大纸伞。庙口的石狮嘴里含着一粒石球，旁边的缝隙插一把伞刚刚好。他将伞收好之后，就在人行道上摊开折叠桌椅，准备替人看牙。布做的大幅广告亮出来了。几个玻璃瓶装着药粉，可以消炎止痛。至于拔牙用具，也不过是一只钳子和一套活动牙线罢了。桌上摆着一大盘拔下的牙齿，可能有两百多枚，证明他手艺高超。那些牙齿看来像一盘花生似的。

我经过那个地方，老看到拔牙师傅忙得不亦乐乎，旁边围着一大群观众。我很想知道谁准他做独家生意，不怕别人来抢饭碗，但我不敢问他。我担心他会以为我怀疑他的医疗水准和职业道德，对我产生敌意。

我忽然想到，还有一个人可以试试。他在宁波街开了一家租书摊子，读者站在人行道上看书，每册租金五分钱，三册一角。我光顾过他的书摊一两回，发现书本每隔几星期就换一次。跟他聊聊应该不会惹起什么麻烦。

下午我去执行这个计划。我花五分钱租了一本书，逐页慢慢翻，等别的客人先走。大家走了以后，我走近摊主，尽量不露出内地的口音，小心翼翼说："请问侬贵姓！"

他也客客气气答道："敝姓李。"

我继续说："李先生，有桩小事体想请教侬，勿晓得侬安能帮欧格个大忙？"

租书店老板猛点头说："侬嘎客气，欧真是勿敢当。欧眼光小得格来，要是刚好晓得，一定会得告诉侬格。请讲。"

于是我提出演练了一下午的问题："侬做个格一行是高尚的生意，可以让男女老幼接触到文学，欧亦想做做看看哉。李先生，不瞒侬讲，欧亦想开一家依格样子厄租书店。侬假使肯告诉欧那能做格门生意，欧勿晓得那能感激侬格。勿需要讲得太清楚，只要讲一两个重点就可以哉。"

他一听说有个顾客即将变成同行，脸上的笑容立刻消失了。他用充满戒心的神情打量我，口气与先前大不相同："欧勿晓得。"过了一会又问："侬想把摊子摆了啥地方？"

我设法减轻他的疑虑。"李先生，假使来俚，我看斜桥格个地点满好。格面地方的店铺和住家交关多。"

他的敌意化解了不少，一面低头用手抚平卷角的书页，一面咕哝道："斜桥，嗯。斜桥，除非你跟'金大锤'打过交道……"

他这么一犹豫，我觉得很兴奋，但他并没有察觉。我恰好知道那一带的黑社会政局，于是我大胆地说："对弗住，欧当子'大锤'要下台啦。听讲有个叫'矮子'的……"

"先生，对啦！"书摊老板显得非常惊讶。他把书收起来，用手抓抓耳上稀疏的头发，尽量装出若无其事的样子。他似乎以为我不是普普通通的街头老百姓。所以他说："咦，假使侬有朋友住格面，可以先安排。欧相信'陆矮子'一定会帮侬寻个地点。只要伊点头，就勿没问题格啦。书呢，侬倒勿要担心，侬可以到广东路的四海供销处去拿。弗过先生，勿要当子格一定有啥赚头！打点好每一个人，剩的铜钿只够开销！"

我向他道谢，保证多多考虑，然后告辞而去。

经过这一回，我的胆子大多了。三个月的考验期过了一半左右，我已经大略知道帮会势力是怎么回事。从共产党的角度看来，我们处理这个问题必须非常小心。事关很多人的性命和生计，不能只把"青帮"当做犯罪组织。阿朱的态度证明小喽啰对帮主是多么忠心。我愈来愈觉得娄义农对上海黑社会半开着门是聪明的做法。我尽力遵行这个路线。往后六七个礼拜我若能继续找到点点滴滴的情报，由黑社会的外围转向核心，我便可以凭观察和演绎作出"青帮"的记录了。

时间所剩无多，第二天我到浙江路的估衣店买了一件褪色的灰蓝色旧布袍，准备跟工人阶级打成一片。十六铺是我的下一个侦察区，远比别的地方刺激多了。最近刺探成功使我信心大增，我暗想杜先生十几岁的时候身无分文到那边打天下，我只是闯进去探查他们组织的情报，应该不会太困难吧。

十六铺是旧内陆港和新市区之间的分野。一边是公车和电车的终站；一边是泥泞的街道和低矮的店铺及栈房。靛青颜料、桐油、棉纱的气味与苹果、梨、石榴的香味混杂在一起。卡车和苦力的扁担并存。相形之下，告示牌根本没人去理它。各种货品都陈列在眼前。鸦片的运送是看不见的，不过有些电话线杆上贴着广告，推销治毒瘾的药丸，我知道里面就含有鸦片。食品交易是本区最繁忙的活动。有些店里白米堆积如山，也卖面粉和食油。我一辈子没见过这么多水果和蔬菜，好像整艘船的货都堆在这儿了。活猪装在竹篓中沿街运送。卡车上叠满鸡笼，笼里的鸡咯咯叫着跳着，互相啄来啄去，弄得羽毛满天飞。鱼市里，鱼贩子不断用末端劈开的竹筒装水去淋大鲤鱼和鲟鱼。有人用动物的血涂鱼鳃，希望看起来新鲜一点。南北货是十六铺最大宗的买卖。整条街吸纳了一袋袋、一篓篓、一罐罐和一坛坛从中国各地运来的枣干、龙眼干、橄榄和荔枝干等货品。这边加工的火腿和腌肉打包或装桶后，要运往香港和新加坡。

十六铺成为帮派势力的发源地，原因不难理解。上海的人口增加两倍、三倍、四倍甚至十倍的时候，有些食品小贩开起店来，路边摊也变成批发行，但是落伍的政府无法提供充分的服务，游手好闲的食客有的成了小偷，有的成了捉贼的人，他们不请自来，为人排难解纷，有些生意人发现，拿点钱打发他们比较划算。鸦片买卖和赌博业使帮派的势力迅速增长。合法生意愈做愈大，地下组织也愈来愈大。

我在几家茶馆消磨了两个早晨和一个下午，注意看，注意听，并在大街小巷仔细搜索。我观察很多看起来像帮派分子的人物——身材魁伟，额头有疤，手臂刺青，嘴唇厚厚的，脖子粗粗的，满脸横肉，口咬牙签或者大热天戴羊毛帽，穿着罗汉袍却露出白色袖口……可是我总不能拦住他们来问话吧。又是空有好罐头，没有开罐器，真遗憾。

第二天下午，我到水滨去，十六铺的店里不但有好多好多食品，还有竹器和瓷器、药草和药石、土产和工艺品，这些东西通常不是用火车或轮船运到上海的。我仔细看他们作业的方式。码头边有一种带屋顶的"趸船"，专供船只停靠、旅客上下、货物装卸，本身不能开行。岸边的跳板前有个小棚子，看起来像账房。每次有货物装船或下船，苦力就到账房交出一截烧焦的竹片，代表上岸的货品数量，或者收下一截竹片，代表登船的货品。这跟我在长沙湘水岸看到的情形没有太大的差别。我感兴趣的是"青帮"有没有介入码头工人的事务，个中的关联在趸船和棚舍间应该可以查到。

哪一位是"青帮"的代表呢？是棚子里打算盘的，还是那个四眼田鸡？他们会不会受雇于"青帮"，同时又领商人的钱？那么商人本身又属于什么身份？我对苦力也很好奇。他们加入帮会，才当码头工人？还是纯粹当苦力，受帮派分子摆布？他们到底是受到保护还是受到剥削呢？我若能认识其中一两个人，迟早会找到蛛丝马迹。想到这件事需要冒险，我先找一家茶馆，吃点东西，仔细考虑。第二次到水滨，已经接近五点钟了。那边卸货完成，帆船走了，四处静悄悄的。我故意经过棚舍，里面的人瞪着我，但是没有人出面盘查或拦阻。我一直走到趸船边再回头。船上有个十来岁的小伙子，但我决定等准备好才着手进行。那天我只是随便来逛逛的。

第三天早晨，我紧张兮兮在拍纸簿上乱涂鸦。头一夜我想出一个计谋，有点离谱，我犹豫好久才拿定主张。我打算找趸船上那个孤零零的小伙子谈谈。万一码头上的那些家伙盘问我，我就承认自己是湖南人，三十五或四十年前，远在杜先生登场前，我父亲曾在这个码头工作。后来他跑到长沙，我十二岁的时候，听他提起过一位绰号叫"雷骚胡子"的朋友。今天我经过这儿，想顺便打听那个人是死是活，如果还在世，我想知道他的下落。我还替我爹杜撰了一个外号，叫"赵歪嘴"。水滨的那些人可能会说他们没听过这么久以前的事。没关系，我只是希望他们把我当做老前辈的儿子。万一他们不吃这一套，我随时可以鞠躬告退，没什么损失。无论如何，我必须一口咬定自己的说法：故事一编好，就变成事实了。不过我发现要接受并不容易，四月我在国民政府的宪兵队面前表演了一招，显得非常生动自然，这回却无法当真。也许因为四月处境艰危，而且关键时刻只有短短的几秒钟吧。这次我闭门编故事，苦思好几个钟头，在拍纸簿上画一个老人，额头跟我很像，但是笑起来左右两颊不对称，嘴是歪的。对面的"雷骚胡子"唇边有髭须，下巴却光光的，活像中国的梵高。我至多只能这样准备和排练罢了。

我的蓝灰色长袍很合身。我特意在下午三四点到码头，这时候工人的戒心松懈了一点，但还不急着回家，也许肯跟人交谈。不知道棚舍里有没有人？我悄悄打那儿经过，向趸船走去，信心十足跟看船的小伙子打招呼："嘿，老弟啊，前向有个'雷骚胡子'常里格殆边走动。侬晓得伊现在勒哈里搭？"

没想到小伙子机灵地跳起来，根本不搭腔，只是把手放在嘴巴上代替扩音器，跟岸上的克难司令部联络："格个赤老亦来哉，伊勒了打听消息！"

糟了。棚子里传来人声："勿要慌，叫伊下来！"棚舍里霎时走出一、二、三个大男人。我别无选择，只得和他们正面遭遇。于是我不理会放哨的男孩子，快步由跳板回到岸上。这时候，那三个人拦住我的去路。我双足一落地，立刻自动说："欧只问侬一个简单的问题，欧想寻一个人。"

他们三个人一句话也不说。

我正要从他们身边走过去，有一个人突然将我推倒在地。我还没摸清怎么回事，已经吃了满嘴的砂石，手掌也嵌进了不少沙子。我听见推我的人说："原来侬想打听消息，呃？"

我好不容易才站起身来。我发觉三个汉子中，有一位身材瘦削，另外两个很结实，他们都穿着斜纹蓝布衣，手臂和手腕上有刺青。瘦子柔声说："问伊要寻啥人。"有个大块头于是向我大吼："侬要寻啥人？"

我结结巴巴："伊的外号叫'雷骚胡子'。"实际的情景和我编的脚本完全不一样，我只得随机应变。"格是交关久格事体啦。"我继续说。瘦子猛摇头，我心知大事不妙。

刚才推我的家伙伸手抓住我的长袍侧摆说："侬假使想问格一带的人，顶好先经过阿拉格一关！"他用头撞我的脑袋，我无处可躲。他一定练过功夫，常常用脑袋撞砖墙，早就把额头练硬了。钢铁般的头颅撞上我两鬓之间、眉毛以上的部位，两只恶毒的眼睛并成一条长缝；两只手紧紧钳住我的上身，我本能地往后仰，全身僵得像竹竿似的。这一来对方出手更方便，我们的脑袋互撞了三四回。双方都没用武器，看起来好像挺公平的，可是痛苦却由我一个人承担。

他放开我，我并没有当场倒地，踉踉跄跄退了三步才站稳身子。我的脑袋麻麻的，说不出内伤有多重。不过肋骨被他抓得很痛，长袍两边都裂开了。说实话，最严重的不是疼痛和屈辱，而是震惊。时间仿佛割裂成一片片，与空间脱节，整个停顿了。泪水模糊了视线，我看到前面三个巨大的身影。这一场厮斗引来好多看热闹的小孩。我捏捏眼皮，挤掉含在眼眶中的泪水；根本无法还击，只能辩驳道："侬用勿着，用勿着格样子为难欧！欧只是路过，打听一桩事体罢了！"

对方等着看我的反应。他听到我的话，学舌道："欧只是路过，打听一桩事体罢了！"他一手叉腰，拼命耍宝和跳舞。突然间，他翘起另一只手肘，假装漫不经心碰到我，猛撞我的下巴，然后向后转，拳头又撞上我的右眼。噢，好痛！眼皮一定被打烂了。他还没有歇手的打算，嘴里叨念着，"侬打听消息？格个就是阿拉的答复。"孩子们看得入迷，他每次出招，他们就大声笑。

最后瘦子出面调停，才结束了这场街头闹剧。他拍手说："解散，阿拉离开格搭！"功夫好手和趸船上的小伙子把孩子们带开。可是我还不能走。瘦子带我到棚子问话，另外一个没动手也没动口的壮汉也跟着进来。

从外面往里瞧，棚舍显得比较大。屋里有个小桌子和小凳子。瘦子一坐下，就开始审问。

"侬叫啥名字？赵克明？好，走过来一点。让欧看看侬厄手。勿是左手，欧要看看侬厄右手。"

我伸出右手。他用指尖画画我的手指和手掌交接的地方，又摸摸大拇指和食指之间的部位，揉了两次。我知道他在干什么。这些地方没有起茧，可见我不是做粗工的人。他伸出右手，命令道："摸摸看"。我学他刚才的动作，知道他的意思了：工人的手应该粗粗的，厚茧深入皮下组织。他又摸摸我的大拇指尖和食指指尖。因为常握笔，指头上隆起一块。

"侬是共产党。"瘦子说。

我拼命否认"勿是，勿是。"我知道这个情况下"共产党"的罪名可大了。我想看看他的长相，可是额头受伤，脸颊又痛得要命，随便一动都疼得受不了。右眼的眼皮浮肿，视线被遮掉一半。幸亏他没再逼问我的党籍，转而提出另一项罪名："侬一定是报痞子。啥报社？《西报》、《新报》还是《申报》？"

"欧勿是报痞子。欧罚咒！"这次我觉得我应该更强烈地否认，偏偏下巴不听使唤。由于性命攸关，我使尽力气，想度过这场危机。我一直试着正眼看审讯者的眼睛，可是视线还是模模糊糊的，只看到他嘴里闪动的金光——他镶了一颗金牙。

他说："侬勿是共产党亦勿是报痞子，啥事体鬼鬼祟祟进来？昨日下半日我懒得盘问。欧知道侬会得再来格。"

"欧想要寻一个叫'雷骚胡子'的人。"说不定我仍有机会执行我的大计划，我赶快抓住良机。

"勿没听讲过。'雷骚胡子'是啥人？"

"伊是家父的朋友。格是交关久格事体啦。"我垂下眼。我知道那个不爱讲话的壮汉还在，就站在我后面，一动也不动。

"侬厄父亲是啥人？"

我吃力地抬起头来，看了坐在凳子上的男人一眼，然后眨眨眼，闭上眼睛。这一刻我知道伤兵不肯投降的滋味了。我连忙答道："伊叫赵书彦，四年前过世了。"

"勿没听讲过。"

我解释说："伊有格外号。"

"外号叫啥？"

"对弗住，先生。小囡勿好议论大人。"

他显然是棚舍里的总指挥。他沉吟了好一会儿才说："格趟欧放侬走。侬叫啥？对了，赵克明。欧勿晓得是啥人派侬来格，赵克明。一看侬厄头发搭侬着格鞋子，就晓得侬是外地来格哉。勿管侬做啥到格搭来，欧想侬今朝已经得到教训了。"

他站起来，指指窗外，我看不清，只能听他描述："看见格座水塔哦？从格搭到'公平干货店'栈房，都是阿拉格地盘。阿拉一点亦不放肆。阿拉勒格块场子干活，每一寸泥都沾着阿拉的汗水，还有阿拉父亲和叔叔的汗水。有人吃不了苦就栽死在格达。所以阿拉勿欢喜外头人来闹事，指挥东指挥西的。听清爽了哦？侬顶好勿要到格面来。千万勿要让欧再逮到侬。侬看起来像好人家格子弟。欧假使勿没猜错的话，欧们可以互相谅解哉，侬勿要来找麻烦。侬嘛把侬的遭遇告诉侬格朋友，向伊拉讲，侬是孝子，阿拉才破例。侬可以走啦。阿齐，带伊勒街上去，勿要让小囝们跟踪伊，对伊大吼大叫，今朝头痛格事体够多了，让阿拉清静清静。"

外面光线很亮，我只得用手帕遮住受伤的眼睛。额头肿得像桃子，碰都不能碰。我真恨那个打我的流氓！现在他正弓着臂踢腿，教孩子们功夫呢。我们走出棚舍，他们的注意力大概转到我们这边来了。但是阿齐伸手下令："哪们待勒格面，勿要过来惹阿拉！"所以没人跟上来。到了街上，不爱讲话的阿齐劝我说："老兄啊，侬顶好快点走。看天上的乌云，恐怕邪气就要落雨哩。"

雨下得不大，稀稀疏疏落了几滴，乌云就被风吹走了。可是我还不能回住处。我曾在店铺的大玻璃橱窗里瞥见自己变形的怪脸。如果我现在回望志路，阍家的人来开门，会大惊小怪。我怕他们去报警。码头边的遭遇很难解释，而且我的党员身份可能会曝光。我真想到华格臬路，请杜先生替我做主。必要时我不惜加入"青帮"，只要杜先生处罚那个无缘无故打我的粗汉。这想法真蠢，真不讲理。可是我好恨他哦！

等我看出自己的想法多么愚蠢、多么不讲理，我已恢复了一点信心。我的脑筋还很正常嘛。刚才被人猛推猛打，我受了重创，额头出现好几个疤，右眼险些失明，左半边脸看起来比右脸大。幸亏没有脑震荡，否则我不可能有这种心理反应。

我决定在城中地区逗留到天黑。晚餐后由老妈子应门，灯光昏暗，她也许不会注意到我的伤。就算她发现了，我可以说是跌倒受伤的。扯破的长袍必须紧急修补，我得买几个安全别针凑合凑合。现在下巴不能动，没有胃口吃东西，可是我至少得在屋里关个一两天，到时候会饿肚子，所以我需要一大条面包。

民国路是法租界和城内的界区。一条街由两个政府管，交通和公共设施都分为两半。法国巴士走北边，中国公车走南边。我走到那儿，已经累得要命。除了头部和脸上的伤，胸口和臀部的伤痛也显出来了。有个女人用手指着我，大声说："看殆个人厄脸！"我连忙跑到小街上，避免引人注目。到了一家啤酒店，我点了一大杯怡和啤酒，躲在角落的台子边坐了两个钟头，慢慢回想这几个礼拜的经历，包括找到聂明萱的公寓寻欢，以及胡琼芳劝我别介入上海活动等往事。

坐那么久实在很难受，不过我别无选择。我心想等愈久愈安全。我一向不爱喝酒，这次一口一口把整杯都喝光了。酒精对伤口有什么影响，我不知道。我一直等到太阳下山，先进浴室仔细擦嘴巴，才走出来，然后买了六根别针和一条"罗宋面包"，往住处走去。

12

我在房间里躺了三天半。事情跟我预料的大不相同。虽然已过了黄昏，开门的却是闳太太。她惊叫道："老天，你被打成这个样子！"我还没想出解释的话，她已经自己定出答案来，问我说："是不是在西区的徐家汇？我们忘了告诉你，南洋公学以西不安全！傍晚你不该一个人到那边！"我点头同意，然后尽快冲进房间。我把面包和剩下的三个别针扔到桌上，慢慢走向床铺，没换下破长袍和脏鞋子就打算躺下去。过了一会儿，阄太太来敲门。我突然想到别针该拿掉，于是伸手一一卸下，并将六个别针都放进抽屉，面包藏在一堆书后面，才打开房门。

"躺下，我给你弄了一点淀粉，可以防伤处瘀血—— 老偏方。孩子们小的时候，我们常用这个法子给她们疗伤。"我照她的吩咐，乖乖躺着，闭上视力尚存的左眼，让阄太太充当护士。她手一摸，我简直痛入骨髓，头顶直冒金星。我想起留在湖南的母亲。但愿阄太大没注意到我嘴上残留的啤酒味儿，但愿浆糊能冲淡酒气。反正她一句都没提起，只专心为我疗伤。她已居中年，想儿子想了大半生，照顾我给她带来不少安慰，这是我后来才知道的。她说："我不知道你眼睛青紫。可能需要猪肝。"我不懂猪肝怎么消肿。

她在我头上敷妥浆糊后，一手拿碗，另外一只白乎乎的手向前伸着，坐在床边的椅子上。她有个好处：不需要第一手的资料就可以自己编故事。

"他们有没有抢走你的手表？别睁开眼睛，好好休息。"她希望我不至于太难过。

幸亏那天下午我没戴手表—— 褪色的布袍和手表极不相称。我实话实说："我没戴手表出门。"她可以自己看哪，我的表在桌上滴答滴答响。

"皮夹子呢！"她还在凭想象编故事。

我轻声答道："皮夹子也没丢。"但是我得为她的剧本加点内容，于是我勉强说："我只—— 只损失两块大洋。"那天下午喝啤酒、买面包和别针，花的钱就差不多这个数目。阄太太不善于测谎，她看我的证词渐渐吻合她的诉状，非常开心。

她说："那一区不是好地方，人称'越界筑路区'，下回你千万别越过铁道一步。我们应该提醒你，有人在那边掉过金戒指，还有人掉过手表。不久以前，娄先生的一个朋友还在那边丢了一双皮靴呢。他们用手枪比着他，叫他脱下新用的皮靴。赵克明，那些人有没有带枪？"

我用坚定的口吻说："没有，就我所知没有。"

"他们一共几个人？"

"三个。"这个答案也是真的。

"还有，你千万别抵抗，不要逞英雄。两块钱算什么？你的命岂止值两块钱！现在你好好休息。我叫张嫂出去买块猪肝，免得太晚了没得买。"

"谢谢你，不必麻烦了。"

"什么不必麻烦？你需要的！"

大约半个钟头后，丽莲用小碟子盛着一块猪肝进来，还血淋淋的。她说："妈正在打电话。她要你把猪肝敷在眼睛上。"

"我来试试，丽莲。"

猪肝从手中滑落，在长袍上留下黏黏的污斑。第二次总算成功了。我平躺着，以生猪肝覆着受伤的眼睑。丽莲把小碟子放在桌上，自己坐下来。她跟她母亲一样，似乎很有兴趣看可怜的房客度过灾厄，不打算走。

我说："丽莲，请别看我。不好看。"

"没关系。妈说强盗抢你的皮夹子，你不肯服输，他们才打你。"

在阆家人眼中，我成了英雄。

我一手扶着猪肝，问丽莲："她是不是在电话里告诉人家这件事？"

"我不知道，也许是吧。她已经告诉爹、大姐和二姐了。"

"他们怎么说？"

"妈说我们应该报警，他们反对。爹说那一区很奇怪，可以算是法租界，也可以不算，所以谁都管不着。他不喜欢你的名字和我们家的门牌号码上报。"

"丽莲，我想你爸爸说得有理。"

我闭上眼睛，仿佛看得见会计阆先生的表情。在他的眼中，万事都可以用数字来代表。至于"大姐"嘛，如果世上根本没有男人存在，她一定更喜欢。娇小斯文的"二姐"斐依，人如其名，像小仙子似的。她跟男朋友出门约会必须经过父母批准；阆先生和阆太太说小俩口彼此认识不深，还不能谈婚嫁。可是他们看得这么紧，小情人哪有机会深入了解对方？我从十三岁的"小妹"口中知道全家的好多事情，不知道她是不是也跟家人报告了我的一言一行？最近我在她面前尽量小心。不过，现在她传来阆家决定不报警的消息，我倒松了一大口气。

我听见小妹说："赵克明，这是什么杂志？"我左眼偷瞄了一下，简直吓慌了。她已发觉我放在桌上，名叫《探险》的方形杂志。这一期前面几篇谈犯罪和社会问题，后面几篇是女演员的私生活和绯闻报道。但愿阆太太没发觉。我差一点挣扎着爬起来抢。不过这样没有什么用，只会激起丽莲的好奇心，所以我必须冒个大险。我装作若无其事说："那是所谓的成人杂志，你不会有兴趣的。"

"我也算大人。我今年十三岁了。"丽莲一脚荡来荡去说。

我忍住没有笑出来！"当然嘛！丽莲。不过这种刊物十几岁的人一定不耐烦看，是给真正成年人看的。"幸亏杂志露出来的部分都是长篇大论，不是诱人的照片和插图。我的话奏效了，梳两条辫子的小丽莲又有了新发现。她说："嘿，你还有一条面包哇。"

"是啊。"我真希望她看够了，赶快走开。

"妈说你不能吃固体的东西。她正在叫张嫂替你弄点吃的。有罐头鸡汤和莲子粥，你要哪一种，赵克明？"

我知道拒绝也没有用。于是我说："务必替我说声谢谢。随便都可以，多谢。"

"你到底喜欢哪一种？你要知道，妈最不喜欢听'随便'这两个字。

她希望人家说:'我比较喜欢这个,不太喜欢那个',除非你两种都要。"

"那你告诉她,我喜欢莲子。"

丽莲走出去,又折回来说:"碟子放在桌上,妈说你敷猪肝敷腻了,可以拿下一会儿,可是不能太久哦。我忘了问你:莲子粥要不要多放些糖?"

我脸上的伤不如想象中严重。第二天瘀肿看起来更厉害,红一块,黑一块,紫一块的,但是阆太太说得不错,"现在伤发出来了!"可见浆糊和猪肝发挥了效果。房东太太根本不知道我的肋骨、背部、臀部和左脚有多痛。从床铺到浴室,短短的几步路活像永远走不完似的。我得伸手扶着门把和浴缸边缘,才能挪动身子。

卧病几天,我有时间慢慢思考。旧的疑惑消失,新的焦虑又浮现了。

起先我生每个人的气,气那个打我的大块头,气那个指挥打人的瘦子,甚至气那个领我安全走出来的阿齐。我恨杜先生。他先请我吃饭,后来又请我吃闭门羹,害我掉进圈套。我怨胡琼芳不肯合作。娄义农给我一小笔基金,叫我来执行这项不可思议的任务,我也不感激他。而邹全呢,要不是最初他代我毛遂自荐,也不会发生后来这一连串事情,我对他当然不太满意。我尤其恨自己。由这一回合的调查看来,我的计划根本站不住脚。我的身体实在不行,应该学点武艺,再到打手充斥的暗巷才对。也许我天生愚昧吧。

不过我休息两天,已经恢复不少体力,可以在房间里走来走去了。我打算卷土重来。我不该低估自己。很多人谈论"青帮",提过他们的秘密仪式;他们亮出设计古怪的旗帜和徽号,上面的字笔画杂乱无章,字典里根本查不到。官员依辈分穿着不同颜色的长袍,头巾绑成不同的式样。其他成员左脚穿草鞋、右脚穿普通的鞋子,以纪念一位祖师爷在比武时掉了一只草鞋的传说。他们的各地分会称为"堂",领袖称为香主。不过这一套大多已成历史了。他们是否还执行这些仪式很值得怀疑，就算有，恐怕也不当一回事了吧。目前人人都在外国统治下挣扎，那些事至少不是最重要的。我的情况很特别：我曾从里向外看过"青帮"，跟青帮的顶尖人物见过面，也曾单枪匹马考验过底层的防卫情形。我亲身见识过它的意识形态和特性，那就是经验。看看那个瘦子吧，他的指挥岗小小的，跟我的房间不相上下，但他已经用决绝的语气宣告他的地盘了。要不是一帮码头工人支持他，他不敢这么大言不惭。我看见大块头教附近的孩子功夫。武艺和帮会显然是相辅相成，而且代代相传的。再看看趸船上的十来岁小伙子，他在部族间一定会成为未来的领袖，外来的人不太可能取代他。说来他们也有点像工会组织，难怪对党工人员和新闻记者充满敌意。我想起侦询我的人曾指出他的地盘，言外之意是那个范围以外属于别人，我若入侵，不关他的事。这是新发现；我这顿苦头没有白吃。

卧病的第三天，我实在忍不住，下午偷溜出去买报纸。我必须跟外面的世界保持联系啊。回来被闾太太骂了一顿。不过报上的消息很重要。蒋介石已经将空军投入战场，所以江北大"A"区的内战已进入关键时期。外国报纸说蒋总司令向上海的中国商人要求三千万大洋的无保证贷款，说要加进口税百分之二点五，得款再还他们，不过外国政府还没有答应多交税金。上海商人派了一个代表团到华中前线，问蒋总司令能不能在三十天内打败冯玉祥、阎锡山。蒋介石答复说，有了那笔钱，十五天就可以解决他们。他就是这样。他要用真弹和银弹攻势打仗，能征服的就征服，征服不了的就收买。他会怂恿敌方的将军们在战场上倒戈。对于这种降将，有的他会给他们一笔钱勒令他们退休，有的则升官。最有趣的是，这一招挺有效。商人问这种问题，蒋介石这么答法，等于确认了贷款的事。他可以收得到钱。

内战的胜负可能带来各种不同的后果。如果蒋介石能给北方联军致命的打击，他的威望将会升高，那他就更有立场应付外国势力了。这方面杜先生的立场可以说相当矛盾。他跟蒋介石站在一条线上，获得"爱国"的美名，假若自己的势力基础也能同时扩大，那是最好不过了。万一国民政府和广东籍的市长在上海的势力扩张，害他权益受损，尤其财政部长宋子文采取什么伤害他营业收益的措施，杜先生的反应一定会大大不同。

英文报纸透露，中共第六届代表大会最近开过了。我想不出何时何地召开。报上没说出消息的来源，只说会中已通过决议，要广征海员入党，渗透到蒋介石的军校去，在国民军内建立小组织。

我们的代表团想法太褊狭了。他们以为，工人受压迫受剥削，只要有救主出现，他们马上会热血沸腾，跟着革命的旗帜走。他们从来没有想到，大多数工人有家要养，因此需要天天有工作，才有钱买米，不能弄坏雇佣关系。我沿长江来往过三次，说起来真可悲，我知道大多数水手和船上的服务人员对工作保障比社会正义更关心。

下午房间很热，我半开着房门，通通风，不巧听到房东太太在楼下客厅跟两位邻居谈我的事。她对我颇有好评，说我有礼貌，为人体贴，不弄脏浴室，文文静静的，又没有客人进出。我要考南洋公学，闵太太说是一项高贵的愿望；预言我一定会考取。她告诉邻居太太，她的房客很聪明，每天阅读中文和英文报纸，比较两种版本的内容，以便增进英文程度。她不知道"南洋"的录取率只有二十分之一。至于两种报纸，根本很少刊登同一则新闻，就算登了，内容也是互相矛盾，很少相符的。

这时候两位邻居太太吃吃偷笑。其中一位问房东太太："你何不收他做女婿？"

闵太太朗声说："我没有合适的女儿啦！"

有一个太太说："还有哇！"另一位附和道，"对呀，她只等到生米煮成熟饭才让我们知道！"

我暗自好笑和难为情,小心翼翼地将三根指头的指尖贴近房门的铰链,用另一只手悄悄握住门把;屏住气息,轻轻将门关上。就这样,我假装没听见这段闲言闲语。

13

如果那天晚上没在法国公园的音乐会场结识赵朴,我的人生可能更危险,但可能更单纯。不过人生既然是由许多常规和变数构成的,瞎猜某一部分抽掉,某些未发生的部分补进去会有什么结果,根本毫无意义。我们又不是试管,对不对?

我在十六铺出事后一个礼拜左右,法租界的水电员工说要发动大罢工。有些公车不准时开。电力随时会中断。大多数家庭都储备了火柴和蜡烛。断电的时候也会断水,马桶就不能冲洗啦。阆太太给我一个搪瓷盆子,装些清水放在床下。万一水电工人继续罢工,我那一盆水得用到停水状况解除为止。我常到公共租界区找地方上厕所,免得如厕时遇上水箱没水的困境。不过一般预料,工人要求的"夏米津贴"很快就会传到公共租界。如果解决的条件对工人有利,整个大上海区的公用事业员工都会群起效尤。否则罢工会继续下去,谁也无法预料最后的结果。这种新的发展使我重新考虑工作保障和社会正义的问题。我以前的想法可能错了。党工人员可以运用的资财也许比我预料中来得多。不过这些都是暂时的。罢工的说法甚嚣尘上,但是可怕的事件并未真正发生。

北四川路发生一件爆炸案,这条新闻比罢工更叫我不安。根据报上的说法,六月二十三日傍晚有人从崇德坊后面扔出一颗炸弹。那儿的房子有几处损伤,有个叫王金洲的人伤得很重,被送到天潼路的大医院去挂急诊。我立刻联想到,曾在某篇文章里提到杜先生姨太太不贞的学术刊物《社会新趋势》就在那个地点。尽管文中并未提名道姓，仍不能等闲视之。我记得胡琼芳说过，只要某家传播机构发布一则消息，别家可能会跟进，问题太严重了。我跟她家佣人讨论过上述青帮忌讳的话题，不知道会不会引起什么后果？我感到很担心。

我谨慎避开"耸动"地区，但侦查还得继续下去，我决定调查杜先生从赤贫到暴富的过程。那是几年前的事——不会早于一九二三年——旧报纸上也许能找到线索。当时他还不像现在这么出名，要封报社的嘴可能不像现在这么有效。

《新报》在汉口路上设了一间公共阅览室，里面有各种藏书，还有他们自己的过期报纸，一册一册装订起来，非常笨重。内容没做索引。不时有读者来查过去的物价，或者查证内战某一回合的结果。没有人像我这样，为了找某一方面的资料，不管几年几月几日，乱翻乱找的。我到架子上去找旧报纸的时候，服务人员不太高兴。我向他们解释说，我正在帮一位教授挑选跟湖南省有关的资料，他们无可奈何，只好瞪着眼睛随我翻。他们的报纸和《申报》及《西报》竞争发行量，每一家都想和大众建立良好的关系。《新报》率先设立阅览室，他们宣称连西方国家的读者都享受不到这种便利的服务。

我找寻线索，费尽了眼力。先从一九二一年元旦看起，想把十年的记录从头到尾翻完。后来发现不可能，渐渐把范围缩小到上海市版，规模还是大得难以应付。于是我开始扫描标题，把注意力集中在有关赌博和鸦片买卖的文章上，但仍然很累人，而且没找到什么。不过报纸上有很多古怪的报道：上海赛马的骑师仍由仕绅担任，通常是马主本人。英国赛马初兴的时候也是如此。如今在欧洲等地，职业骑师已接下这个任务，只有上海维持古风。赛狗的距离从三百码到六百码不等，还有四百九十七码的呢。为什么要扣除三码，不干脆凑成五百，理由不太清楚。多年来中国的鸦片自给自足，但至今仍有少量来自印度，被视为珍品，价格比国内产品贵十倍。要不是我有更严重的事要办，怕时间来不及，这些消息还挺有趣的。

我找了三天，毫无收获，正想打道回府，忽见赵朴优哉游哉从楼上走下来。我过了好一会儿才确定是他。他走近之后，问我说："你在做什么？"

我说："找一条过去的新闻。"然后反问他说，你来这边做什么？"

他的答复使我大吃一惊："我在这边上班，楼上有一张小写字台。

到了茶馆，我和赵朴说普通话，免得本地人听见。他说："我就知道是你！"我吓了一跳。根据他的说法，我曾告诉"毛王爷"我是湖南人。这倒新鲜。我没想到十六铺水滨的那个头子绰号叫"王爷"，也不记得我有机会说出自己的籍贯。不可能有机会吧。可能是我挨打的时候，不自觉吐出湖南腔来，泄露了自己的底细。反正那些帮派分子认定我是新闻记者，仍在追查，所以"有个报痞子溜到毛王爷的地盘找新闻"的说法已经传开了。他们口中的入侵者形貌与我相近，何况又是湖南人。第二天阆丽莲到万家，大谈我在徐家汇被抢匪痛殴的事，赵朴渐渐把两件事串联在一起，尽管我改了打斗的地点，人物又经过阆家重新整编，他还是猜出来了。

我求他不要谈我撒谎的事，免得房东太太不高兴。他表示谅解我的苦衷。

"一句话都不要说，可以吧？"赵朴许下了诺言，我相信他一定办得到。反正没有别的选择，我不信任他也不行。他说现在三家报社竞争很激烈，每一家都怀疑别人正在打探"青帮"的内幕消息，影响自己的销路，所以劝我别太接近报社，免受牵连，我相信他的诚意。他若想揭露我的秘密，何必跟我说这些呢？在此种不寻常的情况下，我们的友谊迅速滋长。

我们在一起的几个礼拜，我常常暗想他不知道是否晓得我跟共产党的关系。他脑筋这么好，应该知道才对。有时候我几乎确定他知情，而且不是完全无动于衷。可是他从不直接或间接逼问我。他跟我一样，理论上许多思想派别他都能接受，实际上的政治他却不喜欢。我相信个性相近是彼此投缘的主因。我向赵朴提起长沙的几位密友想知道国家的情势，想多了解沿海地区的最新发展，所以对"杜大耳"感到好奇。我这么说，等于表明了自己的身份，泄露了自己的任务。赵朴愿意帮忙，他说："你能不能说得更明确一点，你到底想知道哪一方面的资料？"

"前几天我在阅览室碰到你的时候，我正在查他什么时候由流氓头变成高尚的生意人。根据我的看法，他能玩的道具只有两样，一样是骰子，一样是鸦片烟筒。直觉告诉我，鸦片应该比骰子更有效。"

"八九不离十。我相信他的讣闻中一定找得到答案。"

一听到"讣闻"这两个字，我顿时目瞪口呆："我们讲的是不是同一个人哪？我是指'杜大耳'，他活得好好的！"

赵朴面带笑容解释说：'讣闻'是报社内部的术语。要知道"一个举国知名的大人物上午九点心脏病发死亡，下午五点讣闻就得检排出来。如果一切都得从头做起，时间上可能来不及，所以有些资料必须事先准备好。关于'杜大耳'这样的人物，我们办公室有一个档案，收录了他一生的事迹和必要的参考资料，有些随时可以发表。他在世期间，我们会不断增删，使资料不至于过时，我们把这套东西称作'讣闻'。当然，只有报社内部的人这么说。"接着他又提醒我，"别以为报社登的讣闻会和档案里的一模一样。通常我们会大幅修改。"

我知道他的意思，报纸也必须顺应环境求生存嘛。

第二天，他带了一份我认为很重要的剪报。我逐字抄下来，让他把原件拿回去归档。时间注明一九二三年，附有日期。

百万鸦片遇劫

（十一月十六日电）昨天日本轮船"夕朝丸"停靠戴生昌

二号码头不久，一批身价据闻达两百多万大洋的鸦片被黄浦江畔的当地盗匪劫走。五位内地商人从汉口带这批鸦片抵达，将手提箱和柜子放在租来的马达渔船上开向码头，离岸边只剩二十码的时候，突遭一艘机动大帆船拦阻。有人对空鸣了两枪。劫匪从浦东方向开来的两艘舢板强行登上马达渔船。有一位内地商人张惠生不让歹徒行抢，被推下水，幸被马达渔船的船员救起。盗匪迅速将手提箱和柜子搬上舢板，然后在马达渔船的燃料箱灌水加砂，使其不能动弹，才扬长而去。多位目击者指证，指挥劫案者乃是来自浦东的"杜大耳"。

我在写字台上抄报纸，屋里没有别的椅子可坐，赵朴只好靠坐在床上。他点了一根烟，害我担心极了。我拿一个杯子给他当烟灰缸，关上房门，免得闹家的人不高兴。他发觉这种情形，只吸了几口，就把烟压熄在瓷杯里。他问我："你看这则电讯怎么样？"

我说："没想到短短几年就发生这么大的变化。一九二三年十一月，离现在还不到七年呢。"

"从小混混变成大上海黑社会霸主。"

我加上一句："别忘记他还是市政委员，拥有多家银行和工厂，成天应邀剪彩、揭幕、破土。你们的讣闻一定有很多这方面的资料！"

跟赵朴一席谈，我相信《新报》公开的档案里不可能找到我要的东西，因为会引起争议的内容已经先拿掉了。这份剪报只供报社内部的人参考，会不会上报很成疑问。赵朴证实杜先生和黄金荣对鸦片买卖具有决定性的影响。这个地位一定是在一九二三年以前就已建立了。假如没有盘根错节的组织在背后支持他们，他们怎么能使一批价值两百万大洋的走私货在上海完全失踪，不留下蛛丝马迹呢？我问他这两个人目前为什么都名列国民党公民禁烟委员会的委员，他说"青帮"正处于新的过渡时期。我们要注意，鸦片正逐渐式微；现在有许多摩登运动和娱乐，国内中上阶层不再流行抽大烟，而且上海钱庄和银行用鸦片当本金的习惯也逐渐过时了。曾经靠鸦片赚钱的人体会到这门生意已经达到饱和点。他们想要把本钱投进更高尚的领域，同时又不愿意别人来填补空当。为什么呢？因为鸦片生意对金融市场的瓦解力太强了。我听他讲这些话，不太懂其中的道理。他说鸦片买卖最盛的时候，利润很高很高，资金取得不易，很多钱庄的期票打八折：一百两银票只卖八十两，三十天后照票面价值赎回，月息百分之二十五，等于年息百分之三百。投机生意造成许多行号破产；但是也有许多人发了大财，房地产掮客和经营钱庄的人就是其中两个例子。

赵朴起身告辞。临走前，他咧嘴一笑说，他是宁波人，他叔叔至今仍在霞飞路经营一家钱庄。

赵朴到阌家来看我两次以后，阌太太说话了："赵克明，你搬进来的时候说过不会有客人。"我知道她的意思。于是我说："我以为赵朴是全家的朋友。他认得斐依、丽莲和你们大家，所以我没有把他当做普通客人。"

"别跟我顶嘴！"阌太太非常严厉。她继续说："那孩子起先还正正经经的。他在圣约翰大学读经济，是最有出息的科目。连阌先生都说他有才气，有前途。他叔叔在霞飞路开了一家钱庄。后来他跟叔叔闹翻了，还差一年没念完就离开学校，只差一年哪！结果他有什么出息？竟干起报痞子来了！"她喘了一大口气，面色略微平缓下来，望着我的眼睛说："他是宁波人，家乡离这儿不远。你是内地来的人，远离家乡，没亲没故的。我们理当照顾你，免得你跟不三不四的人来往！"

我一本正经地说："对不起，阌太太，你既然这么不高兴，我以后不再请他到家里来就是了！"

听到房东太太的教训，我想得很多。宁波人在上海商圈以自傲出名。光是"宁波路"这个名字就说明了一切。除了少数例外，公共租界区的街道都以中国各省和大都市的名称为名。反之，法租界则以法国民族英雄的姓氏命名。杜慕尔是将安南警察引进上海的越南总督；华龙是死在江湾机场附近的法国飞行员；敏体尼荫是主掌法国工部局的第一任总领事；雷米是法国商业王子；薛华立是耶稣会天文学家。辣斐德是以前的战争英雄；霞飞、贝当、福熙都是著名的将军。

上海的街道和大路恐怕有一百条取了法国人的名字，这些只是其中的几个例子罢了。法国人的辖区内，只有宁波路以中国都市命名，这不是偶然的。

这条路的起点是宁波人的四明义冢。租界成立时，法国人本来打算把坟山夷为平地，规划成棋盘式的街道。上海的宁波人发起大罢工，法国当局只得修正原来的计划。苏州人和宁波人主宰了上海的大部分钱庄生意，所以他们的抗拒很有效。这要从十九世纪上海开放成通商口岸谈起：宁波和苏州是生丝和丝织品交货的地点。只有当地人能签发汇票和信用纸。他们照老方法做生意，债务责任是无限的；没有人宣告破产，孝子会倾其所有替父亲还债。家族公司靠节俭和荣誉起家。只要有信用，不需要商业法。虽然我对赵朴和他叔叔的争执一无所知，但是从阆太太的训话中，我可以了解他们之间的代沟因为财务问题而变得更复杂。不用说也知道，叔叔一直供侄儿念大学，直到最近才不再帮助他。

赵朴辍学后，没有多少地方可去。我只有中学文凭，他也比我好不了多少。他在《新报》当助理编辑，每天工作时间长，薪水却十分微薄。人人把他当做靠丑闻敲诈勒索，到头来不得好死的"报痞子"。

赵朴不能到阆家，我又不能到他的办公室，所以两个人在一起的机会不多。我们在外滩公园碰过两次面，在广东路的面店一起吃过一顿午餐。我对他和房东千金恋爱的事很好奇，但他从来没有谈起过。我跟他提起福州路上找流莺不成的经验，他捧腹大笑。可是聂明萱家的那件事我没说出口，即使在赵朴面前，这种事仍是难以启齿的隐私。

如果我没有记错的话，应该是七月的第一个礼拜吧，他拿到两张夜游黄浦江的票。他说是游览公司免费送给《新报》的，茱莉亚·万那天晚上不能去，于是找我作陪。那夜赵朴跟我谈起几个问题，澄清了我的疑惑，拓展了我的视野，却也使我对中国的前途更加忧心。

起先我们留在甲板上喝免费的饮料。微风很舒服，景色却无甚可观。一哩一哩巡游过去，黄浦岸边布满外国商号的招牌和建筑——NYK——ASIATIC PETROLEUM——SOCONY——MACKENZIE CO.LTD.——VACUUM OIL——MITSUI BUSSAN KAISHA——JARDINE MATHESON——NIKKA COTTON——BRITISH CIGARETTE。字母密布的巷道过去，就是旷野了。你可能不知道：上海离太平洋十三哩。速度慢的船逆波通过交通拥塞的黄浦江狭道需要两小时左右。

楼下的轮机室附近有一张板凳，空无一人，我们特地选那个地方，可以痛痛快快聊天，不怕别人听到。当然啦，我们谈的是上海的诡谲情势。

一提到"青帮"，我总会道出它"为低阶层人民存在"的论点。"毛王爷"让我明白，他们牺牲颇大，才清除了水滨。他们的工资很低，事情做好也没有功劳可言。因为内战，更多难民涌进上海，这些无家可归的人愿意以更低的代价工作，甚至不要工钱。所以码头和船坞的老前辈划出地盘，对外人设防。不过照赵朴的说法，事情没有这么简单。上海的中层阶级也需要杜先生这种人。严格说起来，外国商人主宰的现代银行体系和中国钱庄处理的旧式金融无法配合。钱庄规模小，数目多，做生意靠人情。他们必须顺应内地的习俗，使用阴历，放另一种假，遵照另一套生意周期，跟外国银行不一样。为什么呢？因为出口的大宗货品，包括茶、丝、菜油、酱油、猪鬃、蛋粉……都是在乡村生产的。许多从底层累积起来的矛盾使中级规模的生意最难协调，东西文化、传统和现代法庭制度等差异更不用说了。杜先生的才华在于他能解决争端。他有黑社会势力做后盾，没有人敢得罪他，而且他做人做事很有弹性，有时候会自掏腰包补偿吃亏的一方。但他失之东隅，收之桑榆，自己拥有不少企业。他不断跟人"打个交道"，懂得妥协的人可以大展宏图，连外国人都少不了他。

他说："我们打个交道"时，我内心有一种满足感。幸亏赵朴也夸了杜先生几句。整体上我的感情相当复杂。很多人把杜先生想成十恶不赦，我无法那样对他。

谈到眼前的内战，赵朴预测蒋介石会打赢，华北联盟的财力和兵力没办法跟他竞争，他相信上海商界会支持国民政府，外国公司也不例外，蒋氏只要再打一场胜仗，他们就会自动效劳。大家倒不是真心拥戴蒋介石，只是蒋的举动比较容易预料，冯玉祥会怎么样，谁也不敢说，只好两害相权取其轻啦！

我发觉赵朴是思想家，难怪他的烟一根接一根抽。经济学知识对他很有帮助。他向我解释说，国民政府和蒋总司令想要借三千万大洋，并不表示他们要从上海商人手中抽调这么多银元运走——那样对双方都没有好处。他们是向商人赊账，购买面粉、棉布、通讯设备和制造弹药的金属。到时候蒋介石不必用现款还债，他要增加进口货的内陆运输税，改以税款来抵债。赵朴推想蒋介石有能力连本带利还清。不过旧账未了，他又会借新债，第二回也许增到四千五百万或六千万大洋。于是贷款继续扩张，商人的利润也呈螺旋形上升，他们跟他的牵扯会愈来愈深。宋子文正在用这些贷款设立中央银行。他咧嘴一笑说："这是现代金融的把戏。有权利使用某些资产跟直接拥有这些资产没有多大的差别。"

他说蒋介石和杜先生曾经过从甚密，不过两个人都企求控制同一笔财富，到头来他们的利害一定会互相冲突。他问我懂不懂他的意思，我说，"有点懂了！"

他深思道："蒋总司令一方面需要西方各国的帮助，一方面却又不得不跟他们作对，这是他最大的难题。无论怎么做，都会跟自己的目标相冲突。"

我问他为什么，他说国内经济扩展的可能性不高。他问我："你是湖南人。湖南产桐油。货到底是由大农场生产，一片森林中种很多树？还是小规模生产？"他还没问完，我就猛摇头，否决了"大农场"的答案。

我依据常识告诉他："才不呢。每一家拥有两三棵树，通常在稻田外的丘陵地上。哪一户人家若有五棵或十棵，已经是异数了。"

他紧追不舍："你看吧，供应者这么多，买主却只有一家。就算有很多代理人进出村庄，把桐油果带出去，基本上他们仍代表同一家企业。他们只给贫农最基本的价钱，绝不肯多付一文。相反的，在上海办公室里抽雪茄的大实业家都有英国和美国的贷款支持。劣等组织和优等组织做生意，根本不可能成功！"

赵朴咳了两次。他学西方人说了一句"对不起"，然后继续说："根据工本计算十二两半白银可以换一两黄金。可是你知道现在金块市场的行情吗？六十两换一两！黄金的价值是白银的六十倍！中国采取银本位制。理论上，这样应该对我们有利。我们的钱比较便宜，东西也应该比较便宜，我们可以多出口，生产量也会增加。可是你家如果只有三棵桐油树，你最好别谈什么扩大营业。还是脚踏实地，算算你每年损失多少收入吧，单位价格缩减了。菜油是这样，蚕茧和猪鬃也是这样。"

我说："听你这么说，我好难过，你看有没有改变的可能？"

他反问我："你们的老乡毛泽东不是说他有一套重整农村的办法

吗？老实说，我对这种话不太有信心。就算成功，可能也是五十年后的事了，我觉得没什么用。"

他提出这么悲观的论调，忙向我道歉说："克明，对不起。我忘了你比我小三四岁，观点跟我完全不同。"

我反驳道："听你的口气，活像七老八十似的！"我们俩都笑起来。

话题转到轻松愉快的方向。赵朴把香烟弄熄，问我说："听说湘水景色很美。真的吗？"

我老实说："不一定。夏天河水黄浊浊的，跟别的大河差不多。可是初春和秋天，水清见底。有几个地方美极了。"

我告诉他"长沙"这个地名大有来头，河对面有个沙洲，水位旺的时候，沙洲长达一哩："我最喜欢沙洲西侧。日落时分，长长的沙洲每隔几分钟就变换一次色彩。"

我特别提起长沙西侧岳麓山上的一处风景名胜。山脚有座亭子，名叫"爱晚亭"，因为一首古诗而得名：

停车坐爱枫林晚
霜叶红于二月花

我劝赵朴："哪天你该到那边走一趟！"

"我们可以做的事情太多了？"他若有所思地说。

现在回头说说我们夜游黄浦江的经过。实际上并不如旅游公司说的那么刺激，最大的缺点是那天海上没有月亮，船只沿着长江出海口边缘绕了一圈就回头了。其实也没有多大的差别，四处黑漆漆，我们什么都看不见，只见到浮筒上的闪光。说来你恐怕不相信，七月的午夜居然寒气逼人，回程甲板上的人大都到下层的轮机室附近取暖。下层挤得要命，我们仍然坐在稀有的座位上，不再聊天，转而听其他游客交谈。

14

丽莲眼看要长成小妇人了。不知道为什么，这件事使我心里乱纷纷，比丽莲自己还要烦恼！打从我搬进她家，两个人一直很亲密，有时候她会在我房间逗留半个钟头，打扰我读书，问些古怪的问题。她想知道我三角课本中的"B"字母为什么背脊骨弯弯的，横的一画还带个小尾巴？我画圆圈为什么不照硬币描，却要用圆规，在纸上弄出一个小洞来？我五月刚来的时候，常常站在她背后，顽皮地将下巴顶在她头顶，让她动都不能动，闻着她洗得干干净净的发香。现在我不敢这么做了，尤其有一天她问我该不该穿耳洞，我更不敢放肆，女孩子到了戴耳环的年纪，就不能再当儿童了。

我偷听过阂太太跟邻居太太在楼下聊天，心里很过意不去。她们乱点鸳鸯谱，将小丽莲跟我配成一对，当时我觉得很可笑，事后想起来却感到很有意思。能有这么一个甜蜜蜜、灿烂如朝阳的可人儿当终身伴侣，岂不太美妙了？可是我自骂道：简直发疯，居然想占小女孩的便宜——她还要过好多年，生理和心理才会成熟呢！丽莲梳个马尾巴，胸部还不太明显。我们相差好几岁，家庭地位悬殊，我该有自知之明。万一邻居太太知道我考南洋公学是靠谁资助，那可不得了！有时候我也提醒自己，精神官能症和不正常的儿童性骚扰可能就是胡思乱想的结果。

可是，要避开丽莲谈何容易。对"小妹妹"设立心理防线太不公平了。怕她诱惑我，等于把自己的恶念投射到纯真无邪的人身上，未免太卑鄙。于是我借口要准备考试，不让她进我的房间，但饭后常约她陪我到法国公园散步。在公共场合，我的心态比较健康，她发明了一种游戏：两个人比赛猜某排房子最后一间的门牌号码，我觉得很好玩，那些号码她比我多看过几百回，当然会占上风，我假装不知道这一点。

上海的美国人庆祝七月四日开国纪念，法国人庆祝七月十四日，我们乘船游江的第二个礼拜，上海的气温突然升高。法国电力公司的工人暴动，也许跟天气有点关系。有些人拿石头砸电车和外国汽车，法租界有很多地方不时断电断水，不过七月十六日的大雷雨发挥了作用，让大家的身体和头脑都冷却下来。听说长期的劳工谈判还在进行，至少情况并没有转坏。北方内战打得正凶，安徽已变成拉锯战的战场，双方都自称打了胜仗。南洋公学的入学考试只剩两个多礼拜了，我仍然没接到娄义农的只字片语，钱快要用光，我真希望他马上跟我联络。就在这当儿，"丽莲小妹"突然不肯再陪我去散步，她说不行，决不跟我出门，到法国公园或别的地方都不行。起先我完全不知道怎么回事，还以为是少女心情捉摸不定，说不定她已经开始有月经了，听到她撅着嘴说："妈说不行！她说不行的时候，谁也不准问理由。不信你自己跟她争辩看看，祝你好运！"我听了感到很不安，我当然不敢跟阆太太辩嘛。

第二天早晨，我在望志路弄堂门口碰见"二姐"斐依，她迟疑了半晌才怯生生走近我说："赵先生？"

"嗯，"我觉得她有话要告诉我，因为我们平常碰面很少交谈。

"我妈决定不让丽莲跟你出去，与你的人格无关。"她终于道出了整个内情。

茱莉亚·万怀孕了，祸根不是别人，正是万家的"报痞子"房客赵朴。茱莉亚的父母已经叫赵朴搬出去，她不知道情郎目前在什么地方。《新报》办公室可能有他的地址。反正茱莉亚必须静静把孩子拿掉，不能声张。在房东太太眼中，一个姓赵的房客是坏胚，另一位姓赵的房客也好不了多少，所以阆家决定叫我搬家。幸亏阆先生圣明，不愿将两个姓赵的混为一谈，于是他们决定宽限一个月，闵家打算告诉我，他们九月要收回亭子间自用。

我在外面打收费电话到《新报》三次，赵朴不在，没有人知道他在什么地方。我想他大概出差去了，就到汉口路的报社，在会客室里等他。四点钟赵朴回来了，他目前住在闸北的一家旅社——他把地址告诉我，听到我带来的消息，他要我尽快赶回闵家，请斐依转告茉莉亚：千万不能答应堕胎。赵朴自己要回去向叔叔道歉，他希望跟叔叔和解之后，万家肯重新接纳他；而他随时准备放下报社的工作，回大学把书读完，请茉莉亚的父母谅解。

可惜晚了一步！我到闵家，等丽莲出去找她二姐，斐依听到我的口信，立刻冲到辣斐德路，但她带回一个可悲的消息：堕胎手术已经在那天下午动过了！茉莉亚·万此刻正坐夜车回嘉兴故乡疗养，要暂住在阿姨家，设法淡忘这一段情，午夜前，我将噩耗一五一十告诉赵朴。

第二天我再到旅馆房间看赵朴，他两眼充血，面前的烟灰缸装满烟蒂。打从我认识他，我一直佩服他观察敏锐。现在他心乱如麻，显然失去了往日的活力，所以才会白白耗掉两天，没有去找他叔叔，也没去求万家。我想他很难拿定主意，我以前在他叔叔家住过，知道那种滋味，他的抉择更艰难。

既然他断定和解的问题已经不存在，我觉得他应该振作起来，为自己打算。眼前他必须当心身体，我相信他住不起旅馆，该找一个长期的住所，我自己虽然也遇到相同的危机，但我的问题可以过几天再说，现在我不妨主动帮他搬行李和手提箱。不过我得先劝他采取行动才行。

我说："换了我，我会把她忘掉。既然她答应堕胎，离开你的生活圈，表示她已经跟你断绝关系，把你给甩了。你该考虑一下，也许她跟你不相配！"

赵朴突然跳起来，眼睛活像要冒出火花似的。他一把抓住我的衬衫前襟，动作跟前一阵子十六铺的壮汉差不多。他大吼道："你敢？你有什么权利这样批评她！"

我吓了一跳，同时觉得很惭愧。但我诚心诚意辩解说："我无意批评谁，我只是觉得你该多保重。你难过了这么久，现在该——"我没有说完，赵朴抓着我晃来晃去。他嚷道："孩子没了，妻子也没了！"说出口之后，他终于放了我。

"真对不起！我不知道你这么想。"此时我只能实话实说，恰当与否就不去管它了。

"她才十八岁，孤零零的，没有人支持她，我不知道家人是怎么吓唬她的。"

我从来没听过赵朴用这么惨痛的口吻说话。

我不自觉伸手扶着他的手膀子，两个人并肩站在窗前，看人车来来去去，一句话也没说。过了一两分钟，我缩回手，转头看赵朴，发现他的眼睛还湿湿的，但脸上的悲愁已经褪去，我总算放心了。他勉强挤出一丝笑容，用深沉的口吻说："对不起，克明！惭愧惭愧，我太激动了。"

"这有什么关系？你能发泄内心的痛苦，我高兴都来不及。"

人都有弱点，我想，以前我一直把赵朴当做硬汉，现在看来也不见得。我们该珍惜他对心上人的真情，还是崇拜他刚强的外表？脆弱与矫饰如何选择？我答不出来。我庆幸自己能在朋友最需要我的时候跟他在一起，有机会让他发泄愤怒和悲哀。可是我笨嘴笨舌，随时会使他的创痛复发，于是我决定暂时走开。"需要我帮忙，随时通知我。"我吩咐道。

"谢谢你！"他拿起一根香烟说，"必要的时候我会大哭一场。"

"试试看能不能睡一觉，充分休息以后，世界会完全改观。"

两天后我回到那家旅馆，气氛完全变了。赵朴拿烟灰缸给我看，干干净净，一根烟也没有。他宣布："再也不抽烟了。"

他不但决心戒烟，连行李都收拾好了。剩下的两个大箱子用绳索捆着，附了标签，准备送往邮局。"这个送你！"他递给我两册英文版的《莎士比亚全集》，房间中央停着一辆旧脚踏车，还有备胎和内胎。接着他拿一架旧的折叠相机给我看——他试用过，拍出来的照片挺不错的。他得意洋洋地说，脚踏车杆是他自己装的，螺丝也是他自己拴的。床上有一件丛林夹克和一顶遮阳帽，为了怕下雨，他还买了一件防水外套。

赵朴说服《新报》的编辑派他到华中和华北去当战地记者，他要一路由长江北岸骑单车到北平和沈阳，甚至到哈尔滨，战场前线他也不怕。只要人家肯拨出一小时或二十分钟，他会顺路访问蒋介石、冯玉祥、阎锡山和张学良。他要报道实际的战况或和平运动，一路上刻画士兵和百姓的面貌，替他们拍照，不管天气是晴是雨。他热衷新计划，沮丧的心情已一扫而空。

我忍不住对他的壮举产生了疑虑。但要重新考虑这个任务是不可能的。我放下那两册莎士比亚作品，问他："我看你需要带个武器，譬如一把——一把手枪之类的？"

赵朴对我的建议一笑置之："面对两百万武装军人，一把手枪有什么用呢？"

"可能会碰到强盗和散兵。"

赵朴摆摆手说："得了！"他不想再谈这件事。

我看看他的战地记者装备，又提起另一个问题："你何必弄得这么抢眼，活像要到非洲去打老虎似的？"

他说："这样比较好，我不想被人当做间谍。"

一切都已成定局，再讨论下去也没什么意思。我陪他到威海街路买了一个手动式空气唧筒，还出钱买了一个可以附在单车上的电池手电筒送给他，下午我帮他把行李拿到邮局去寄。

第二天我没看见他，第三天，分别的日子到了。头一天晚上我躺在床上，失眠好几个钟头，我该不该对赵朴坦白道出我跟共产党的关系！可是这对他有什么好处呢？我该不该劝他别到前线去采访，陪我到湖南？我能提出什么保证？我敢说到内地一定比较安全甚至比较有意义吗？我该不该主动表示要通过阆家姐妹替他传话给茱莉亚·万？我已经劝他忘了万小姐，这么做好像没什么道理。我到底是关心受难的朋友，还是在抵挡自己的焦虑？这些问题，我都无法回答。我睡着以后，做了一个梦，梦见有人指控我调戏儿童。指控我的不是别人，居然是娄义农同志。他把眼镜拿上拿下，宣读罪状，我正要大声抗辩，就惊醒了。我听见手表滴答响。又是新的一天，窗板上映出夏日清晨的第一道曙光。

赵朴还没走出上海，单车已经遇上不少麻烦。我们把它拴在野鸡汽车后面，安全拖到火车站，可是搭火车的时候，好像没人知道该怎么处置它。售票处翻阅登记簿，说运到南京要一元二角。他们给赵朴一张收据，却不肯收下单车，车长也不肯照收据办事，他不让赵朴把单车放在火车厢后面，坚持该放上车顶。有一位女乘客说："殆些争啥事体将单车牵上火车？"一个男乘客说："不必问嘛！就把车牵上火车，放在座位旁边。你说要另外付钱，请他们批准，他们反而找麻烦！"他的话可能有道理，赵朴跟副站长争了半天，才说好人车都到最后一节货车厢去，跟一大堆邮包为伍。万事安排之后，赵朴放下干粮袋，已经接近九点了，距离九点五分的发车时候只有短短几分钟。

结果火车直到九点半以后才开。等车时，赵朴说："你决定到南洋公学读铁路行政，我很高兴。整个体系有很多值得改进的地方。"

我说："不错，问题是，等我变成重要人物，有影响力的时候，我已经和这些人一样官僚了。我可能会为你的脚踏车特别加挂一节平台货车，也可能叫你爬列车顶去，看你的人事背景而定。"

"得了，赵克明，你这样冷嘲热讽，比我们这些报痞子好不了多少。"他脸上又浮出开朗的笑容，用遮阳帽当扇子，猛扇个不停，身上的夹克早已汗迹斑斑。所幸没有太激动的道别场面。未过门的妻子和未出生的孩子被扼杀在这座拥挤的城市里，他并没有落泪。三年前他满怀希望前来，如今却迫不及待想离开上海。这时候，我很想上洗手间，等我匆匆上完以后，信号旗手正在吹哨子，挥动绿旗，指挥火车开动。火车吃力地轰隆轰隆走了一两秒，就塔—— 坦——阿—— 顿，塔—— 坦——阿—— 顿地加速疾驶而去。

说到七月底发生的事，有个小插曲必须提一下。当时那件事对我没有什么特殊的意义，过了好几个礼拜我才知道个中原委。不过我还是说出来好了，请忍耐一下，暂时别问理由。

赵朴有一张二十元的支票，没有时间兑现，托我去办，于是我把自己仅剩的二十元先交给他。他走了以后，我到外滩去兑换。我等了好久，又花不少时间应付官样文章，总算拿到现款。从银行出来，觉得好累好累。你大概还记得吧，我头一天晚上没睡好。

堤岸的街道中间有一道长长的安全岛，上面平行停了一列汽车和卡车，车头面向水滨。我跑向电车站的时候，王彬正好把他的别克车开出来，往南行驶，朝法租界开去。我想他说不定肯让我搭个便车，无论如何，这是恢复联络，跟他搭讪的好机会。我强忍着疲累，一面向他挥手，一面奔向他的汽车。我的手已经伸向门把，只要再跳一步，就可以踩上侧板了。我以为王彬一定会把车子停下来。

没想到他不但不停车，还凶巴巴看了我一眼说："让开，瘪三！"

"是我—— 赵克明！"我以为他把我当做陌生人了。

王彬还是非常侮慢，"我不管你是什么痞子。我叫你让开。"听他的口气，好像生气了。他开动引擎的节流阀，往前疾驶，狂冲了五十码左右，然后猛踩刹车，险些撞上一辆电车的车尾。他的动作过猛，轮胎吱吱响，车身往旁滑，只得重新发动引擎、倒车，然后再往前走。我被甩在后面，怒火中烧。"屈辱"两个字还不足以形容我的心情。上次在十六铺打我、推我的家伙也没骂得这么难听啊。我不知道四周的人会把我看做什么。我又羞又气，满脸涨得通红，连电车都不想搭了，一路跑完整个外滩。

后来几天，我专心准备考大学。碰见王彬的事我不能放在心上。赵朴的私事我也必须抛到脑后。我手头只剩下二十五元了，娄义农还没有音讯，再过一个月我就会被赶出阚家；另一方面，红军这几个礼拜可能会攻打长沙。虽然如此，我必须专心读书，暂时不听、不看、不想这些叫人分心的事。你也许会说我这个人死脑筋。问题是我必须依据某种体制奋斗。先考进大学，其他的事以后再说。

可是七月三十日另外一件事分散了我的心神。《新报》上有一条消息说，他们派了一位战地记者到东前线，并刊出一张赵朴牵着单车，背着相机的照片。新闻旁边就是赵朴从蚌埠传回的第一篇报道。电文指出，蒋介石从华中和华南新调的军队正要抵达前线，参加攻击。文中重申赵朴"蒋军会得胜"的看法。可是读者若仔细看这篇文章，就会发现里面隐含着悲观的调调。也许他用字谨慎，才躲过了新闻审核人的红笔吧。这篇电讯我看了两次。赵朴虽表示蒋介石会战胜冯玉祥和阎锡山，却也暗示敌人的领域可以征服，但难以吸收。除非社会从基层改造起，否则只有强人领导的军队能控制大局，他们的管理力有限，超过几省以外的辖区就管不动了。总之，一个军阀政权下台，又换上一个，没有多大的差别。这就像龟裂翘起的石板灌上一层水泥，底层没拿掉，新的水泥还是会从下面龟裂翘起。

我望着相片中赵朴神秘的笑容，暗想道："好个聪明伶俐的家伙。"这个报痞子也许已找到自我实现的道路。若是如此，他和茱莉亚·万分手未尝不是一件好事。像他这样坐立不安的年轻人，如果整天面对写字台，甚至继承一家钱庄，他是不可能快乐的。

15

南洋公学的入学考试竞争非常激烈,我不敢说应考人一定有三千位,但也差不了多少。据说这个学校马上要改制成"交通大学",所有的学生都可以领国民政府的公费。其实就算没有这项特权,毕业后保证可以在铁路行政、电报、无线电通讯和民航等机构任职,也不错了。难怪全国各中学顶尖的毕业生都蜂拥而来,参加竞争!我也抱着一线希望,即使娄义农不支持我,我若能考进这所学校,长沙的二叔也许肯资助我的学费和生活费也未可知。

我们一共考了三天。第一天是八月四日星期一,早上和下午分别考国文和英文,星期二整天考数学,星期三上午考物理,下午考化学。我在一间教室应考,有些人的考场在体育馆和礼堂,考试前后,整个校园挤满了像我这样的学生。

头一天我考得很好。听说内地各省的学生国文比较好,外文却不行。这话不假,我们在家读了许多经典作品,但是很少跟英语世界的人接触,所以我才特别到青年会的夜校去补习。夜校的英语老师吴先生,劝我们这些准备考大学的人事先做好几篇短文,他说适合几千位考生采用的一般性作文题目并不多,描述个人的家乡是可能出的题目之一。看吧,真的出了!"我的家乡"作文题发下来之后,我轻轻松松把自己事先准备,牢记在心的文章写出来。秘诀在于不要卷入现在的政治。长沙是一座大城,十九世纪曾遭太平天国包围,但没有攻下。最近饱经风霜的城墙被人一块砖一块砖拆掉了,花岗岩铺成的街道倒是分毫无损。我不必提城内没有自来水的事。反之,我详细描写桂花和杏花的香味、小贩卖的橘柑、柿子、烤红薯、炒花生、油炸豆腐等普及性的食品。我提到迷人的沙洲和岳麓山的枫林,表示我会用的字汇很多，精通初级英语。华而不实的辞藻，我尽量避免使用。当然谁也不会指望我用字措辞像莎士比亚或拜伦爵士一样有力嘛。

那天的表现差强人意，可是晚上我变得心绪不宁，汗流浃背。我正决定再看一遍数学课本，电灯突然熄了。这一定是水电工人的警告动作。由于灯光一直没亮起来，我把电灯开关关掉，希望早点进入梦乡。可是有一只猫喵喵叫个不停。阖家的人轮流上厕所，惹得我也想去，但我怕在黑暗中撞到人，也怕停电时马桶不能冲水。二十分钟后，电来了；屋里屋外同时响起一阵欢呼声。我上了一趟厕所，睡意全消。手表滴滴答答吵得人受不了，我特地把它塞进抽屉，可是又怕睡过了头，赶不上明天早上的考试。我再上一次厕所，把头直接放在水龙头下面冲冷水—— 基于健康的理由，通常我是不会这样做的。我用一块湿布用力擦头、颈和手臂，后来我终于朦朦胧胧睡去，可是都睡不长，只是断断续续打盹儿。我搞不清自己是做了一连串的梦，抑或只是胡思乱想。我看见十二个女孩子参加露天音乐会，在毯子上屈膝，也看见女音乐家。接着阚丽莲、胡琼芳、李丽华、聂明萱列队而来。胡琼芳没穿耳洞，她的耳环是拴上去的。丽莲到底有没有去穿耳洞呢？她只有十三岁，还没满十四岁，不过也快了。我还认识哪一个穿耳洞的人？ 是李丽华还是聂明萱？我从来没有仔细打量过李丽华，所以未发现她肌肤的任何印记；至于聂明萱，我只跟她共眠过一夜，没机会细看长发内的耳垂长得什么样子。哪一位被我占了便宜，哪一位没有？我该把谁看做一种诱惑，又绝对不能用这种眼光看谁呢？ 谁怀孕，谁堕胎？我搞不清楚了。梦中的女子都是组合体，一个人具有好几重身份和形貌，这表示我已失去了自制力，真糟糕。我突然肌肉抽筋醒过来。

不公平，我跟异性交往的范围太窄了！此刻我要赶出脑海的，不是女孩子的形貌，而是政治问题—— 我想专心考完南洋公学的入学考试。

我知道问题出在哪里。有一则新闻我一直压着不愿意多想。七月二十八日，彭德怀率领的红军已占领长沙，上海的报社过了好几天才得到消息，但真相一揭开，就流传到各地。我在试卷上描述长沙多么古雅、多么迷人、多么平静……的那天下午，《西报》第二次版出现这样的标题：

> 长沙烈焰腾空
> 遭共军占领
> 传政府官员被处死
> 外国军舰监视中

我觉得这条新闻可以用几种不同的角度阅读，而每一种都带给我很深的冲击。母亲和外公外婆住在那一带；二叔家住在长沙城里。我离开长沙之前，邹全曾告诉我，娄义农要把"中共中央"迁到长沙。他计划以那儿为中心，重新解决国家的事务，也许最近的发展使他忙得没有时间理我，于是我就像一件没人认领的行李，搁在上海，一筹莫展。我还不如赶回长沙，说不定会碰到许多意想不到的新机会呢。我觉得很兴奋，但也很担心。我要想办法避免出名参加。

我在上海，至少可以不必马上做决定，但是经费是一个大问题。若能考上南洋公学或者得到部分奖学金，可就完全不同了。我在这边有仗要打，军队已投入战场；小战斗也发生过了。我必须忘掉娄义农、彭德怀和战火中的长沙。但是我的努力只成功了一半。一个念头刚压下，另一个念头又依稀浮现。有时候大念头又会分裂成两三个小念头。

第二天早上，我喉咙干干的，头有点疼，但我努力打起精神，希望把数学考好。我用一瓶豆浆当早餐吃，决定暂时不看报纸。说来也是命，我一下电车，立刻瞥见报摊上《新报》的头版：上面登着赵朴的照片，周围加了黑框框。标题写着：

本报战地记者殉职

你可能会说我狠心。我既然在最后一刻临时抱佛脚，努力克制种种杂念，希望通过考试，自然不能让人世间的任何事情动摇我的决心。我在这里也等于打仗前哨已经接触了。所以我照样到教室，把四个三角题目做完。事实上，我还是教室里第三个交考卷的人呢。交卷后，我坐在草坪的一棵树下，再读《新报》：那张报纸经过折叠和揉搓，有一部分已经弄脏了。原来是事实，不是做梦。赵朴在蚌埠北边十七哩的地方被盗匪杀死。除了肖像和小传，报上还登出一张他躺在地上的照片，手指微弯，眼睛半开，有一只苍蝇正在吮他脸上的鲜血。画面上看不到他的单车或照相机，也看不到他的干粮袋或雨衣，连遮阳帽都不见踪影。我知道赵朴是被人谋杀的，但他也可以说是自寻死路，明知此行有危险，还执意要去。失去茱莉亚·万和未出生的孩子，他的悲哀远比大家想象的更严重。我见过他情不自禁的样子，所以我知道。他非常聪明，非常敏感，心灵很容易受伤，笑的时候反而显露出脆弱的性情。故作怀疑不是他的天性，是保护自己的伪装。他不希望别人笑他，所以规划了一段离奇的旅程，一个人牵着单车大老远到哈尔滨和更远的地方，不管危险性有多大，也可以说他故意孤注一掷，甘冒大险。如果这是他的抉择，我就无话可说，也没什么办法了。报社发行人刊登他的故事，已获得好处；应该会替赵朴料理后事才对。谁来通知赵朴的叔叔和万家呢！他们可以自己看报纸和照片哪。这位靠叔叔资助上大学，寄宿在万小姐家的"报痞子"，思想感情极有深度，可能不是这些人能够了解的。

我不知不觉拔起一根草，放在嘴里嚼。只有内地来的土包子有这种坏习惯；沿海的都市人会觉得这个动作很奇怪很野蛮。我怕有人看我，连忙啐了一口，把青草扔掉。脑中的念头渐渐清晰起来。曾经跟我分享人生经验，比湖南同志们更亲近的知己突然死去，我必须拼命挣扎，免得悲不自胜。青草曾被我当做体力的泉源呢。

我连那份《新报》也放掉了。夏季的和风吹来，不一会儿，报纸已在草地上空飞舞，被走道那一头的人捡走。随时有人想知道华中前线和湖南的新闻，可是没有一个人会为死亡的记者落泪；连他的亲友都不会相信他早就预知自己的下场。报纸飘走以后，我重新注意到四周的情境。我听到几位考生由考场出来，正在讨论三角试题的正确答案。

听到他们的话，我才知道自己情况危急，他们的答案是对的；我错得不可收拾。有一个关于"象限Ⅱ"的考题，函数值应为负数，不是正数。另外一题我把"余切"当做"正切"，所以公式用错了。第三题我忘了将乘积开方，再以四分之三去乘平方根。三角考砸了。我记得青年会暑期补课的老师对同学们说过一句话：南洋公学的考生必须每一科都及格，才有进入决赛的机会。只要有一科不及格，就会被淘汰。三千个人选一百五十个，不由得他们不狠心。夜校老师很内行，他们跟试务当局有联络，曾帮忙改考卷，有些还出过考题。现在我有时间慢慢反省；我确实是最早交卷的三个人之一，可是另外两个人交了白卷。他们自知不可能考取，走时把尺、圆规和三角板都带走了。我的还留在桌上。

我该不该回教室去找呢？现在已经很清楚了，我继续受罪也没用。"南洋"不是我该读的学校，而我也不是他们要找的学生。长久以来，我一直在骗自己。就算我考取了，谁来出学费？在目前的情况下，我休想要娄义农汇钱给我。

我要趁还出得起船钱的时候立刻回长沙。八月的房租已迟了三天没有缴，不管阃太太一再不高兴，我必须拿湖南的情势做借口，请她宽免这个月的租金。也许我可以把书和个人用品押在屋里，答应以后有能力再来还钱。回教室途中，我碰到南洋公学的注册主任—— 六月我来参观的时候跟他谈过话。他现在正指挥助手们整理试卷。他吩咐其中一个人："把这几叠交给叶先生，请他尽快把不及格的名单开出来，我们就用不着批改他们的几何和代数试卷了。"他问另一个助手说，"下一堂的油印考卷呢？赶快准备好，只剩十分钟了。"

这时候我暗暗嘲笑自己。要不是我精神涣散，杂乱无章，也许可以考得非常好。不过，有什么用呢？铅笔等文具干脆留在那边算了；也许有人用得着。在最近的未来，我不太可能用到圆规和三角板。我不如去查查下一班到汉口的江轮什么时候出发，愈快愈好。

16

四个月内，我沿长江走了五趟，如果我再叙述旅途上的所见所闻，我相信你一定会烦得半死，所以我就不再细说，只约略交代一下就行了。八月六日傍晚，我乘"永安"号离开上海，八月十三日抵达汉口，在那边过夜。第二天，我又搭上四月前往上海时坐过的"福州号"，在八月十七日回到沿海地区。那天是星期日。江轮的大小和速度各不相同，抵达的时间受路上停泊的站数影响。请你相信，我并没有记错，这回我只离开上海十一天。

"福州号"停靠在码头边的时候，我身上还剩大洋八元七角，回到闵家是不可能了！于是我住进八仙桥的一家廉价旅店，不知道下一步该怎么办才好。你大概觉得我应该去找一份卖力气的工作，可惜没有人肯用我。我说过，我手上没有长茧，在十六铺小棚子办公的"毛王爷"曾经当面告诉我，我看来不像做粗活的人。

至于我怎么会落入这种惨境，容我做一番说明。

红军占领长沙，只守了十天就退走了。八月六日，也就是我搭"永安号"刚往汉口那天，蒋总司令和军阀的联军把彭德怀逐出长沙城，可是郊区的激战继续进行，双方都有人增援。国民军采取守势，在长沙四周设立屏障。他们将铁丝网通上电流，靠湘水运送人员和补给品。红军再度围城。他们采用古代"火牛阵"的战法，将牛尾巴浸了石油，在敌营前面烧起来，战况愈来愈激烈，范围也扩大了，可是没有一方取得压倒性的胜利。谣言满天飞，有些说法非常吓人，难民不断由灾区往外逃。"永安号"驶近汉口水滨的时候，我们看见好几艘江轮和许多舢板挤满了人，简直开不动，有一艘严重倾斜，看样子随时会翻船，非常危险。他们都是湖南来的。后来我在客栈听人说，长沙开出的最后几辆火车挤得水泄不通；车顶上挤满了人，火车头两边也密密麻麻挂满了人。

　　我不敢跟人说我要回长沙，那时候打算返乡未免太不切实际了，可是我的钱即将用光，又没有熟人可找，非回去不可。找舢板的船家谈谈吧——也许有人要回围城去多载些人出来，赚点外快。我可以说家父和家母在长沙病重；自愿帮他们干活儿，他们说不定肯免费载我。可是我还不死心，想从武昌搭火车过去，前线仍有机会发生变化。说实话，八月十三日那天，我疲惫不堪，自觉被人遗弃，陷入绝望的深渊，我才不在乎谁赢谁输呢！我必须回家乡休息休息，说不定还得换个新身份。

　　渡河到武昌之前，有两件事可以在汉口做。我先到电报局和邮政总局查问一下，如果发到长沙的电报和挂号信开始收件，就表示联络已经恢复了。

　　电报局前面挂着一面告示牌："下列地点的通信服务因战事而暂停……"我的问题已获得答案了。到了邮局前面，我碰巧遇到"马克思主义研习团"的小组长邹全，他在那儿租了一个邮政信箱，每天去查信件，那天他恰好收到一件好消息，不过这次邂逅给我的冲击更大。

真巧，他手拿一封信走出邮局门口，我的一只脚正好跨下门前的花岗岩阶梯。有时候不由得不信命运的安排，就算我们事先约好，也不可能碰得这么巧。

他告诉我一则令人震惊的消息：娄义农已经改回原名，叫做苏湘仲，目前正为国民政府和军阀效力。邹全一看到我，就抓紧我的手，带我到日租界的藏身地点，一五一十道出了许多内情。红军占领长沙的时候，身为省主委的娄义农什么事也不干，只会给人惹麻烦。大家对他烦透了，红军撤退时，没有人肯通知他。他被军阀的部队逮捕，为了保命，就提出交换条件，替国民政府首长拟出一个计划，把被捕的共产党员交给警察局的特询室，严酷刑求，但是每个人只要肯密告两名以上的共产党员，就可以从轻发落。为了以身作则，娄义农自己先出卖了几个以前的同志。他用苏湘仲的身份指证他们。有些人不肯求饶，很快就被处死，有些宣布悔过，学娄义农变节卖友。娄义农当上"迷途青年感化院"院长。

邹全提到不少人名，我在此不必细说，反正那些人你也不认识。可是我对他们印象很深。我当场站起来，惊叫出声，在屋里踱方步。想想某人讨论会上常坐在我附近，一脸胡须如在眼前，如今已成了烈士；某某曾批评我不该看普希金和莫泊桑的作品，可是他现在已投效军阀。邹全算是幸运的，那天他岳母生日，夫妻俩一起到湘水西岸的娘家，回程看见自己租的房子被军警包围，立刻跑开躲起来。他逃出来以后，今天是第一次收到太太的信。娘家的人平安，她父母决定搬回广东故乡去。邹全可能到爪哇去教书。听他说话的语气，我猜想他和太太姚梦已决定将政治和马克思主义完全抛到脑后。

跟他一席谈，我浑身发冷；虽然感到震惊和气愤，却也无可奈何，娄义农已变成苏湘仲。他当不成共产党领袖，却当起国民党官吏来了。真方便！我想起他说过，革命志士必须准备走迂回路线！难怪他的脸这么灵活，表情每隔几秒钟就变化一次。如今他竟负责感化迷途的青年，真是一大讽刺！我恨不得问他是谁使谁迷途的！不过，我何必埋怨呢？我还坐在研习班的小组长面前。他和太太姚梦曾经非常关心我的福利和我的思想，而且和我此生唯一爱过的女子过从甚密。而他们现在也准备收拾行囊返乡，不玩了。他们舍弃意识形态，改以海外之行来充实自己的生命。何去何从他们清楚得很。

邹全似乎猜透了我的心思。"小赵，你在想什么？"他问道。

我垂头丧气地说："我不知道，"然后又加上一句，"我必须回长沙。"

"那等于自杀。"

"我要告诉娄义农，我已变成——"我差一点说我曾告诉娄义农：我加入"马克思主义研习团"只是哲理性质，从不赞成任何一种暴力行动。不过我想一想，这种时候说这种话只会叫人看不起，连忙打住。我哼了一声，改口说："我妈住在平江。娄义农知道。"

邹全伸手抓住我的膀子："小赵，听我的话没错！只要你不到那一带，令堂就平安无事，谁也不会向国民政府警察密告她。他们都知道，如果抓了她却抓不到你，告密者自己会有麻烦。可是你一露面就不同了，他们必须抓你，要抓你，最好先抓令堂。"

他放开我的手臂，继续说："你最好回上海，在'杜大耳'门下栖身。你知道苏湘仲相当尊敬那个人。"

我没有机会跟他解释：我其实没有联络上杜先生。邹全不需要听解释，他滔滔不绝地说："小赵，别被小资产阶级的观念困住了。这是紧急情况。谁有钱，谁就有势；谁有势力，谁就受尊敬。'青帮'、'蓝帮'，又有什么差别！"

我不置可否。邹全问我："是不是钱的问题？我也没多少钱。不过我会帮你出路费回上海。别谢我，这是命。真好运，我一天遇到两件喜事，碰见你，又收到内人的信！"

就这样，我在长江来回穿梭，两头的生命线都被截断了。第五次搭上江轮跟前面几次不同，我不敢抱希望，也没什么进取心，只想还能活着算数。

我在星期天中午抵达上海，什么事也不能干，必须等待明天，但愿早报的求才栏会刊出找职员和信差的广告。我不能太挑剔，什么工作都行，先找到饭碗再说。

我预料那天晚上一定睡不好。你知道八仙桥的旅社嘛，不通风，隔间板比纸板好不了多少，屋里又挤又热，隔壁可能住个接客的妓女。我得有心理准备，也许该找些艰深的读物，一直看到眼皮沉重得睁不开为止。可是我手头没有书本和杂志，又不愿意把仅有的一点钱用光，搞得连早餐和公车票都买不起。我忽然想到，那两本赵朴送的《莎士比亚全集》还放在阂家，里面的注解很难懂，正好可以催眠。我不如过去拿，这时候也许不会碰到阂太太。

结果是阂太太来开门。她一看到我就大声嚷道："老天，赵克明！大家都在找你。你表姐还有一位王先生……我告诉他们，我们不敢确定你是不是回湖南去了。"

"有一阵子我……我……"我没把话说完。阂太太照例抢着发言。我大吃一惊，过了好几分钟才能领会她说的消息。前天王彬到阂家来了。昨天胡琼芳亲自来到弄堂门口，把车停在外面，自称是我表姐。他们一定是照阿朱的指引，找到阂家的。他们来跟我联络，阂家的人非常吃惊，以前没听说过我在上海有亲戚或熟人，想不到我搬走以后，居然有人这么认真这么急迫地找我。

丽莲在一旁看热闹，得意洋洋地叫我看烫过的头发。她的样子很时髦，嘴里问道："嘿，赵克明，你表姐是女明星还是什么！"

我用不着答复这个问题。阂太太插嘴命令女儿："不关你的事。待在里面别出来。"然后转向我说，"赵克明，打电话给他们。你可以用我们的电话。"

我忽然觉得，她的好意我只能心领了。上次我见到胡琼芳的时候，她说她不想跟我有任何瓜葛。三个礼拜前，王彬曾当众辱骂我。六月初，我把住处指给阿朱看。他居然等了两个半月才告诉主人这个地址，而他们竟等到我搬走，才上门找我。矛盾的地方很多，对不对？某些基本的情势发生了剧烈的变化。无论是什么变化，我最好直接去查查看，免得邻居太太偷听，到处去广播。我的意思是说，我该有点隐私。我对闵太太说："谢谢你。我本来就要到他们家，干脆现在去好了。"

踏出闵家，我发觉法租界的运输工人和水电工人罢工已到达顶点。街上没有公车或电车通行。一辆电车停在两站之间的街道中央，阻止工人上工的纠察员在车上或坐或站，察看有没有别的车辆行驶。附近杂货店和水果摊的收费电话也不通。

问题不严重，我可以走路。望志路到亚尔培路的胡琼芳家只有两哩左右。就是大热天下午，也只要走三十分钟到四十分钟。我避开辣斐德路，免得触景生情，想起赵朴和茱莉亚·万的事。我信步走过几条街，横过震旦大学和法国巡捕房前面，这条路线可能长了一点，但是比较安静。

我当然十分好奇。过不久我就可以见到几个有趣的人物了：一位是声称除非有商业交易决不欢迎我到她家的少妇，一位是不肯认我的"表姐夫"，一位是发誓不泄露主人私事却仍然泄露的男仆……我统统可以见到。既然他们急着找我，两天内不惜跑到我租的房子两次，让他们等一等又何妨！不过话又说回来，那件急事如果要赶时间，万一机会已溜走，可就太遗憾了。反正谁也无法挽回，我必须接受命运的安排——现在连邹全之流的马克思主义者都相信"命"了。根据过去几周的经验，该发生的事自会发生，不该发生的就不会发生，强求也无济于事，我还不如来顺受好些。

我猜得不错！到了胡琼芳家，王彬不在，我没有机会看他改变态度，挽回一点面子。阿朱来开门，显得很惊讶，主人的事情他显然插不上手，他只是照常规带我到客室，向琼芳报告我来的消息，并用托盘端一杯喝的回来；这回不是绿茶，是橙汁加冰块。胡琼芳又让我等了十分钟才下楼。无论事情多么紧迫，她的仪态和衣着仍然保持她的派头，身穿一套白色生丝裤装，脚跟高跟白拖鞋，浑身散发出一股幽香，人如其名，不愧是"长沙白茉莉"。她说长沙话，声音清脆甜美："赵克明，嗯各个人也蛮好的咯，说到就到！"她绝口不提自己到望志路的事，也没问我这几天上哪儿去了，我上次来找她，她当然也忘记啰。她笑眯眯地把耳环戴好，坐下来，穿拖鞋的脚指头微微弓起。

她满面春风，露出脸上的酒窝说："我还是要同杜先生报一个信，先打一个电话，报告他一下，嗯，赵克明老老实实地坐在各里喝冰橘子水，不要一转身又溜走了咯！"

我暗想电话不知道有没有被公用事业员工停掉，后来才想起闾家的电话还是通的，而且琼芳与杜先生一定有特别的联络管道。我没来迟，真好，是杜先生本人要找我，只是不晓得找我有什么事。难道"青帮"想要跟共产党的上海地下组织联络？可是那个组织的人我一个也不认识啊！也可能是杜先生要我联络娄义农。那我该告诉他，娄义农现在改名苏湘仲，跟他太接近可能有危险。我尽量保持镇定。反正我也不会有什么损失。无论杜先生找我干什么，谜底马上就要揭晓了。我不是死人，逐步接近一项不平凡的大计谋，当然感觉得到眼前的危险和刺激。我再用力吸一口果汁，仅剩的橘红色不久就完全消失了，碎冰块变得晶莹剔透。虽然喝了冰果汁，我仍然汗流浃背。我把玻璃杯转向灯光，仔细看冰块，发现自己的手微微发抖。

胡琼芳打电话没花多少时间。她右手轻拍大腿两下说："我俚不要去了啥，他就要来。"她的手指轻轻弓起来，半握拳头，放在鼻孔和嘴巴上。不久她就拿定了主张，她满面笑容对我说："我有一个好办法，嗯可以花几分钟到我的洗澡间冲一个淋水浴，一身凉快了，不就舒服了吧？"

　　幸亏我在闵家已经见识过小姐们用的浴室，不过胡琼芳带我到她的浴室时，我仍然觉得很尴尬。她解释说："用嗯那边咖啡色的毛巾。绿肥皂是香肥皂，红肥皂是叶肥皂。嗯只有十分钟，所以要快啥，就来啥，不要慢里巴刹的啰！"

　　"不会。"我回话的时候，她已经代我把门关上了。

　　反罢工措施已在她的浴室施行了。当时电灯亮着；可是架子上有一盒火柴，还有一根蜡烛插在烛台上。水龙头和莲蓬头可以出水；不过角落里和洗脸台下面有两个搪瓷水桶和一个大水盆储水备用。罢工威胁到小资产阶级的生活，情况似乎很严重。宽敞的浴室摆上那些应变器具，显得很局促，损害整洁美观更不用说了。不过这间浴室的布置相当优美，一应俱全，跟八仙桥旅社和"永安号"及"福州号"三等舱的街浴不可同日而语。

　　浴室的门板内侧、药橱门和墙面都镶了镜子，屋里只有我一个人，我觉得颇受威胁。脱下衣服后，我偷偷照镜子，镜里有好几双眼睛同时望着我。这还不是最吓人的。这两个礼拜来我奔波往返，忧心忡忡，营养和休息又不够。如今赤裸裸坐在马桶上撒尿，生怕一站起来，尿液就会滴在地板上。浴室一尘不染，确实有抑制作用。我发觉一切设备都刷过洗过，洒了香水，实在不敢乱碰里面的东西。

　　我正要踏进浴缸冲个澡，琼芳突然来敲门。她嚷道："赵克明，嗯不要洗澡，我搞错了！"

　　我转过身来，她紧接着说："让我进来咯，我有话同嗯讲！"我气冲冲穿上汗衫和短裤，把门打开。她走进来，闻闻我的身体说："嗯偕冒用肥皂吧？好，嗯出来咯，先莫问我哦是的个。嗯看到杜先生就会晓得哦是的个。"

　　我重新穿上鞋袜，嘀嘀咕咕抗议说："莫是有人以为我挨上了传染病，先要禁一个闭。"

胡琼芳从小碟子里拿起肥皂，闻一闻再放下，又用一条白毛巾擦擦手指，用力闻指甲。她听到我发牢骚，忍不住笑起来。一只手臂往外伸，放在门框上，脸埋在腋窝处，笑得前仰后合。"赵克明，嗯真是天下第一个滑稽人物，什么关禁闭！"

我不知道她笑什么，可是我一句话也没说。

给杜先生取"闷葫芦"这个外号的人形容得并不贴切，有时候他非常健谈。那天下午，他在亚尔培路的屋子里向我约略介绍上海的现势，跟我听到的各种说法完全不同。那一次我有机会进一步了解他。

我们坐在楼上我四月点交金饰的前厢小客房里，不过现在那儿已经改成书房了。杜先生叫我坐在书桌后面的扶手椅，他自己则坐在书桌旁。胡琼芳坐在躺椅上，弓起一只腿，另一只腿荡来荡去，一只拖鞋在地板上，另外一只悬在脚指头边。会谈的时候没东西吃也没东西喝，谈的都是正经事。

可是杜先生好冷静！无论问题多么紧迫，他都谈得有条有理。据说他根本没受过正规教育呢！他对我说，他跟大家一样，讨厌洋鬼子。记得十几岁的时候，他曾经被一个英国巡捕推倒在地，从此以后就发誓要让上海脱离外国人的掌握。我脑中浮出一个画面，他指的一定是当年在码头附近摆摊卖水果的日子，以及公园贴布告"禁止中国人与狗进入"的那段时期。我仿佛看见他倒在人行道上，竹篓中的橘子和石榴滚落一地。

他不能不爱国。他从另一个角度提出他的观点，以浓浓的浦东腔说："假使欧昧着良心投靠洋鬼子，就没得法子让弟兄们团结了！"我明白他的意思。帮派的底层都是工人阶级。他们每天受殖民地主子和洋奴欺负。如果杜先生不理会他们的仇外情绪，这些人就会背弃他。杜先生表明这个立场，等于宣告他认同穷人。这一来胡琼芳有了插嘴的机会。她提醒我说："赵克明，侬应当看看杜先生多么热心做善事！"她瞥了杜先生一眼。杜先生不像我想象中那样喜怒不形于色。女朋友夸他，他一脸得意的表情。

接着杜先生问道："侬当子欧欢喜看黄浦江沿岸插满英国、美国、法国和日本国旗吗？"

我知道他想说什么。他以英、美、法、日代表所有的外国势力，包括挪威、葡萄牙等。他说到这儿就打住了，等我回答。于是我答道："杜先生，侬没有道理欢喜嘛。""

"对呀！没道理嘛。""青帮"领袖特别加重语气。他继续说："阿拉都巴不得洋鬼子卷铺盖回去。对哦？欧至少比你大二十岁，早二十年就有格个想法。重点不勒格搭。问题是哪能把想法变成事实。格方面我也勿没办法搭侬多讲啥。欧没读多少书，可是欧格搭有一大群专家，伊拉晓得。伊拉会得搭侬讲，殆些英国佬、美国佬、法国佬搭东洋人就是有银行搭工厂，生意才做得夏好。殆些银行搭工厂不只是赚铜钿，也带来一套又一套厄规矩，教每个人尽自家本分。年轻人，我问侬，阿拉中国人阿有格一套套厄规矩？"

"恐怕勿没。"这些话不知不觉脱口而出。

"原来侬也晓得！"杜先生对我的答案很满意，土腔更明显了。"阿拉差不多全是自家定规则。因为侬有经验，所以侬晓得格。几个礼拜以前，侬到十六铺，在招商局金利源码头碰到阿拉帮里的粗汉，挨了一顿教训。侬只是闯到趸船边，凭外号找人，问敏感的问题。阿里一桩事体？照伊拉格规矩，侬超出范围两三步，所以拨伊拉莫名其妙格打肿了脸。赵克明，对弗住，欧勿没教伊拉格能做。坦白讲，欧也勿没法子禁止伊拉动粗……"

这段话叫我大吃一惊。原来他们都知道，原来杜先生晓得我在十六铺的遭遇。胡琼芳笑起来，她正在笑那件我以为没人知道的灾难。杜先生承认他管不了这种事，至少证明一点：以前娄义农同志曾经指出，一切秘密会社都受旧传统约束。赵朴也说过类似的话，"底层未受干扰时，灌在顶层的新混凝土将遵照相同的模式，翘起的地方照样翘起，龟裂的地方照样龟裂。"平常我最气胡琼芳笑我，但是这一回我明白她的意思。想想看，我到趸船探险那天，还杜撰了家父的外号，这不是很可笑吗？我回头看看胡琼芳，她用指头指着我，然后说："赵克明，你勿晓得，杜先生说侬走殆一遭是最好的自我教育。伊最佩服侬格样子肯尝试厄年轻人。伊讲人人都该吃点苦头学经验。"

杜先生点点头，对她插口说的这些话表示赞许，然后继续说："欧是想叫大家团结，慢慢交阿拉也会有自家厄银行搭工厂，格么一来阿拉就可以定出自家格一套规则，搭洋鬼子竞争。到格个辰光以前，欧要搭伊拉谈判。欧希望工部局有阿拉自家格人，欧希望伊拉改变法律和规则，让阿拉有机会迎头赶上。欧搭伊拉讲，假使伊拉肯答应阿拉部分要求，欧会得叫阿拉格人团结起来，跟伊拉合作。欧要伊拉尊重中国人……"

"是的，杜先生。"他的话入情入理，不由得我不点头。

接着他提到共产党，不过，他用的是"左派"这个名词。

他说："格个'左派'自作聪明。伊拉当着在法租界发动罢工，让电车和公车动不了，断水断电，格个行动会得蔓延到公共租界区。过一晌大家都会在街上闲逛，纳税人也勿交税，格么全上海都会乱起来。伊拉当着格搭只要有一百万人失业饿死，辰光到了，伊拉就可以来接收了。请问侬，'接收啥？'"

我未经深思，随口答道："欧勿晓得，杜先生。格几天欧离开上海，勿没想到情况夏严重。欧当着只有一小群人勿没经过工会同意就私自罢工。"

杜先生仔细听我说话，显然把我的每一句话都记下来了。但他不愿话题中断，继续说："假使伊拉占领汇丰银行，得到格不过是门口厄一对铜狮子搭保险库里厄一捆银票。铜狮子忒重，搬勿走，银票人家可以作废。格样子阿拉格问题还是勿没解决。啥人来维持上海的水电交通？啥人来管理医院？相信欧格话勿会得错，英国人和法国人勿会让伊拉闹列格种地步。伊拉会开火。格个辰光会伤到交交关关无辜厄人。"

我终于提出问题："不过，杜先生，交通搭水电工人要求加一眼眼薪水，不然至少给一眼夏米津贴，不是满合理吗？"

杜先生抱着手膀子，仰靠在椅背上。他用权威十足的口吻说："这勿是问题，欧保证。"接着解释说，"现在问题不在钞票，是出铜钿格老板搭工人互不信任。水电搭交通公司晓得大多数工人想要加薪，并不想做得格么绝，伊拉有家要养。问题是，到处有一大群'左派'控制着工人，格眼人专找麻烦，不想谈判解决。伊拉希望制造紧急情况。水电搭交通公司不敢提出条件，生怕一让步，偏激分子厄胃口会得大起来。格眼人存心捣蛋，目的就是让每一样事体停摆。"说到这里，他澄清自己的立场。"欧跟两方面都有联络，所以欧晓得。可以讲，格件事体搭欧有切身厄关系。"

这时候我已经有了大略的概念。杜先生要请我去破坏罢工，否则他不必长篇大论跟我谈这些。他不但将这个问题跟国事连在一起，而且承认切身的利害关系。当然啦，他介入很深，一方面必须跟"洋鬼子"资方和市政当局合作；另一方面，有些工人可能是他帮会里的部下。照他的说法，双方已陷入僵局，上海的共产党分遣队激进分子和"青帮"老大哥们抢着控制同一批劳工，而劳工们不知道该重视意识形态，还是重视眼前的生存才好。杜先生自己也进退两难。他的信用受到挑战，他的本事也遭到了怀疑。

不过他可真坦率！他需要帮手，就先解除自己的武装，出来跟我见面。他没提出什么冠冕堂皇的逻辑，只表明自己的爱国情操和实际问题，坦承自己的弱点，不矫饰，不吹牛，不存心打动我。这是传统的价值观，简单明了。娄义农提出某种主张，必须脱下眼镜又戴回去，杜先生不像他。

可是我连十块钱都没有，在上海连个服务生的差事都找不到，我能帮什么忙呢？我预感杜先生是要我仍旧自充共产党。否则他手下的人马成千上万，智囊团一大堆，没有理由不用他们，单单找我帮忙。真不可思议。我不是共产党党工人员，就算是，一个人能发挥什么作用呢？

几分钟后，答案揭晓了。目前"青帮"和共产党的竞争陷入僵局。黑社会人物当然有不少暴力把戏，到目前为止还忍着没使出来。问题是情势这么紧张，只要一点点武装冲突就会引发大规模的流血运动，五年前的"五卅惨案"可能又会重演。这种情况连英国人和法国人都在努力避免。他们发挥了极大的耐心，杜先生当然也希望尽一份力量。他决定卸除眼前的定时炸弹，需要找个人代表敌营，劝阻罢工工人。如果有很多工人肯听劝告，放弃不许别人上工的立场，乖乖回家，情势就可以转为一般工业纠纷，杜先生自信他可以从中斡旋，让双方满意。我"拆信管"占了一项优势。我不但可以扮成共产党员，而且可以扮内地来的共产党员，抱持一种和本地党员不同的人生观。我可以在工人前面分析革命策略，不必重复共产党上海分会的说辞。

还有，我对共产党感到幻灭，杜先生不知道是否知情。他不厌其烦跟我讨论他的策略，显然知道我的想法，而且了解十分透彻，可能是胡琼芳仔细描述过我的性情和人格，使他获得这种结论吧。关键在娄义农叛党。他们做地下情报工作，一定接到了最新的消息，能够做合理的推论。我不是根深蒂固的共产党员，目前在共产党的身份暧昧不明，他们都知道。

我茅塞顿开。若要我去见那些工人，现在最恰当。我头发好久没理，脸已经三天没刮了，衬衫湿答答黏着臭汗，裤子松垮垮的，皮带也太松，鞋子装满泥土，这副德行正好符合他们派给我的任务。

我要扮演初到上海的内地党员，而我已经带着最恰当的扮相登上舞台。琼芳不该叫我到香喷喷的浴室洗澡。她一发现自己的错误，立刻把我叫出来。这件事看起来有点滑稽，难怪我说自己遭到禁闭检疫的时候，她忍不住笑得前仰后合。

17

六点钟，王彬载我们到法国竞技厅附近的街角。他开的不是别克，是另外一辆车，驾驶盘不在右边，而在左边。我们避开直路，绕道向北再向西走了一段路，才转回万尔西爱路。王彬一句话都不跟我说，连看都不看我一眼。我跟两个穿工装的男子坐在后座，也一言不发。我只记得左边的浓眉汉子姓仇，右边的男子脸色苍白，瘦弱不堪，常常咳嗽，活像痨病鬼似的。他姓林，听来像广东人的姓，可是他看起来又不像广东人。车子在交叉路口外一百码附近停下来，我们下了车。王彬一溜烟把车开走了。老仇和老林对我点点头，接着向霞飞路的方向走去。他们朝东弯，消失在人群里。

太阳下山，午后的酷热应该消了一点，可是我靠近墙壁和房屋的时候，从水泥散发出来的热气简直要把人烤焦了。某些地点某些角度的热浪特别叫人受不了，法国竞技厅前面的矮树丛和空建地附近，空气比较凉爽。可是我不能离开交叉点太远，也不能离开太久。依据作战计划，我的岗位在那边。

杜先生的计划很简单。罢工的工人把好几辆电车擅自摆在车站之间中途的轨道上，阻挡循环线通行。霞飞路圣心修道院前面的一辆和民国路华龙路口的一辆把交通要道都堵死了。只要车子挡在那儿，电车公司就不肯谈判，其他工人也被迫跟罢工者合作。杜先生决定立刻将霞飞路上的那辆车弄走。我活动的地方离那儿只有一小段路。

杜先生的部下给我们一些情报：星期日下午在车上监督罢工的工人，只有三个是不愿早日解决的偏激分子，六点以后会剩两个。依照安排，六点半有人会来报告说，美国学校附近的贝当路和宝蒂尔路口有意外事件发生。他们没说是什么事件，可是一定很严重，能使工人呼吁调查。他们预料阻碍别人工作的偏激分子会有一个被引走，那么车上就只剩一个人了。这时候姓仇的会带我到停着的车辆边，介绍说我是湖南来的革命志士代表。我该劝监督罢工的工人跟公司和解，尽可能争取财务上的条件，但是不要引发武装冲突。我要告诉他们，上海工人兄弟若仓促行动会有反效果，浪费精力，到头来反而阻碍革命行动。这等于反驳他们原先听到的说法，他们长期罢工，已经厌倦了，但又被迫参加，我们可以劝他们解散。

在胡琼芳家分派任务时，杜先生对这次行动充满信心。如果每个人都能圆满达成任务，一定行得通。他认为"圣心"前面的那辆电车是谈判和解的主要障碍。如果那辆车能开回去，民国路那辆就不成问题了。他认识在那边监督罢工的家伙—— 他们自己绝没有勇气坚持到底。电车给公车立下榜样，交通又会带动电力和其他公用事业。法租界发生的事情也可能发生在公共租界区。问题次第出现，应付的方法也得深入斟酌。可是一旦计划妥当，结果必一环扣一环，发生效用。就像棉花抽丝一样，线头一出来，整条线就自然而然陆续出现了。

杜先生的简报是一连串的。后来又有别的门徒到他家，分批在书房里跟他会商，其他的人则在楼下吃点东西，喝点饮料。我们动身前，他又把我们大家聚在一起，表明他的目标不是打击罢工，而是避免暴力。他会尽可能让工人得到他们想要也应该满足的要求。他说："我保证。"同一天里，我已经两次听到这句话。

我自问，为什么要参加冒险呢？首先，我对娄义农已经幻灭了。

　　　　　　　　　　　　　　　　　　　　　　黄仁宇全集

比较起来，"杜大耳"好得多。对那些被迫罢工的人，我是很同情的，而且我没有别的选择。我不能拒绝杜先生，否则我便无依无靠，不知该向谁求援了。

我在人行道上踱来踱去，觉得很紧张。不用说也知道，我扮演的角色相当危险。万一电车上的工人不肯听我的话，反而指控我是间谍、是骗子、是资本主义者的走狗，那怎么办呢？万一群众中有人趁机指控我是共匪，那又怎么办？电车上有共产党员、"青帮"分子和工会组织人员，有些是超越党派的，万一他们吵起来然后打起来，我们大家都被巡捕抓着，那又怎么办？他们会以什么罪名控告我？可能出的岔子不止一种。

我不愿承认自己是懦夫，却不能不承认我实在太累了。从四月到现在，我已来上海四个月。眼前仍是同一条霞飞路，我第一次见到杜先生，就在这条路上的"庇里牛斯餐厅"。如今我遵照杜先生的吩咐，乖乖站在路口，而我刚刚才跟他见过第二次面。人生真微妙！没有一件事符合原先的计划或期盼。但每一件事都充满爆炸性，威力无穷，我才会迷迷糊糊站在这里。

不错，以前我也冒过险，而且是单独行动。差别在于以前我是睁大了眼睛，充满好奇心，面对种种危险，深切感受那种兴奋和刺激。现在我仍感兴奋，然而即将来临的奇遇不再具有挑战的吸引力。反之，这是人生不必要的迂回，有点像职业冒险，我们不得不学着承受。

我静静等待，简直度日如年，一心想完成自己的任务，希望事情赶快了结，好把它抛到脑后。不过这次困境中我并不孤单。现在谁没感受到生存竞争的压力？"青帮"总指挥和非官方市长杜先生也不例外呀！我敢说那个浓眉汉子和瘦脸的同伴此时也有生死攸关的念头。否则我们搭车上战场的十分钟内，他们不会这么严肃，一句话也不说。

我看看手表。六点二十七分，只剩几分钟了。这时候我决定脱下手表，放进裤袋，使手腕灵活、行动自由些。一个缠小脚的女人走过来，她伸出一只手，请我施舍一枚铜钱。我乐意帮助她，一个从小缠足的人能够挣扎来到上海这个高级地段，理当活下去。我把口袋里的铜钱全部拿出来。"喏。"我连两枚两角银币也给了她。乞丐婆当场愣住了。我清楚得很。如果我能活着完成任务，就有权利得到多一点钱。万一失败进了巡捕房，几枚硬币对我也无济于事。

过了六点半，一分一秒显得更长了。我生怕整个行动会被取消，或者以电车当指挥岗的红军将领是周恩来或李立三级的人物。他可能会察觉我们阴谋对付他，特意设防。我正觉得悬宕气氛让人受不了的时候，交叉路口发生一件不寻常的事。有一群工人——大约四五个——匆匆忙忙过街向西走。事先安排好要发生意外的贝当路就在那个方向。我偷偷靠近他们，中间那位显然是领袖，他气冲冲地说："不可能！电已经关掉了。何况要同时碰到两条电线，才会出这种事。"他旁边的人说："告诉你，那个人真的触电了。尸体还拴在电线杆上，晃来晃去。可能不可能，用不着争辩。待会儿你自己看嘛！"

我如遭雷击。如果这就是计划中的意外，那一定有暴力行为发生。他们夺取一条人命，只是想使戏剧效果更逼真。这明明违反杜先生不使用暴力的诺言。会不会整个故事都是假的？我没时间多想，也没时间犹豫。照事先编好的脚本，我的行动要从这边开始。转头向东一看，浓眉汉子仇先生向我挥了两次手，催我赶快过去。

上了电车，我们碰到好多意外，有些是我们自己制造的。我原以为我该说湖南方言，由老林或老仇翻译。他们会把工人的问题指向我，同时改变某些问题的措辞，以配合事先决定的答案。多出来的时间使我有机会思考。我讲话必须很有根据，像红军军官一样。我已经准备要发表短短的演说，大谈各革命团体协调的重要，强调内地的农民运动需要沿海工业工人的支持，但是不能匆促进行。我可以让罢工者知道，这一回合的工业纠纷他们做得太过分，如果再相持不下，就会削弱进步的力量。我预料工人们会问我长沙的战况，我特定准备了几段我这次回汉口听来的逸闻。我会顺便提一提长沙附近的外围炮艇，告诉他们连意大利都派出一艘名叫"夏洛特"的船到湘江去。外国旗帜的出现严重阻碍了毛泽东和彭德怀的作战计划，所以我们应该避免再给洋鬼子道德借口。有了这一前提，我应该可以告诉大家，占领电车的行为从西方观点看来是犯法和破坏秩序，比我们中国人所知的严重多了。结果我根本没机会做这些事。浓眉老仇把我带到头等车厢，宣布我是湖南来的同志，想跟各位支持农民起义的人士道谢。这跟原来的脚本没什么差别。我咳了两声，正要开口说话，瘦子老林忽然跳上来，边咳嗽边嚷道："可是欧们勿没法子支持伊拉！假使毛泽东的军队来到苏州和嘉兴，欧们会得同伊拉共甘苦哉。现在伊拉在两千哩外，被国民党军队打得落花流水，欧们安能跟伊拉共甘苦？会被宰掉哩！"

　　我觉得好恶心，巴不得瘦皮猴咳嗽咳死。那是我的台词，我最有力的一句台词，我本来要做结论用的——是我的秘密武器，如今白白浪费掉，一点效果都没有，一切都搞乱了。我不知道该说湖南话还是上海话，该跟这两个白痴合作，还是自己行动。说老实话，我想不起他们对电车上的领导人怎么介绍我，反正我已经来到所谓"捣乱分子"面前。

　　我本来以为这种人一定是激进派或极端分子，脸上布满皱纹，身上带一把装了弹药的手枪，挥舞着拳头，对工人同伴们作威作福的。根本不是那么一回事。他伸手跟我打招呼。"你是赵先生？大老远从长沙来？真了不起！敝姓孙，孙桂茂。"接着他向我解释说，这次罢工的目标不只是要求加薪，更要让大上海的工人有机会了解团结的威力。大多数工人仍依恋传统的价值观。他们觉得，就算主子剥削他们，害他们几乎活不成，他们还是应该对主人忠心耿耿，乖乖听话。孙桂茂为红军在湖南打胜仗向我道喜，说沿海工人应该以此为榜样，发挥阶级意识。他本人自己也知道罢工使工人和眷属生活困难，但是这种场面组成不易，既然已采取步骤，付出了代价，就该坚持到底，追求明确的胜利，如果半途而废，日后要组织起来就更困难了。我不知道孙桂茂是共产党员，还是工会组织人员，抑或跟我一样，只是思想上的马克思主义者。可是他的说明相当有力。我被他的逻辑打动了，差一点倒戈。

但使命感促使我采取另外一种行动。我必须摆脱他，向工人发表演说。时间有限，再过几分钟，赶往贝当路的那群人就要回来了，到时候情况会比较复杂，我回头看老仇，没找到他，只看到一群好奇的工人。孙桂茂带我到三等车厢。那边的工人更多，有些穿拖鞋和无领衫。孙先生说得不错，我听见一个工人对另一个工人说："电工没关系，他们也算我们这一行。可是我们非得忍受木匠不可吗？为什么一定要跟他们在一起？要等这些人渣加薪我们才能加，我想起来就生气！"这群工人显然没什么"团结"的观念。

这时候，电车发出轻微的嗡嗡声，灯亮了。孙桂茂向我解释："我们每天保养，甚至检查刹车和润滑情况。昨天公司派了个法国人来看车子，他很满意。"他继续让我看门板上的铜牌和把手——擦得闪闪发亮，车厢也扫得很干净。

我终于看见老仇向我们这边走来。我朝他动了动嘴唇，示意他过来。我演讲需要他当见证人。他点点头，似乎已经接到我传出的讯息。这时候车子突然动了一下，开始往前走。我措手不及，摔倒在座位上，跟坐在那儿的工人撞个满怀。老仇赶快抓住上方的吊环，勉强站稳。孙先生被迫跳起三、四、五步，才靠上车厢的隔间板。"怎么回事？"没有人回答。车上有挣扎声、曳足声、践踏地板声，还有玻璃打破的声音……都由前半段传来。头等车厢一定有人在打架。这时候，电车继续行驶。

孙桂茂红着脸离开我们。他奔向前段车厢，可是两段之间的门紧紧关住了。他大声叫道："谁发动车子？"

老林的声音传来："是我们，我们大家！罢工结束了，我们好累，烦透了！"

孙桂茂抗议说："你们不能这样！古英声再过几分钟就回来。你们有什么建议，得先跟他谈！"

这次老林的讲话声被咳嗽声淹没了。可是头等车厢传来另一个声音，粗粗鲁鲁的："孙桂茂，你这个龟儿子！我们待会儿再跟你算账！"

我不用细想就知道，目前演出的剧情与我当初听到的大不相同，瘦子老林正占领前段车厢。原来他和同伴们只是把我当囮子，把孙桂茂引出指挥岗。这个战术成功了：头等车厢的骚乱已近尾声。大概有人被抓，挨了揍，正在嚷着："啊！哎哟！啊！哎哟！"

这时候我跟孙桂茂失去联络，无法得知他的遭遇。混乱中电车走了两百英尺左右才停下来。我还没弄清下一步要干什么，一大群人已蜂拥而入。他们大吼大叫，说话很粗，把部分监督罢工的工人拉出车外或者推出隔间外，一面推一面揍他们，踢他们。有一个人凶巴巴向我走来，叫道："嘿，老兄，罢工结束了。天杀的王八蛋快滚。"幸亏老仇在离我不远的地方，他伸手示意那人住口，那个人立刻走开了。"你跟我们一伙的，那你没事。兄台，对不起。"他嘀嘀咕咕走开，把兽性发泄在别人身上。这群人的数目相当可观，有四五十个人，有些手拿铁棍和钳子。他们乱吐痰，乱丢烟蒂。我踩熄了两根。他们好像不在乎车子会着火。

电车又开动了。到了圣心修道院前面，上车的人更多，也更粗野，看来帮派分子已分成几梯队部署好了。我暗想十六铺的那个壮汉不知道有没有跟来。他应该会来才对。两个车厢之间的门被推开了。整辆车挤满了人，谁也动弹不得。我听到站在旁边的两个新来的人得意洋洋大谈他们怎么教训共产党龟儿子。关键时刻我曾分散了孙桂茂的注意力，真希望这些人没给他太大的伤害，否则我难辞其咎。后来我忽然想到：他们一定是故意安排的，电车上下客的时候，破坏罢工的人总会把受害人和攻击者间隔开，到头来个人的责任就很难追究了。

车子加速向东走，在几个不该停的地方停下，却把许多正规的站省掉了。有些乘客站在座位上，身子伸出窗外大喊："罢工结束了，大家来搭车，勿收铜钿！"我们右边的铁轨上有一辆西行车，车上也挤满穿蓝色斜纹布衣裳的工人阶级，只有几个穿白衬衫的人夹在中间，两辆车的人都高兴死了。两车交错，双方的司机不断按铃，乘客呜呜乱叫。突然间，有人从那辆车上朝我这边的窗口扔出一个白色包裹，我闪了一下，这才发现那个东西已在风中散开，化为一张张传单，大部分被风吹走了。有几张被靠近窗口的人拿到。我隔壁的人接到一张，我转头看了一下标题。上面写着：

电车罢工结束了！

到目前为止，我很少想到自己的问题。杜先生计划之周详害我吓一大跳：连传单都事先印好了。我对贝当路的触电事件很好奇，真希望那个消息是假的。既然霞飞路上的电流并未断掉，我没有理由相信那是事实。可是那天的事居然有两种剧本，我感到很不愉快。他们为什么叫我准备做一件事，却又叫别人采取另一种行动呢？会不会是奉派出任务的那两个笨蛋误解了自己的角色？可是，杜先生为什么个别指示我们？他的非暴力政策执行得并不严格，尤其这些家伙带了钳子和铁棍。所谓"非暴力"，只是破坏罢工时并未当场留下几十具尸体罢了。

经过国际学会和贝勒路，某些乘客下了车。车厢的人数愈来愈少，我发现老仇没在车上，非常惊慌。四周都是陌生人，想到要跟这些人到一个没有人认识我的未知地点，我感到很烦恼。记得杜先生今天下午说过，帮派分子可能会做出连他这位帮主都阻止不了的事。我没问他任务完成后该怎么办。

我咬咬嘴唇，在敏体尼荫路下车。

微弱的夕阳已经消失。在灯火照映下，街道显得白惨惨的。我不觉得饿，但是很疲倦。我照例向南拐个弯，漫不经心往望志路走去。今天衬衫湿透了好几回，现在已经干了，黏在背上。我向西拐，再向南，又向西转了一个弯，根本没发现自己走错路，自从今天早上"福州号"轮船在吴淞遭到宋子文的税警团拦阻以来，我已一连过了十二小时紧张忙碌的生活，卷入中国内地、东部沿海、外国势力、社会阶级、公共利益和私生活等问题，有些千真万确，有些纯属假设，有些是例行常规，有些一辈子只发生过这一回。我心乱如麻，无法一一记下。记忆力好像衰退了，我忘记那天下午我在八仙桥住进一家旅社，还继续往南走。不久我发现有两个陌生人盯我的梢。

"就是那小子，"其中一位说。

"谁？"他的同伴问道。

"自称湖南来的骗子。他耍了我们。"

我不敢确定他们是不是这样说的，可是我知道自己向西拐的时候，碰见两个被反罢工人士甩出来的工运分子。他们可能向西走了好一段路，现在正在我后面。我还知道他们不是跟我交谈过的人。麻烦来了！我连忙加快脚步，那两个人也紧紧跟上来。我又拐了一个弯，开始向前跑。"砰！"他们朝我开了一枪。我在法国梧桐树之间闪躲，希望有人听到枪声，出面阻止。有一阵子我真想奔向三四段街廊外的巡捕房，可是我忽然想到自己不能找巡捕。我没有身份证哪。万一他们拘留我，把我当做共产党嫌犯，那可不好。我决定继续向南拐。这时候，口袋里的手表掉出来了——那是父亲留给我的遗物。我差一点傻乎乎回头去捡。可是略一迟疑，自保的欲望占了上风。再过去是宁波人的四明义冢。我尽快向前跑，身子弯弯的，用墓碑挡住部分身子。完了！我以为自己一定会被那两个人逮到，两腿发软，心跳都快停止了。在两座坟茔间，我跌倒在地，爬起来看看后面，追我的人有一个远远落在后头，另一个走近来了。幸亏我确知另一头的墓地大门在什么地方，于是我快速爬过去，穿过墓门来到住宅密布的街上。直觉告诉我，此时我必须来一点剧烈的动作。前面有一辆车停在路栏边。我往前冲，掉个头，快步一跃，躲到汽车旁边的人行道上。我刚倒地，追逐者开了第二枪。那人瞄得更低，子弹也就更近了，我只听见一阵爆炸声。"我打中那杂种了！"开枪的人边走边向同伴说。这一来我暂时有机会隐藏我的呼吸声。我往下躲，他们显然以为我已中枪倒地，他们发出凯旋的叫声，我猜他们不会再追了，前面就是萨坡赛路，一定会有行人。于是我冒个大险，双手抱头，贴着汽车，静止了一两分钟。没人跟上来，我一跃而起，继续往前跑，紧紧贴近砖房，使枪手很难瞄准，到了转角，我舒了一口气。两个老人走过来，逼得我从他们身边绕过去，不过现在离阌家只剩下一小段路了。

到了弄堂口，我才发觉自己已不是阌家的房客。可是没有别的办法，我必须恳求阌家收容。我太累了，实在没力气走回旅馆，在这种情况下，八仙桥的旅馆活像在百哩外，那两个杀手说不定还在附近等我呢。

丽莲来开门。进到屋里，我安全了，可是我独自见到一心想当小妇人的丽莲姑娘，觉得很不自在。我说："丽莲，请把门关上。你有没有听到两声枪响？"

"没有。"她说着把门关上。

"有强盗火并。我差一点，差一点遭到无妄之灾。我走回旅馆不安全。你能不能好心问你妈妈，我在屋里过一夜行不行？不然——不然待会儿让我用电话叫一辆野鸡汽车好不好？跟她说这是紧急情况，拜——托。"

里面传出阎太太的声音："谁在门口？"

"是赵克明！"丽莲大声嚷道。她快步走进去，使我松了一口气。我站在门口干等，微微发抖。这时候阎太太领头走出来，丽莲跟在后面。接着母亲命令女儿："回房去！"她转向我说，"你今晚可以睡亭子间。现在还空着。"她注意到我衣服上的灰尘和脸上的裂口，冷冷地说："不过只有今天一晚——你说过，这是紧急情况。明天早上，你把那箱东西和你的袋子搬走。我不知道你怎么会常常惹上这种麻烦——强盗老是注意到你。我们可不想受连累，请你原谅我们。"

亭子间关了十天，空气很闷。弹簧床没有垫子也没有床单，人一躺下，床就陷下去。我试睡地板，也睡不着。如今我一无所有，失去手表的怅惘更强烈了。整整一小时左右，我怒气冲天，看谁都不顺眼。你以前听过我发牢骚，现在我就不再重复了。最有趣的是，这回我对那些监督罢工的人恨之入骨。他们该打架的时候不打，被推下车也温温驯驯，逆来顺受。等他们看到我落单，身无寸铁，才扑向我，在我后面放冷枪！他们害我掉了手表，还骂我"杂种"。我真希望他们能用客观的眼光来看待一切。真有趣啊！我以道德罪名指责别人，才发觉自己也不比那些人正派，不比那些人高尚。我曾担任冏子，心甘情愿骗人。有一天娄义农也许会告诉我，我并不比他或杜先生诚实。整个斟酌起来，此事攸关生死存亡。了解到这一点，我的心情才平静下来。

我不知道自己什么时候睡着，是怎么睡着的。丽莲敲门叫醒我，已经是第二天早晨，太阳至少出来两个钟头了。我的生存计划有人安排得好好的，我并不知道。我的"表姐夫"又来找我了。王彬已经把别克车开到弄堂门口等我。

18

王彬说："恭喜。"他帮我把纸盒和帆布袋放进汽车后座。

"恭喜什么！"

"恭喜你变成龙虾。"

这个绰号并没有侮辱意味。黑社会好比龙宫，帮主是海龙王，底下有许多虾兵蟹将。小说和戏曲把龙宫的传奇描绘得栩栩如生，在帮会人物心目中，"龙虾"代表一种荣衔，意指敌人战火下尽忠职守的弟兄，荣耀仅次于"鲤鱼"和"大蟒"。王彬向我道喜，表示上头已注意到我昨天的事迹，承认我的功劳。我一直以为老仇和老林会觉得我的表现很差呢。我抱头鼠窜，笨手笨脚。"青帮"的报告对我夸赞太多，我实在受之有愧。王彬说我们的表现杜先生很满意。前往上海西区的时候，我发现交通虽然还没恢复正常的流量，但电车和公车已固定通行，所以杜先生夸我们不是没有道理的。可是昨夜的记忆犹新，眼前急速的转变令我讶异万分。阻止别人上工的监督者没办法反击，罢工已结束，危机过去了。

坐在王彬右侧，迎着对向来的汽车，我有一种奇异的感觉。王彬不愧是王彬，他可以从陌生人变成密友，再摇身一变，成了粗鲁的路人，然后恢复正常，连抱歉都不说，也不需要过渡期。现在他跟我大谈开车技术的重要。他解释说："看，大多数驾驶人连换挡都不会，他们把换挡杆弄得卡拉—— 拉—— 喳响。要不了多久，全新的汽车就变成一堆废铁了！你知道，用不着这么粗鲁嘛。离合器一直放下，杆子会往里滑。指尖稍微用点力气就行了，轻轻松松的！"他自己可不是用手指尖喔。整个手掌弓起来，紧抓着换挡杆的圆头往前推。确实很轻松。不过他对黄包车夫乱按喇叭，态度凶得很。他在一段电车轨道上横冲直撞，嘴里继续谈汽车。"注意明年的车型，一定大有改进。8字形叫人看了好喜欢。"

"我猜你会买辆新车。"我搭讪道。

王彬说："我想啊。"他大大方方说：王彬说："你若想学开车，我随时可以教你。乐意帮忙。"

我谢谢他。我恨不得问他七月底在水滨为什么对我那么不客气，但我忍着没开口。我记得那天王彬的动作与他现在的理论完全不相符。他把汽车当做需要驯服的野马。我暂时不提这些。昨夜经历了狂风暴雨，我乐于回复和平惬意的气氛。王彬已经告诉我，杜先生要在上海给我安插一份好差事。现在王彬要带我到法租界西侧的一家招待所，让我好好休息，疗养面部的瘀肿和刮伤。现在所谓"左派"或者共匪说不定还在追我呢。我不如暂时躲一躲，让头发留长一些，改梳别种发型，免得人家认出我来。我担心自己的安危，更担心那些照顾我的人。睡了一大觉以后，我已经恢复信心，无论那些家伙追得多紧，我都有办法甩掉他们。想到从今起我不必担心房租和饭钱没有着落，我大大舒了一口气。刚才王彬从闵家搬出我的纸箱和帆布袋，叫我扔掉算了。他问我，"这些垃圾非带过去不可？"我说我的铺盖和别的东西还在八仙桥的旅社呢。王彬问我有没有文件注明我的姓名和住址。我说没有，他对我说："那就不要算了。开车到那儿我不反对，不过那些坏蛋不知道在什么地方等着剥你的皮呢。小兄弟，不值得冒险。"

我们行经贝当路的美国学校附近，但是没有从学校前面走过。靠近那一带使我悔恨交加。我想知道绑在电线杆上的工人怎么会恰好触电，想知道罢工期间霞飞路的电路怎么没有中断。可是我考虑了一下，决定不提这些。王彬说有四五个共产党挨揍，这就够了。我想昨天晚上的暴力只会比他说的严重，不可能比他说的缓和。杜先生决定不用武力，但他自己说过，他无法完全控制底下的人。现在我需要争取大家的好感，还是不要问尴尬的问题，免得引起争端。反正任何人口中都不可能套出我要的答案。

我有个急迫的要求。我迟疑半晌，才对王彬说："我可能需要几件衣服。这件衬衫我已穿了三天。昨天晚上洗过，还没全干呢。"

王彬抬起手，在空中摆了几下，表示了解我的需求。他说："应该没问题！你真正需要的是一件浴袍，还有睡衣之类的！我今天下午拿给你。你身高多少，五尺五寸？"

"五尺九寸，"我知道这位"表姐夫"身高不会超过五尺五寸，所以压低了声音回答。

"我给你带几件衬衫、长裤和质料好的内衣裤来。不过你还不能出去哟。我还会给你准备一件轻软的长袍。到了那边，我叫他们弄点东西来吃。好好睡一大觉，盖上被单，轻松一下。昨天你吃了不少苦，应该好好休息，我也好向杜先生交差。不知道他什么时候要见你。不过他召见你的时候，你的精神大概已经恢复了。"

我在他说的招待所住了四天。招待所位在法租界西端，那边的街道不叫 rue 或 avenue，叫做 route，可是确切的位置在地图上找不着。

那间房子比我四月住过两天的旅馆好多了，光线比较亮，空间也比较宽敞，是一栋三层楼的建筑。二楼只有我一个人住，有冷热自来水，可以淋浴，也可以盆浴。第二天我发觉一对小夫妻搬进来住在三楼，但我没机会去看看他们。除此之外，我是孤零零一个人。

餐点由佣人送来，味道还不错。早餐有西式的吐司加蛋和广东式的肉丸菜稀饭。午餐和晚餐的主菜放了不少糖，可见厨师是沿海地区的师傅教出来的。我一向不挑嘴，我注意到这些，是因为菜色显示出"青帮"按阶级待客的规矩。杜先生在杜美路建了一栋华屋，专门招待过路的达官贵人，包括前任总理和部长之流。"青帮"也设有招待低阶层弟兄的房子，位置在火车站附近。专为中等阶级客人设的招待所则很少人知道。两间招待所我恰好住过其中一间。三楼的夫妇搬进来的时候,我瞄了一眼。他们的衣着和举止属于小康阶级,但不是最高等的。

屋里的自来热水使我疲态尽消,舒服极了。刮下全身的油腻和污垢,再用肥皂水冲掉,我觉得体重好像轻了好几磅似的。王彬真的给我拿来一件浴袍和两件睡衣,还把牙刷也拿来了。不过睡衣太小,他答应给我的外出服又始终没拿来。我的衬衫、外裤、内衣和袜子都被佣人拿到洗衣店去了,直到第四天才送回来给我,正好赶上搬出去的时候穿。

宽敞的房间装了窗帘,床上铺着新浆过的床单和枕套,看来赏心悦目,没什么好嫌的。不过说来也奇怪,气氛虽然舒适安详,我却一点睡意都没有。那两册《莎士比亚全集》我还带在手边,但我实在没耐心看一大堆冗长的注释,把每一出戏的故事弄清楚,我想立刻知道湖南的情形。蒋总司令、冯玉祥和阎锡山之间的战争也许会有新发展。日本会不会批准海军的限制是一个利害攸关的问题。我对英国人要怎么对付印度和甘地也感到很好奇。我不能随便发问,所以想看看报上有没有提那个死在电线杆上的工人。劳资虽然照杜先生说的有了协议,但罢工应该仍有后续消息才对。我请王彬带张报纸给我,他带来了一大捆晚报和杂志,上面登着 诺玛·席瑞、卡洛儿·贝克、玛丽·邓肯、约翰·吉伯特和道格拉斯·费尔班等明星的照片。日报的前面几版都不见了。剩下的几张专门刊登拉丁美洲手球和赛狗之类的节目表,还有"黑猫"("上海最棒的表演餐厅")和威廉博士红润药丸("脸色苍白,服用红润药丸")的巨幅广告。新闻很少,简直不算是报纸。

我打量屋内,看得见的文字只有书桌抽屉里的一张"黄包野鸡汽车"的电话号码。我这才想到,屋里一定有电话,可是我根本没看到。

我好怀念失掉的手表哦。现在院子里的阳光成了我的计时器。第二天王彬问我缺不缺什么，我怯生生说："我真想借个收音机。"他咕哝道："收音机，哼—— 嗯。"我立刻死了这条心。我不可能拿到收音机的。

想起我曾在法国竞技厅前面把口袋里的零钱全部交给乞丐婆，我抽出皮夹，拿出一张两元的钞票，请佣人到大街上替我买两份早报。他皱着眉头说："不行。你得问王先生。"

我发觉三楼的夫妻搬进来以后，从来没下过楼梯。我偶尔会听见冲水声，可见楼上一定另有盥洗室。他们的三餐也是佣人送上去的。我记得招待所前面有便衣人员看守；他们养了一只狗，寸步不离。我不用想就知道，楼上那对夫妻跟我一样，也奉命不得跟外头接触。我对"青帮"还有相当大的"负面价值"。我自己虽然不会出去闹事，可是万一我被绑架，或者不自觉跟共产党之类的外人联络，会给他们惹上大麻烦。我对杜先生所知不多，但我知道几件黑社会不想公之于世的事情。

我从硬纸板箱拿出笔记本，用铅笔重做前一段日子不会做的数学难题，这才发现，如果再给我一次机会，我可以轻轻松松通过南洋公学的考试。我读了一点"哈姆雷特"和"麦克白"，宛如和赵朴重新接触。他们送来的餐点我全部吃光。我一天洗两次澡，下午我打开电扇，一吹就是几个钟头。水龙头流出的水和电插头传出的电使我相信极端分子预期的大罢工已完全大败。交通部门的罢工既然解体，水电工人更难整合，绝对不是他们能够掌握的。

我跟大多数人不一样，既不敢说自己做的事一定对，但也不会说自己做的事全是错的，我只能听信杜先生"说到做到"的诺言，尽量放宽心。有工作等着我，希望油然而生。晚上我依稀听见小孩在附近玩耍，不远处有人正在弹钢琴。我暗想弹钢琴的人不知道像不像茉莉亚·万或者闳斐依—— 她们现在已经离我好遥远了。人声和琴声使我感到更孤单。我好想上楼去看那对夫妇，但是我忍住了。我不想泄漏自己的底细，他们一定也有理由保护隐私。在这种情况下去拜访，除了自找尴尬，又能有什么收获呢？不过我羡慕他们成双成对。他们有时候吵架、有时候打架，接着男人大笑，女人咯咯发出笑声。在幽囚或流放中，他们懂得苦中作乐。我听到他们的声音，好想念李丽华。要是没有丽华，我不会陷入这一切事件中；可是她若一直跟我在一起，决不会让我落到今天的地步。她会引导我走到另一个方向。

第四天我照照镜子。脸上的瘀肿消失，伤口也看不出来了。不过头发留长需要一段时间。我下定决心，头发长了以后，我决不学王彬梳中分头。我正在蹉跎时光，王彬突然走进屋里，害我吓一跳。他对我说："你得去闵行。"

"什么地方？"

王彬说："闵行。"他脸上一点笑容都没有。

我知道闵行是大上海以南二十哩外的一个小村庄。听来没什么好高兴的。杜先生不是答应要在上海市内给我安排一份差事吗？王彬不是说他会召见我吗？我感到很不安，信心动摇了。"那边是不是真的很糟糕？"我问王彬。

王彬表情冷冰冰，声音也冷冷的，"你到那边就知道了。"然后补充道，"你私人的物品不必管它。别带纸和书到那种地方。"过了一会儿，又加上一句，"浴袍和睡衣也留在招待所，这种东西那边用不着。"

19

他们送我去的地方不在闵行村内，离公路大约三哩半，濒临黄浦江。附近的农民种稻子，也种绿卷心菜、青椒、茄子、蚕豆、黄瓜、红萝卜、白萝卜供应上海市区，还养猪和鸡。不时有小船来载运农产品。村民也仰赖小船出入，根本不借助公路交通。"青帮"利用那边的农舍当做野外训练营，实在很聪明。那儿方便又僻静，不会受外人干扰。

我实在想不通杜先生为什么要我到这个地方来受训。起先我暗想自己是新手，他可能要我来学点经验。我发现训练营的二十个学子中，有几位说外地方言——广东话、福建话、厦门话、汕头话，还有人说海南话呢。"青帮"找来这么多备用人才，一定有他们的理由——在上海的黑社会，他们简直像法国的外籍兵团。有些场合可能需要各种不同背景的人手。我会说湖南话，到时候也可以派上用场。

我一到那个地方，就知道王彬说得不错，根本不必带纸张和书本。高等教育在训练营里吃不开。二十个人之中，识字的没有几个。小资产阶级的口味和举止跟环境格格不入。训练营的教头和顾问也蹲在地上，从同一个盘子里夹菜吃。猪肉猪皮连在一起，上面有好多毛，豆芽菜夹着泥沙和地上的杂物，他们吃得津津有味，根本没注意到这些小瑕疵。大家用同一个木桶洗脚和洗脸，睡在竹垫铺的平台上，没有棉被也没有床单。蚊子飞来飞去，只有我一个人睡不着。

我没来之前，训练课程已进行三天，我必须学别人的动作，赶上先前错过的初级课程。因为学员还没加入"青帮"，集会时不举行任何仪式，不过清晨大家在河边排成"V"字形，观赏日出。队形代表营中的辈分。左边比右边大，前面比后面大。从后面看去，体型方方正正的营长"郑先生"在全体正前方喃喃自语，好像在默祷。神秘的仪式就这样结束了。有时候我们也会来点军训。

我们常常操演，做了不少体操。不过，郑先生指出，训练的用意不只是要改进个人的技巧，更要使武术标准化，未来的团体动作才能整齐划一。教练们随时插一两句话，强调杜先生的领导。教我们柔道的先生在会前训话说："日本人擅长的技艺都源自中国。从三

黄仁宇全集

线琴到围棋，哪一样不是？可是我们老是赢不了日本。我们把起步弄好，人家已经青出于蓝了！柔道就是著名的例子。头几招可能是我们教的，但是顶尖的是他们。我们的拳术已经脱离现实，变成戏剧艺术，翻筋斗、跳舞，花招很多，那是杂耍，只适合上舞台呀！徒手对打，大师总是日本人。为什么？日本人自己研究过拳术。他们不是为了表演，他们脚踏实地学。几十年来他们辛辛苦苦练习和研究，创立特殊的武术社，高中和大学也教武术。我们若自夸比他们强，那是自欺欺人。"

他踢踢地上的尘土，继续说："我们必须承认技不如人，忍气吞声，记取教训。这种情形杜先生最清楚。他告诉我们：'柔道没有别的窍门，一定要同日本人学。'现在我跟你们讲点别的。你们知道上海的每一家上等大饭店都有个爵士乐队。那些人是谁呢？是吕宋来的乐师（菲律宾人）。再过三年一定会改观，会由我们的同胞接手。我怎么敢这么确定？前两天我到上海，听杜先生说：'说到爵士乐团，没有别的窍门，一定要同吕宋人学。'他这么一说，我仿佛看到了将来的远景。我对自己说，哇，再过三年我们说不定会派乐师到马尼拉的夜总会和大饭店表演呢。柔道需要长一点的时间。不过兄弟和我如果肯努力，一定会迎头赶上，即使花个十年二十年也在所不惜！"

我无法想象十年或二十年后中国教师在东京和大阪教柔道的情景。这个人很认真。他的口才不错，学员非常来劲儿。那番话使我从另一个角度了解杜先生的性情。他喜欢把一切跟中国的前途联结在一起。我不禁想起他谈到银行和工厂的那段话。

下午柔道老师带全团的人到海滩一处地质坚硬的地方，展示他的技巧。他叫几个壮汉上前把他放倒。结果总是挑战者四脚朝天被摔在地上。有两个人像恶犬般扑向他。教练精细分析这个动作，认为随后要做的动作可以列为教材招数。显然每一招都有个标准的反招。他轻轻推拉对手一下，就可以化解人家的前进动作，让他跌倒。防守的人最重要的是站稳脚步：一脚指尖向前，另一脚向旁边伸，重心必须落在三角点之内，就像军队不敢轻离作战基地太远，所以打发攻击者显得很容易。有一回他多跨了两三步才格开对手，来个过肩摔，他做这个动作的时候，从肚子里吐出一声低吼。

我不再多谈了——坊间一定有这类武术手册和专书。我要说的是，这个训练营确实具有趣味性的一面。如果杜先生的用意是要我"磨炼磨炼"，我相当感激。我说过，打从十六铺那件事以后，我对自卫便很感兴趣。而且其他节目我也相当好奇，想看看是怎么回事。听郑先生的语气，基本课程之后还要学各种兵器和火药的用法。记得在电车上那夜，破坏罢工的人有的带钳子，有的带棍子。若说这个训练班教人怎么放火，怎么用烧夷弹，怎么炸开保险库，我绝不会感到吃惊。再下来就是入会仪式了。听说除了师父和徒儿关系外，有时候他们会把剑架在新会员脖子上问道："刀硬还是脖子硬？"正确的回答是："天地为证，刚强自胜。"

我跟同营的弟兄合不来。他们是莽汉。记不记得我描绘过十六铺的那几个家伙？他们就是那个样子。我努力尝试，还是没办法跟他们打成一片。我说话非常小心，避免露出势利的心态，说话偶尔还加几个脏字。我对每个人笑眯眯，总是自愿做各种辛苦的差事。不过我能做的事有限。傍晚睡觉前，他们烧一种草根赶蚊子，聚在一起大谈平生的经验，打发时间。他们自夸当过军阀的保镖、强盗、刽子手和死囚。我连扒手都没当过，根本没有这一类的事迹可谈。我也无法真心赞美他们的英勇行为。为了消除彼此间的隔阂，我故意狼吞虎咽吃东西。牙刷早就收起来了。早上我跟大伙儿一样，用食指从盘中挖一团烧过的米糠，在嘴里涮几下，才用水漱口。漱完后，我当众把水吐掉，吐得又远又高。可是要我用猪油味很浓的碗喝茶，或跟这些臭汉子共用一个酒杯，我总觉得不太自在。可能是我不经心皱眉头或者眨眼睛，暴露出积习难改，不能适应环境的事实，于是一切努力都付诸流水。我被队友当做外人，得不到他们的友情。

　　看来我休想成为他们的弟兄。老一点的人根本不理我。他们对我很反感，但还不至于跟我作对。有两个年轻人敌意特别深，其中一位年龄跟我差不多。早上他们迟到，没赶上做早操，我取代他们的位置，梁子便结下了。有一次我偶尔撞到其中一位，另外一位上前故意推了我一把。我没向团长告状，他们反而去告我。他们觉得我是侵略者，不断侵犯他们的生活空间，我的都市生活习惯变成一种罪过：我不是真来学艺的，我一定是间谍。

　　我听见郑先生的声音："弟兄们，我也有同感。我如果可以做主，绝不会收他，不过他是上头交下来的，你们亲眼看见那个南瓜头把他送到我们门口，我不能叫人把他收回去，对不对！他又不是我的宝贝。"

　　他们向我挑衅，叫我用手抓鳝鱼、杀鸡、拔鸡毛，我决定要逃走。既然头三天没办法跟他们和平共处，往后三个月更难熬。他们会继续刁难，而团主也不同情我。万一跟任何一个人斗起来，就等于和全团作对。如果杜先生是要我看看他将来的帮会基层如何产生，我可以说我已经大致了解了，到目前为止这位郑先生还相当尽职。训练营的人挺野的，但很有效率。如果他派我来的目的是要我当干部，带这些人，他最好重新考虑，我也一样。大体上我想弄清自己有没有机会发言，他是不是真有工作要派给我。我必须坦白告诉他，我不想入"青帮"。我的脖子没有剑硬，要我随便叫别人父亲我也办不到——那样做有违我的信仰。

　　不过说起来容易做起来难。一切秘密会社都有个基本规则，称作"铁门槛"，不能让外人擅闯进去，也不容许里面的人离开。退会的就是叛徒。我在团体中既然这么不得人缘，他们若逮到我私逃，会狠狠整我。

　　我勘查过营地四周。通往大路的出口有个小木屋，随时有人放哨，我得避开那儿。也就是说，最好的逃生路线在河边。岸边有密林阻断去路，不过我可以在河里游一小段路再上岸。只要绕过高高矮矮的树林，就不会留下行踪。

那天晚上我很早上床。因为没有手表，我在脑子里留下某种信号，使自己在午夜左右醒来。醒来后，我等了一段时间，算好到公路刚好天亮。

第一步照计划执行。我脱掉鞋子，把鞋带绑在一起，挂在脖子上，牙齿咬着鞋带下水。可是我绕过密林之后，找不到白天看过的大石板路。一路上有好多小溪和沟渠。走进草地，我依稀觉得附近有蛇。有一次我发现一块空地，忙停下来穿上鞋子，继续沿着菜园往前走。噢，狗叫声真吓人！有一只先吠，不久每一家的狗都汪汪叫起来，此起彼落，我简直觉得整个乡野都被这些畜牲吵翻了天。月光下我仿佛看到农夫躲在树后面，手拿尖耙和厚竹板，随时准备攻击。谁要是靠近他们的南瓜、葱和甜瓜，他们就决定打谁。人力够的话，他们会逮住擅闯者，把他的手反绑在后面，脸趴在地下，等天亮再审问。我见过湖南乡村里发生过这种事，这一带也可能会这样。我还经过几个粪坑，大粪味五十码外就闻到了，可是详细的地点无法确定。我至少有两次差一点就掉进爬满蛆虫的粪坑。

我听人说过，在蛇面前要屏息静止不动，因为蛇是自觉受到威胁才会咬人的。反之，面对狗的时候最好照原来的步伐前进。突然改变速度或者完全停下来，狗会起疑心，攻击人。可是现在遇到实际情况，我不能死守规则。有一次我听见草丛里传来窸窸窣窣的声音，吓得拼命逃，跑得上气不接下气，一直跑到矮树丛尽头。还有一回我用树枝跟狗搏斗。狗毫不留情猛追我，咬住树枝，我费尽九牛二虎之力才把树枝抽回来。经历几回合之后，我决定弃陆路改走水路。

我的游泳技术并不好。这次逃亡，我把闵行当做中途站，打算从那边搭公车到上海。从营地到市区，走陆路不过五哩。就算一部

　　　　　　　　　　　　　　　　黄仁宇全集

分路程要在黑夜里走，三小时也绰绰有余。可是我在水里是逆着黄浦江游。我看见远处万家灯火的上海夜空；不敢确定我的方向对不对，自己游了多远也难以衡量，又怕被潮水冲走。贴近河岸的时候，总有成群的蚊子来折磨我，但我挣扎前进。偶尔我发现一处沙洲，便躺下来歇会儿，看看鞋子有没有遗失，口袋里用手绢裹着的纸钞有没有被水泡烂。

当我听见附近村庄的鸡啼，看见东边地平线露出第一道曙光，我知道终站已经不远了。我用仰式游上岸，再转回头。前面有一条路况不错的乡间小路，风景怡人。我爬上岸，全身衣服还在淌水，晨雾濛濛，我冷得发抖。不过草地里跑的是白兔不是蛇，我心里好安慰。

不久渡船口的闵行村已在朝阳中浮现。我暗想现在郑先生一定准备要对学员训话了，他们很快就会发现我逃跑。如果他派人在前往上海的半路上拦截，可能会直接向北往龙华的方向走，不会料到我由闵行村南行。不过我还是得提高警觉。既然我能出其不意摆脱他们，他们难保不会出其不意拦住我。跟前湿衣服就是个大问题。公车时刻表我一无所知。这一天是八月二十四日星期天。我必须想办法在最后一分钟上车。若在公车站的候车室等太久，人家可能会认出我是逃亡客，后果就不堪设想了。

20

八月二十四日上午，我抵达胡琼芳家的时候，右边的裤脚管撕破了，皮上有凝结的血迹，膝盖下的伤口贴了一块黑膏药。早上发生这件事，加上我的外貌又这么吓人，我若到华格臬路求见杜先生，大概没什么指望。我还不如去找我认识的人，至少找个有人认识我的地方。到了法租界边缘，我下了公车，改搭电车到亚尔培路。

我觉得自己一路饱受折磨，可是我运气还不错。清晨我正在苦思要怎么到闵行街上，在恰当的时刻搭上市内公车的时候，发现村外的一栋农舍附近有个稻草堆。我靠着稻草，脱下衬衫，把水拧干，摊在草堆上，想借微弱的朝阳把衣服晒干。我正想依样画葫芦脱下长裤来晒，有一只狗突然攻击我。俗话说得不错，会吠的狗不见得会咬人，会咬人的狗很少大声叫。那只狗喉咙呜呜作声，随即扑向我的右腿。它从后面绕过草堆出击，闷叫只是要确定攻击目标，不是要提出警告吓走我。我受害之后，觉得小腿有点痒，可是伤口血流如注，非常吓人。要不是狗主人适时出现，把它叫回去，它一定会趁我站不稳的时候缠住我，再狠狠咬几下。

老农夫从泥砖屋出来，拍手叫道："嘘——啊！"狗立刻摇着尾巴放开我。他又拍了两次手，命令道："畜牲，滚开！"老狗咬牙切齿，活像受伤的不是我，而是它。它伸出一条腿，在地上洒了一泡尿，然后消失在一扇墙后面，我这才发现墙上漆着"当心恶犬"这几个大字，可惜太迟了。

老农夫头发斑白，额头的皱纹很深。他没向我道歉，还问我为什么擅自闯进他的家园。他说："年轻人，侬啥事体大清早来到欧格院子？"他看我的衣服湿答答，就问我说："阿里一桩事体？侬掉勒河水里头？"

我匆匆答道，"欧想要泅水过河，过不去。今年秋天有个游泳比赛，欧想参加比赛来。"

农夫骂我说："疯小子！全是洋鬼子的怪主意，淹死侬！"不过他一骂完，就请我到屋里去裹伤。

我站起来，小腿痛得要死，脚一点力气都没有，几乎撑不住自己的体重。我挣扎着走进屋内。农夫拿出一罐酒。没错，是三蛇酒，大玻璃罐子里面有三条死蛇，眼睛看来好邪气。我以前听过"以毒攻毒"的疗法，但是我婉谢了老农夫的好意，不敢喝蛇酒，只让他在伤口上敷些酒汁，靠酒精消炎。伤口是好几根牙齿咬出来的，幸亏没有我想象中那么深，爪痕也只在表面。无论如何，我不得不相信这个偏方。凉凉的蛇酒碰到裂开的皮肉，痛得要命。最后他用一块药膏盖住伤口，我才松了一口气。就算只是心理上有效，也挺不错的。这时候农夫太太升起灶火替我烘衣服。

这一耽搁，我没赶上通往上海的第一班公车，运气真好。后来我才从胡琼芳口里知道，团主郑先生曾经派人出来找我。负责查闵行公车站的人亲眼看到早晨的第一班公车开走，才离开那儿。黑社会的人物把私逃罪看得很严重，万一我被抓，郑先生会怎么对付我，谁也不敢说，他们时兴先斩后奏，所以我跟杜先生的交情派不上什么用场。

胡琼芳听说我到她家，连忙跑下楼来。这回她没让我等，使我感到很意外。她当下吩咐阿朱："打电话到华格臬路，叫人转告杜先生，他在我家里。"然后转向我说："赵克明，你不要命，也该让人知道你的去处，我们好替你收尸。"

我抗辩说："我以为没人在乎我的死活。"

"没人在乎！杜先生可在乎！那天你被人追杀，在义冢附近差一点中弹，他让王彬去载你，照料你，对不对？不巧上个礼拜事情乱得一团糟。他得跟法国人谈判，解决罢工问题，接着南京来的交通部长又来拜访他。我们快要换新市长了。杜先生这么忙，还记挂着你。'鸡狼毫'李先生问他要怎么安排你的事，他说：'送他到银行受训'。'鸡狼毫'不知道怎么回事，居然以为杜先生说的是闵行。他拿起电话，吩咐王彬载你到闵行。那是误会，可以纠正的。你应该等他们发现错误再说，用不着逃走，这违犯杜先生的第一条戒律！"

她说的"鸡狼毫"是杜先生的机要秘书李登楷，因为毛笔字写得好，所以被人取了这个绰号。这是我后来才发现的。我的故事还要提到他很多次，以后我就叫他"李毛笔"好了。"鸡狼毫李先生"

的称呼太累赘，我不喜欢。

胡琼芳斥责我，我顶嘴说："我没逃走，我是回来向杜先生报告。"原来我到野外营是传令错误的结果，我放心多了。

胡琼芳不肯罢休。她继续骂我，胸部一起一伏的。她说："赵克明，你胡说！我告诉杜先生，你还没准备担起责任来。他居然喜欢你，我真想不通。他说：'格个小子有品格，伊会得学哉。'他以为你数学好，可以管钱，干银行工作最合适。你看你，怎么可能不辜负他的期望？银行要收别人的钱，成千上万，甚至几百万，信用最要紧。第一条规则就是不能违背人家的托付。现在有人信任你，派你到一个地方，银行或闵行不是问题的关键。事情稍微不顺利，你就逃走。下回谁敢信任你呢？你害杜先生为难。要是人人都学你，万事如意就乖乖守本分，不如意就一走了之，那他要不了多久就没有部下可用了！只好让每个人各自为政！"

我只能说："你这么想，我很抱歉。"胡琼芳不知道闵行村的野外营是什么样子，也不像我跟那些凶手和强盗一起生活过，可是她的话叫人心服口服。从她的训话中我渐渐察觉自己跟杜先生组织的关系已到达不能回头的地步。上星期我接受指令到电车上去瓦解罢工，已经献身给他们，不需要立誓，彼此的命运已联结在一起。想到这儿，我不禁神经过敏起来。一道暖流流过贴着膏药的伤口，伤处四周像被撕裂和夹挤一般难受。我不知不觉叫出声，"噢。"我想挪动脚盘，脚踝、脚底和脚趾却麻麻的。胡琼芳问我事情的经过，我匆匆叙述恶狗咬我的事。她咕哝道，"该找个医生来。"这回她叫女佣打电话，自己拿两片阿司匹林给我吃。阿朱端来一杯开水。

训话继续下去。她甩甩头发，摸了两次右耳环说："你不知道杜先生对你期望有多高。前几天他跟你说过，我们国家不能自立自强，是因为我们没有银行和工厂。没有这些，就没有自己的一套规则。你记得他说的话吧？"

"噢,记得。"我吞了一口水说。现在我发觉琼芳的耳环式样变了。这一副也是珍珠做的,但是和上礼拜戴的不同。她一面说话,一面检查左手的指甲,互相比对,看哪一种颜色的指甲油比较好看。

　　她继续往下说:"我们只有一丁点儿人力物力,还要分成这么多党派,杜先生想起来就气得发疯。有苏州帮,有宁波帮……竞争不断,纠纷不断。我也不能抱怨太多;我所谓的'丈夫'就是苏州人!"

　　我简直惊呆了。这是我第一次听见琼芳以"丈夫"称呼王彬,只是她加上了"所谓的"这几个字。这也是她第一次说话不带笑声,表情非常严肃。"我们何不把志向立得大一点?杜先生正在找一批眼光放在未来,不局限在眼前小圈圈的年轻人。跟你说实话,我从来没推荐过你,是杜先生自己看上你的。他觉得你有潜力,跟苏州帮或宁波帮又没什么瓜葛,对你很欣赏,你真是前途无量。可是你一再给自己惹麻烦。他头一次派你出去,你就逃走了。就算派错了地方,也不能这样嘛。对了,这是头一次有人告诉他你被送到闵行去了。"

　　听说杜先生这么看重我,我简直飘飘欲仙。但我不相信自己在上海黑社会突然成了重要人物。我为私逃的罪名辩护了几句。"你说他们派错了地方,所以我才逃走。如果没派错地方,我就会留下。"

　　琼芳一面笑一面嚷道,"赵克明,我承认你这个人实在很有意思!"我这趟来,至今才看她露出酒窝和贝齿。她理理脖子四周的头发说:"你大概有一点天生的魅力吧。刚才你说你不是逃走,现在又说你是逃走,老是天真得无可救药。杜先生大概就是看上你这种淳朴的天性。坦白说,我不知道拿你怎么办才好。"她把手背放在鼻孔前面,故作沉思状。过了一分钟她才想清楚要说什么:"就算你有杜先生说的潜力,到现在为止你还定不下心来,得有个人让你收收心。你有没有关系特别密切的女人?"

　　我毫无保留地说"没有",但我却满面羞红。

　　那天是礼拜天,诊所只派来一位护士。她给我打了一针,还给我一些药丸,把我腿上的黑膏药拿掉,清洗伤口,再用绷带包起来。她说病人只要把右脚放在浴缸边缘,不弄湿绷带,洗澡无妨。我照她的吩咐行事。我终于在琼芳的浴室洗澡了。她用电话替我叫了一件新衬衫、一条新裤子和鞋子袜子。虽然是礼拜天,东西却在一个钟头内送到,穿起来很合身。

香喷喷的化妆用品和轻松的气氛使我昏昏欲睡。过去几星期,我不只一次自以为找得了宁静,结果却被卷入更狂暴的风雨中。但愿这次的安全和宁静是真的。和胡琼芳一席谈,我信心大增。

我泡在温水里,饱受摧折的神经终于慢慢复原了。那种感觉真好。人在浴缸内,压力和冲突都一扫而空。这是她的浴缸,一块围起来的小空间,带有她的芬芳和她的品味,她的温情和个人韵致—— 一切她所以成为"长沙白茉莉"的因素都呈现在这儿。此时此地,我似乎更了解胡琼芳了。她一定很有才华,能做广泛的业务分析,很快下结论。但她尽管才貌双全,却是女性。四月,她曾对我说,我身为男人,可以到东京参加国际棋赛,到巴黎当超写实派艺术家,而胡琼芳身为窈窕女子,只能为舒适的生活空间讨价还价,以指甲油和耳环当利器。她和男人勾搭,从人家的事迹和事业中求得满足。他们让她觉得,她的青春美貌用得正是地方,是好是坏她曾推动了人世间不少的事业。

暖洋洋真舒服,我恨不得永远这样蹉跎光阴。悠闲轻松之际,我忍不住幻想当女人的滋味。胸部隆起,臀骨变宽,内分泌造成生理循环周期,会有什么感觉呢?可是一方面拼命想吸引人家的注意与爱慕,一方面又要保卫自己,拒人门外,这样还不够,还得用香水加强效果?我觉得自己若是迷人的少妇,作风可能和胡琼芳差不了多少。

我提醒自己:再不赶快抓起毛巾擦身体,我可能也会被"长沙白茉莉"迷住呢。浴缸里的水叫人想融化成一片片,任由千万根神经永远漂浮在属于她的小空间里。幸亏裹着绷带的那条腿还悬在浴缸边，使我不至于跟现实脱节。我挣扎着从浴缸中站起来，因为右腿不能活动自如，差一点跌倒。我两手撑在浴缸边，突然瞥见自己镜中的容颜，我的面孔和七天前照镜子的时候已截然不同。满面愁容不见了，可是我四周有一种神秘兮兮的新气象，当时连我自己都搞不清怎么回事。

很难说这是否极泰来还是每况愈下？我的生命历程已不知不觉改变，永远无法还原了。大约十天后，也就是我二十岁生日的前一周，我行了婚礼。

21

内人的过去并不光彩。她名叫蒲艾龄，昵称宝龄，身高五尺六寸，比一般南方女孩高得多，听说只比我大两岁，可能是真的，也可能是假的。她的父亲绰号"蒲锡罐"，是杜先生年轻时代的拜把兄弟，两个人当年在浦东一文不名。他在一次帮派火并中丧命，不久他太太也死了。蒲艾龄由杜太太抚养长大，我把杜太太当做岳母看待。内人的外貌身材我就不多说了。她体型稍胖，面容也不算顶漂亮，总之，跟李丽华截然不同。眼睛是轻微的斗鸡眼，斜眼看东西的时候，两粒珠子会凑在中央。

蒲艾龄长到十岁，杜先生发迹了，这是她的不幸。杜先生夫妇有很多义子义女，没有时间留意每一个人。艾龄学会了喝酒抽烟，我甚至怀疑她吸过毒。后来她有了身孕，动过堕胎手术，不过那是很久以前的事了。我娶她的时候，胡琼芳保证她已改过自新。一年前她到香港度假，回来就决定要摆脱过去的一切，重新做人。

那几个礼拜的事情次第发生。我从闵行逃回来以后，胡琼芳费了不少唇舌来缓和我跟华格桌路的关系。我说"华格桌路"，不说杜先生，是因为其中牵涉到他的幕僚。她要大家相信我不是私逃。错在"鸡狼毫"李登楷和"水桶胸"姓郑的，我只是纠正他们的错误罢了。我没有被逮到，这对我有利；我够机灵，逃脱成功，在崇拜英雄的会众面前证明自己不是孬种。不过最后平息众议的却是我和蒲艾龄的婚事。

因为王彬态度改变，我才感觉到他们一定替我做了某种安排。我在琼芳家裏伤沐浴之后，王彬载我回上次住过的招待所。那儿的气氛完全变了。厨子、小厮和清洁妇都大大方方跟我打招呼。我查出这栋房子在巨波莱斯路。他们没有严格规定我不能离开招待所，只是劝我为了安全起见最好不要外出。愤怒的罢工组织人员说不定还想杀我呢。我若常常进进出出，可能会引起附近小孩的好奇，使未来的客人蒙受不便。

住在三楼的小夫妻已经搬走了。我再次独享整个二楼。回到屋里，我先找电话，我不希望再度被关在陌生的地方，连打个电话的机会都没有。王彬说："当然"。他带我去看电话，原来在餐具室里。壁橱内有一个桶子，上面标着"面粉"两个字，其实桶里没有面粉，电话就摆在里边。

这次我没有开口，王彬自己拿一架手提收音机进我房间。此后他每天都拿些衣物给我，过不了几天我的衣橱就应有尽有了。每天都有人送报给我看，这是我最满意的一点。红军第二次攻打长沙失败，毛泽东和彭德怀已退到江西。在华中前线，蒋介石的军队已摆好攻击阵势，随时准备进攻。资方答应了上海罢工工人的薪资要求，杜先生的话实现了，我松了一口气。不过，早先报道说是交通和水电公司让步，事实上却把加薪的开支转嫁到用户身上，当然用户大抵是中国人。公车和电车的票价涨了。法租界的水费涨了百分之二十五。地产税也提高百分之二。原先预料米价会暴升，结果并没有，这是经济面的好消息。安南西贡和缅甸货源源运到，米价甚至小跌了一点。相反的，原先跌价的生丝止跌回升，但贸易专家认为这种趋势不见得会继续下去。他们解释说，生丝畅销是"卖空"引发的，也就是说，有些贸易商手上没有货，却预售商品合约，打算现在逢低买进来交货。赵朴前些时候说过，资金充足又能得到商业资讯的人打败了生产的村民。优越的组织向来就占上风。

整体看来，这些消息对我有利。共产党的战局短期内大概不会有什么突破，可能没有人注意到我已跟党疏远了——我想就算发现了也没有人会在乎的。反之，上海可能会长期保持原状，杜先生和他的手下一时也不会有大变化。我进入银行界，现在正是时候。

第三天他们带我到华格臬路去见李登楷。杜先生元配住的房子在一般人心目中神秘兮兮的，可是屋里跟其他同样大小的楼房没什么可惊的差别。气氛严峻，这倒是真的。佣人很多，他们都压低了嗓门说话。整个一楼活像办公厅，不像私人住宅：不过这儿也确实是办公场所。我们避开一切起居室和候客室，门房带我穿过一连串回廊。回廊末端是一个角间，我就在那儿见到李登楷。

李登楷外号叫"鸡狼毫"，不只因为他的毛笔字写得好，也因为他的个性表面上软如鸡毛，内里却刚如狼鬃。他当过两位部长的秘书，据说还在一位内阁总理手下做过事。他居然有时间见我，我真的很自豪，其实他只是要告诉我银行实务课程什么时候开始，尽可以叫助手简报给我听，不必亲自出马。是不是他把我误派到闵行，觉得愧疚，想亲自道歉呢？可是晤谈期间他根本没提野外训练营的事。我开始怀疑事关我和共产党的关系。后来我才想到，我跟蒲艾龄的婚事可能更有分量，他大概因此才召见我。只是到华格臬路那天，我对杜先生的义女一无所知，当然做梦也没想到我马上就要跟她结为夫妻了。

李登楷戴一副无边眼镜。他终年笑口常开，眼窝眯成一条缝，服装相当考究，胡须刮得干干净净，脸上红红的微血管清晰可见；

大热天还穿一件绸布长袍。他背后有一架电风扇，但从来没有打开过。他不时打开手里的折扇摇几下，与其说是要使空气流通，不如说是要加强谈话效果。

他和和气气对我说："赵先生，你不喜欢罚咒、磕头、燃烛、结拜兄弟父子之类的，我明白。我也不喜欢！我们生活在二十世纪，那些繁文缛节简直是明朝的规矩嘛，只有农夫吃那一套！"

我回答说："李先生，真高兴您这么开明。您和杜先生的大恩大德我感激不尽。"

这是相当笨拙的回答。但我一时冲动，脱口而出，没有多加考虑。

李登楷不知有没有感觉到我失礼，反正表面上看不出来就是了。他说基于我的人生观，进入银行业最理想；接着又说杜先生要我去的训练班九月中才开始上课，一共要上十个月，第一学期在教室上课，第二学期要实习。中外、民谊、同孚和东方四家银行共同出钱出力支持这个计划。杜先生对这个训练班很关心，希望借此铲除地方派系在金融业内的影响，重新开创全国的银行企业。李登楷摇了好几次扇子，强调说：我是唯一从内地来的学生，又是杜先生亲自挑选的，我有责任帮他实现这个目标。他说训练班可能不如四年制的大学，但是学生一毕业就开始在这四家银行工作，三年后同年龄的大学毕业生刚刚出来找事做，我们的年资远比他们深。他特别提醒我，训练班的老师都是赞助银行的行员；有两位总裁和两位副总裁会来对学员讲话。

"包你喜欢。"听他说话的口吻，上课好像挺有趣的。

我换了一种不同的说法，"我想一定对我大有裨益。"这代表我立誓参加，只是当时我自己浑然不觉罢了。

下午王彬到巨泼莱斯路，为他七月底对我失礼而道歉。我说："噢！你不提我都忘了。"我难得这么圆滑。

王彬继续解释："那天天气很热，我到交通银行，他们不批准我的贷款，我气疯了。小兄弟，我不是故意的。我是一时控制不了自己。请你原谅。"

"原谅什么？好久以前的事了。"我想撇开这个话题，可是好奇心大发，忍不住问道："原来你向交通银行借钱？"

"我以前常跟钱庄打交道。不过现在到处都在缩紧银根。你去见某一个人，他总会说现在他已经管不了那些事，得去找另外一个人。"

我脑中浮现出某种印象，一部分得自赵朴，一部分得自李登楷的话。国民政府想要控制上海的金融和信用。起先他们宣布进口货要加百分之二点五的内陆运输税。外国人抵制，所以拖了几个月没施行。可是有些生意人表示愿意交，宋子文就用增加的税款当保证，在上海发售公债。金融机构非买不行，价格迷人也是原因之一。他们知道蒋总司令的军队打败冯玉祥和阎锡山后，公债会升值，而他们买公债却又成了蒋氏会赢的保证。同时他们也怕被列入黑名单。假如他们现在不跳上蒋家帮的车马，宋子文以后可能会报复。他手下随时可以挑剔他们的金融业务，撤销各种执照。官营银行卖出债券后，现金充裕，买方却必须凑钱补充预备款。短期内债务情况逆转，商业银行和钱庄直接或间接欠官营银行的钱。这一来官营银行可以控制私立商银，再通过他们控制钱庄。王彬提到交通银行—— 恰好是宋子文用来操作的三家官管银行之一。我没想到他们居然还插手在附属银行承办私人贷款业务。我对王彬说："我问你贷款是不是要买新车，你不介意吧？我现在正要学这一行。"

王彬避重就轻说："可以说是，也可以说不是。我还有几宗房地产买卖。"

噢，原来如此，这一阵子搞房地产的最难熬。大家普遍缺头寸的时候，有不少资金套牢在没有利润的财产上。他提到钱庄，使我想起一件事：钱庄过的是旧历。新年在一月底，半年的贷款七月底到期，他急得像热锅上的蚂蚁，难怪一个多月前会发生那种街头场面。我很想知道他怎么脱离困境，但我决定不再查问下去。这个人必须敬而远之，我可不希望他把我当银行家。我还要先受基础训练，才有资格当办事员呢。

王彬说："别急，小兄弟。"他把几根衣架放进壁橱。"我会来看你，大概明天下午来。现在海格路的公寓有些窗子要整修。"他站在那儿犹豫了好一会儿，然后带着谜样的笑容说："'鸡狼毫'有没有告诉你，后天你就要搬到那边的洞房去？蜜月怎么过，你想好没有？"

我？搬进洞房，要结婚了？还要度蜜月？不可能！太离谱了吧！但是没有错，他们的安排就是如此。王彬透露消息的第三天，我搬进海格路的公寓。接着胡琼芳过来，证实了一切。

起先我还是不敢相信。我结婚？怎么可能？他们怎么会不跟我商量就匆匆决定呢？万一人家说闲话，说我娶了帮派头子的浪荡养女，怎么办？我该怎么对留在湖南的老母交代，又何以慰亡父在天之灵？我差一点昏倒。

"你用不着凡事都向他们报告。一次只说一件，看看结果如何。"琼芳笑眯眯，露出一口亮丽的贝齿。这句话反映了她处事的态度。

我还在咕咕哝哝抗议，她杏眼圆睁说："赵克明，放聪明些！这不会贬低你的身价，这是你唯一的机会！你应该感谢自己运气这么好！你若拒绝，可就没地方可去了！"

对极了。她说的是实话。跟李登楷一席谈，一切已经定案。我不想罚咒和磕头，他们遵照我的愿望，那么一定有别的条件来代替。他们把杜先生的义女嫁给我，我是不能回绝的。我发觉自己抗拒这门亲事，问题不在蒲艾龄本身，是我死命护卫内心的一线希望：我希望另一个李丽华能走进我的生命，或者有个像阚丽莲那样的女娃儿快点长大，实现望志路邻居太太的预言。可是这样等于为梦想拒绝现实。理智告诉我，我对那两个女孩子的印象不见得和血肉之躯相符，只是我自己的理想罢了。此时琼芳就像我的姐姐，在我耳边吩咐："赵克明，你该脚踏实地过日子了！"于是我照她的建议行事。

每次我闭嘴不讲话，她总要夸我有湖南汉子的品格。这次不一样。她上前吻我，眼睛闭着，温暖热情的嘴唇贴在我唇上好几秒钟。直到今天我还不懂她为什么要这样做。临别她喃喃低语道："赵克明，你长得俊，人又聪明，我觉得谁能嫁给你真是好福气，现在我知道她是谁了。"这一来我的感受更复杂。

我的心跳比平常快得多，心里乱纷纷的。就在心乱如麻的情况下，我成了有妇之夫。

22

婚礼在锦江饭店的一间特等餐室举行，仪式很简单。我们不假装是任何教派的信徒，所以没请神职人员主婚，也没惊动政府，只由李登楷派人到江湾婚姻局去替我们注册。我生怕娶了蒲艾龄，会跟一大堆假亲戚缠夹不清，幸好没出这种事。现在很多年轻夫妇在报上登结婚启事，我希望不要，他们毫无异议接受了。头一天琼芳带蒲艾龄到海格路的公寓来跟我聊聊。九月四日那天没什么繁文缛礼，包括新郎新娘只有九个人参加。我们只不过在市内静静吃了一顿酒席，使结婚证书生效罢了。这没什么特别，可以说是当今全国各地渐渐流行的趋势。唯一特别的地方是在于新娘是杜先生的义女——尽管他的义女有一大群。

杜先生夫妇都在场。杜太太递给我一个红包，低声说："好好照顾伊。伊是乖小囡。"红包是他们夫妇给我们俩的，于是我把它递给蒲艾龄。后来我才知道里面装着五百大洋的新钞。杜先生不大开口。我只听见他跟李登楷说过一次话，谈最近上海制的高尔夫球袜有什么好处。女人烫发和这些袜子的出现在上海成为新鲜事。这种场合胡琼芳居然跟杜太太同时露面好像有点奇怪。你若是某人的姘头，却要跟人家的妻子公开见面，会发生什么情景？用不着尴尬。琼芳跟王彬有夫妻名分，她把场面应付得好极了。她甚至叫杜太太"妈"呢。她说："妈，侬坐格搭。杜先生同李先生有正经事体要谈，让伊拉先谈好再讲。"不过新娘蒲艾龄也表现得大方又自然。我暗想道：我又何必一个人瞎操心，活像乡巴佬似的？没道理嘛。他们叫我们喝交杯酒，但是没叫我们当众亲嘴。我从头到尾像哑巴，没说半句话。

王彬所谓的洞房——也就是海格路的公寓——格局很特别，对我们有名无实的婚姻相当方便。梯台通到客厅，后面是厨房和餐室，构成公寓的核心，左右两端各有一间卧房，附有独立的浴室，可以当作两套单身住宅使用。老妈子住在公寓后面的平房里。我对内人不存任何幻想。我早就料到她不是美人甚至不是处女。九月三日她来看我，我生怕她的习性和谈吐会像街头帮派的老粗，没想到她受过相当的教育，我很高兴。我问她要睡哪一个房间，是空的那间还是我住的这间。她说空的那间就好了。这时候我才发觉王彬已经叫人把电话接到她床边！她那儿的帏幔和布置都有花朵图案，跟我这边的几何图案完全不同。婚礼次日，胡琼芳过来。两个女人带我下楼，替我订购了几件秋装。我喜欢直统裤子，不喜欢灯笼裤，可是她们听信裁缝的话，替我订了两件灯笼裤。裁缝说："单排扣西装、灯笼裤，不穿马甲，穿羊毛衣，美国最时兴的款式！穿在俊俏的公子身上，保准好看！"他向我眨眼，好像叫我不要讲话，他一切都替我安置好了。我从试穿衣间出来，觉得琼芳正在谈我，她匆匆把眼睛从我这边转开。蒲艾龄脸上有一抹笑容。

为了要买羊毛衣和运动短袜来配灯笼裤，我们特地搭野鸡汽车到南京路。购物之后我们在新亚的茶楼吃午餐。等我们回公寓，我对今后的家庭经济状况有了大概的了解。我们不会外出度蜜月。再过十天银行训练班就开学了，蒲艾龄也有她的工作；她不是固定上班，是替上海福利基金会当志愿军。他们在仁济医院设有办公室，不时会打电话召唤她。她负责调查受难的女性，通常在医院里进行，跟她们谈谈话，对案情提出报告，再由福利基金会提供必要的救助。杜先生不但捐助基金，还叫家人替基金会跑腿，大家都知道他出了力。

说到财务，我有没有收下杜太太送的五百元红包没有多大的差别。当时我立刻交给蒲艾龄，可能做对了。我们公寓的开销每个月不止两百元，大概要三百元左右，我不知道钱是从哪儿来的，我不知道房租怎么付法，水电等费用都由蒲艾龄负责，她卧房隔壁的起居室桌上有一个藤篮子。她叫我把账单都放进去，她会处理。老妈子每天买菜买米的钱也由她跟老妈子算。她每个月给我二十五元当车费和杂支。

她说："别谢我。谢谢老佛爷吧，是他出的钱。"

我欣然接受这样的安排，反正我也没有别的办法。我乐得不管财务方面的事。唯一的困惑在于我还不知道两人的婚姻是真是假。在公寓同居的第三或第四晚——我都搞不清确切的日期了——我正在床上看书，蒲艾龄来敲我的房门。我看她穿着睡袍打赤脚，觉得很惊讶。她反问我，"怎么，我还以为我们已经是夫妻了！"睡衣完全透明，她等于光着身子，乳头高耸，阴毛若隐若现，完全是成熟女性的风韵。"我不喜欢你的房间。到我那儿来吧。"

"我一会儿就过来。"我说。

我虽然很兴奋，还是慢条斯理上洗手间，刷了牙、梳了头发、把胸部和胯部擦干净，这也许是一大错误。等我走到她房间，已经没什么劲儿了。我向来不抽烟，她的房间烟味很浓，实在引不起我多少热情。我脱下睡袍，蒲艾龄从头到脚打量我，问我说："你的卫生保险套呢？"

"我没有。"我答道。

蒲艾龄高声说："你没戴卫生保险套，我不能跟你接近。"接着又说："我可不想怀孕！"说着抓紧身上的被单。

我咽下满腔怒火，打算离开。她对我太不留情面了。我可以不计较她不是处女，可是她用不着无缘无故强调这件令我蒙羞的事啊。听她说话的口气，好像我这个做丈夫的跟她的露水情郎没有什么差别，我心里很不高兴。

我正要重新穿上睡袍，她一把掀开床单说："好吧，今天晚上依了你。我们碰个运气。明天你去买保险套，价钱不贵，买一打回来吧。"

23

银行训练班设在北京路一栋高楼大厦的五楼，离水滨不远。开学没举行任何仪式，直接开始上课。学员并不全是中学毕业生，也有几个大学一年级和二年级学生转过来接受金融管理训练。毫无疑问，宁波人和苏州人占多数。宁波人一眼就看得出来。谁要是偶尔走出五楼电梯，马上感觉到宁波人的存在。下课时间走廊上的浙江口音非常明显—— 他们似乎习惯只跟自己人交谈。

有一件事叫我又惊又喜。四十多位同学中，赫然有布鲁斯在座，我怎么忘得了？他仍叫高甫奚，只是"奚"而不是"溪"没有三点水，他曾介绍我到聂明萱家一夜风流，那件事对我人生观的影响可能超过我自己的想象。可是高甫奚没再提起那件事。他跟其他同学一样，对我客客气气，常让道给我之类的，但却不像从前那么亲密。起先我不知道娶杜先生义女的消息已经传开。"青帮"驸马的身份有负面的效果，把大家都吓跑了。

我的心情像不像驸马？才不像呢。我跟蒲艾龄的关系一开始就不正常，使我非常忧虑。她不是处女，男女之事的经验很丰富。最早跟她有肌肤之亲的人或者害她怀孕的人可能还在上海，她难免会拿我和这些人相比。但我何必放在心上呢？她又不是我仰慕、喜欢、追求和梦想过的女人。两个礼拜以前，我甚至不知道世间有个蒲艾龄。现在她的贞操竟然成了我的道德包袱，她忠贞与否事关我的荣誉。人生真微妙啊！

在课堂上，张先生讲授金钱借贷论。金钱因负债情况而存在。他提醒我们，每一张钞票都附有"发行单位愿付给持有人相当于票面价值的金或银"的保证。商品运出任何制造厂之前，已经由持有货款或信用的人取得所有权。"我欠你"的关系永远存在。听他讲课，我才知道我自己欠了债，我未来赚的钱已经先"卖空"了。另外一堂课由同孚银行的彭先生教我们复式簿记法。他在黑板上画图表。左栏代表资产，包括存货清单和可收账。右栏代表债务，包括股东利得和应付的账。左边的总数必须和右边相等。一边若有加减，另一边也必须加减同样的数目，以便两边平衡。他放下粉笔，两手做了个大手势。"你们必须把公司当做假想的真人。他向股东借钱开创事业……"这时候他作势要从右栏拉出什么，然后把一只手放在左栏，表示有些东西已经被放回黑板上去了。同时他继续说："就这样他安排好仓库和货船，用不着从头来起。"这使我忆起以前听过的一段话。到底是什么？我一时想不起来。

彭先生的声音仿佛飘到隔壁房间。我胡思乱想了好一会儿。突然间，我想起是杜先生跟我说过，外国银行和工厂带来一套又一套规则，大概就是指这些吧。只是我再也无法专心上课。我看看手表，十一点差二十分。我戴天梭表，走起来比父亲留给我却在那晚遗失的旧手表安静得多。新表是蒲艾龄送我的结婚礼物。我这才想起，我没送她东西。她现在戴的结婚戒指还是我们在锦江饭店集合的最后一分钟胡琼芳偷偷塞给我的——我不知道这一项该怎么列入我的人生账单。好狼狈！我只能确定这一点：为现实考虑而结合的所谓"便利婚姻"实在一点也不便利。

长沙白茉莉

上课的第二个礼拜，我又奉召到"毛笔"李登楷的办公厅。下午我课上到一半，他把我叫出来，我以为有紧要的事。到了他的办公厅，发觉他只是要跟我谈上海的钱庄，而且优哉游哉，活像一整天没有别的事似的。

李登楷不慌不忙说："钱庄不易根绝是最大问题。他们不合并，也不宣布破产。如果随他们去，他们可能会吃不饱也饿不死地呆下又一千年，而且跟现在一模一样。"

我虽然只上了一星期的课，但我明白他的意思。很多古代的美德已经变成现代的大罪恶。那些钱庄分掉了人力物力，使存放款不能畅通。他们资金不足，很少超过十万元；有些连五万都不到，大体是家族企业，总是父子叔侄相承。他们把个人关系和商业信托扯在一起，只借钱给熟人，往往错过了有利可图的投资。反之，他们以融资帮助不健全的企业，使恶果挥之不去。他们完全忽视保险，又没有能力勾销损失。因为现在的金融世界有很多陷阱——有些是他们自己一手造成——他们永远战战兢兢。大家都这样做生意，谁也提不出另一套方法。结果呢？大好的机会都落入外国人手里。治外法权继续存在，"罗宋瘪三"大行其道。连我国货币的兑换率都是每天早上九点半由一家英国人开的汇丰银行订定。我们骂西方人贪得无厌。不过我们自己创造了真空，能怪谁呢？

"毛笔"李登楷告诉我一个消息：宋子文已提出解决之道。南京刚刚传话来，国民政府今天早上正式宣布了新的银行法。他们规定商业银行和存放款机构——包括钱庄——的最低资本额。政府不再容忍暧昧的勾当，故意诈欺要罚，非故意的过失也要罚。他们会派稽查员来检查账册，查核储备金，而且规定用阳历，国定假日和周末假日不许交易。

"你看这样行得通吗？"李登楷问我。

我觉得答案必然是否定的，所以我说："我怀疑。"

他附议道，"我不怪你。我自己也怀疑。"又说："宋子文在圣约翰大学念经济的时候，我就认识他了。上个月我还跟他一起吃过午饭。我告诉他，他为我们这个时代效了几件大事，但他也犯了不少错误。"

我发现李登楷提到宋子文的时候，脸上的笑容消失了，表情变得僵僵的，一副介于轻蔑和怀疑之间的神色。他没看我，眼睛盯着漆光桌面。他向我解释说，宋子文和他手下所采用的措施对钱庄经营者有吓阻作用，致使他们歇业，这叫"抽离资本"。其实钱庄是乡村和大资金之间的媒介，削弱这些媒介是不智的做法，会使更多企业破产，大量人口失业。他说完这番谴责的话，才抬起眼睛，盯着我的眸子。接着他再度露出笑容，继续说："宋子文和他手下那些外国留学回来的人有个毛病，只知道必须做什么，却不知道该怎么做法。喏，我告诉你吧：要说管理上海，没有人比杜先生更在行。他每一件事都看得好透彻……"

这时候走廊上传来一阵骚乱。有个沙哑的嗓音说："勿要拦着欧！欧要见师爷！师爷答应欧随时可以来见伊！"那人不经通报就闯进来，显然有仆人在拦阻他，他把仆人推开了。房门打开后，李登楷挥手叫佣人走开，准备听听这个人贸然闯开到底有什么事。

不速之客完全不理我，只管对李登楷说："李师爷，欧就等侬一句话！"

这个人体型魁伟，穿着工人的棉布衫，呼吸很急促，可见个性相当急躁。不过一张红润干净的面孔显得非常诚恳，非常认真。听他叫"李师爷"的口气，好像有什么不寻常的策略正在酝酿中。也许我不该听他们说话，应该告退，在门口待几分钟。可是我没机会开口。李师爷看出我的打算，手在空中向下按了一下，示意我不要走。他笑眯眯转过上半身，望着站在那儿的来客，用亲密的口吻说："许贵生，我们来听听你的想法。"

名叫许贵生的人连忙说："有二十五个篓子搭箱子要抬勒法租界

里边，对伐？欧只有九个人手！渔船要等涨潮才能进港，要装货搭卸货。两厢一百多呢。听讲依规定八点半要拿陆家滨格货全部搬完。欧同伊拉讲，阿拉来问李师爷。这是勿是依格意思？”

李登楷的反应很冷静。他反问道：“你觉得办不到？”

许贵生落入守势，“欧勿没格样讲！”他一面抗议，一面修正自己的立场：“李师爷，依规定格时间交关短！”

李登楷不想用权威口吻说话：“当然短！所以杜先生才要你来做啊。他说别人办不到，许贵生一定行！我们已经叫渔船走最快的捷径，再来就没有别的办法了。你们动作要快一点，事先想好下一步。卡车无论如何要保养好。我说八点半，也不是一分钟不能拖的。八点四十或四十五分搬完还马马虎虎。可是我知道的线索也不多。他们九点换卫兵。多拖一分钟，你们就多冒一分险。”

许贵生接受李登楷的决定，没再争辩。“依格样讲，就格样办，李师爷。”他咕哝道。

他临走前，“毛笔”特意问候他家新生的男孩儿。他走远了，听不见了，李登楷才摇摇头，对我抱怨说：“信不信由你，我们不但要把每一颗棋子放上棋盘，还得一颗一颗用小手指去挪动！”

我们正要再讨论钱庄的事，电话铃响了。打电话来的人要李先生劝劝杜先生，请他每年捐给闸北儿童诊所的钱由一千大洋提高到一千五。

过去几个月来我渴望查的消息，在同一天里不费吹灰之力全都知道了，我简直头昏眼花。事情一一在面前展现，显得非常真实，好像随时都在发生。现在我得到了情报，可惜没有买主要买。

李登楷说明杜先生部众的作战情形。他可能有些苦恼，但他神色自若，没有蓄意隐瞒什么。我现在确定“青帮”的矛盾来自上海本身的矛盾。难怪担任法租界公务局董事的杜先生一离开董事会，马上就把禁品运进那个地区。九点以前在陆家滨检查哨值班的人参与交易；下面那一班的人没参加。秘密计划当然要保密到某种程度，不能让所有的手下躬逢其盛。

由这一通电话，我们谈到上海的慈善问题。李登楷对我解释说，每个社会都必须救助穷人和急难者，否则犯罪和动乱会无限制提高。可是上海救难不照常规办理。每年天灾和战火迫使几百万农民离开家乡，上海要度过难民潮难关已经不大可能了。只要上海准备提供食物和住所的消息传开，过不了多久远至西藏和新疆都会有无家可归的人涌到上海！财务最成问题。李登楷提醒我，大多数外国人来上海贸易，想要发一笔财回家。"他们不打算在这边生根。"他说。这种情况下税金很难提高。一切迹象显示，"青帮"必须照顾上海本身的贫民。杜先生身为大方的老干爹，还得进一步把善心推广到"青帮"各部门没照顾到的福利个案上。钱从哪里来？只得通过合法和不合法的途径筹钱啦。

事实上银行业是他最主要的合法生意，可是经营起来并不简单。

"毛笔"李登楷慢条斯理跟我说这些话，我体会出我们和宋子文及南京集团的关系非常密切。宋子文撤销钱庄有他自己的用意。他正在引诱钱庄老板把财产和存款换成他旗下联合银行的股票。这么一来，整个上海将落入国民政府的掌握，官僚将可从中得利，头痛的问题则留给我们，后遗症很多。他们已经往这个方向走得太过分了。

"毛笔"抽屉中有一份京沪快车时刻表。他指给我看：每天晚上十一点上海和南京各有一班快车对向开出，早上七点到另一端。"可是星期五从南京开出和星期日从上海开出的车连一张卧铺票都买不到，全部被宋子文和他朋友订走了。他们常到这边来度周末，绝不是来加班的。舞厅和一流的大饭店可以找到他们的足迹。"

谈到最后，他道出找我来的原因。杜先生已开始争取这些钱庄，时间紧迫，我们必须把他们拉过来——尤其是现金充足的钱庄——免得钱庄完全投入宋子文的怀抱。从今天晚上开始，我们要陆续请钱庄老板吃饭或喝下午茶,一次请三四位或十一二位,李登楷会派人去做说客,我只负责帮腔。为什么找我呢?因为我不是苏州人或宁波人;跟他们都没什么交情,而且我是蒲艾龄的丈夫——杜先生的义女婿露面,可以让人觉得杜先生在背后撑腰。何不找关系更密切、势力更大的人?李登楷露出和蔼的笑容,没有详细解释。可是我很快就明白了:他们不想派出背景太坚实的代表。大多数钱庄的资产有不少可疑的特性。他们用老式记账法,偶尔有几家资产远比他们说的多,但资产不足的更常见,有些若把账弄清楚,把呆账勾销后可能一文不名。杜先生一方面想争取他们的合作,一方面又不想受到太大的束缚。我没什么威望,正好派上用场,到时候他和手下要脱身比较容易。

你一定佩服"毛笔"李登楷思想这么周密吧。很难相信把我误送到闵行跟那些粗人为伍的就是他。我说要告诉内人我不回家吃饭,他说:"别担心,这件事艾龄晓得。"

24

九月底和十月初我经常陪那些钱庄老板吃饭,你大概以为很愉快吧。其实一点意思都没有。在餐桌上一而再,再而三听陶先生或彭先生提到同样的论点,真无聊。轮到我开口帮腔,我总是紧张得要命,几乎比那天上电车去跟罢工者谈话还要紧张。其实没有必要,但我实在身不由己。

我们活动的结果很难说。有些钱庄倒向宋子文,有些倒向我们这一边,有三四十家宁愿关门歇业。"毛笔"李登楷说得不错,他们的资产分割转移了,并没有发生强迫归并的事。还有十几家不肯投降。他们说钱庄是先人传下来的。有一桩曾引起我个人的感触,以后我

黄仁宇全集

再说给你听。现在我要提一提晚上喝酒夜归给我的婚姻生活带来什么影响。

我先前说过，我和蒲艾龄的关系一开始就不太顺利。我的经验不多，却读过不少资料，对幸福婚姻有些憧憬。性爱当然是重要的因素，而渴望和迷恋还不够。鱼水之欢就像筑一道又高又紧的大坝，再以强大的巨流把它冲垮，不留片石寸土。那种效果有如千军万马奔腾，千万根神经被抽离身体之外，重新修复，再放回体内。不过刚开始的时候，与另一个人交换身体的分子会有阵痛的感觉，需要彼此互相信赖。你必须准备献出最好的一切，而且要有耐心。对方的一切，你也得接纳，无论是壮丽是荒诞，是平凡是丑陋都不能排斥。也许那些搞唯物辩证法的人比较清楚；他们会告诉你，性交是人生最大的矛盾之一。

我对这些毫无准备，而蒲艾龄并没有给我机会。我们初次共眠，两个人都觉得没有什么刺激或趣味。这时候我还认定她过去的某一个男友可能会出现，破坏她的节操，损害我的名誉。为了顾全自己，我不能对她太认真，正如胡琼芳说："看看如何再说。"我只希望她不要太蠢，公开闹出绯闻，把我们俩都毁了。我写回湖南给我妈和二叔的信从来没有提过她。我只说我已在一家银行实务学校注册上课，成绩不错。

我们的争吵起自一件简单的家务事。有一天晚上我们对坐在餐桌前，我看到桌上的菜油腻腻的，忍不住皱了一下眉头，因为最近我常在餐馆用餐，吃腻了油脂过多的菜色。我不假思索说："我们能不能吃些清淡一点的菜，像豆腐和菠菜之类的？"

内人暴跳如雷。她凶巴巴用斗鸡眼瞪着我，那样子可真难看。她挑衅道："赵克明，你最好不要事事吹毛求疵。"

我争辩道，"我没有——事——事—— 吹毛求疵！我只是希望晚餐吃点清淡的东西，比较容易消化。你用不着对我大吼大叫。"

她把筷子往前一推，"哈！你出去跟那些银行家朋友大吃大喝，然后回家来挑毛病！你不知道到医院去看那些穷女人有多辛苦；你不知道在公寓里替你管家有多辛苦。你只想要大家伺候你，顾全你娇贵的肠胃！"

　　这时候我也气得要命。"你以为我整天不务正业！你只知道自己辛苦，不知道我有多受罪！"我恨不得说出破坏罢工、被人从后面放冷枪、囚居在巨泼莱斯路招待所、又被送到闵行跟那些杀人犯和恶棍为伍，最近更被迫吃自己不爱吃的饭，说自己不爱说的话等经历。接下去我真想哀叹被迫结婚的苦楚，所以我的脸色可能很难看。

　　她说："赵克明，我们说清楚：假如你想扮演一家之主，请便！不要跟别人讨吃讨喝，回来还对我神气活现！"

　　"你——"我咆哮一声，实在想不出恰当的话来骂她。我简直气得半死！我站起来，穿过餐厅，走出公寓门外。幸亏十月初还用不着穿大衣，因为挂在壁橱里的轧别丁大衣也是她的钱买的—— 至少钱由蒲艾龄经手。

　　附近有一家电影院，解决了没地方落脚的难题。我不知道影片演些什么，也没心看。过了两个钟头，我又流落街头了。这时候我已经拿定主意：我要再去找聂明萱，她不是指定我用特殊的信号敲门吗？现在正是运用那份特权的时候。

　　到了她的公寓门前，我又有些犹豫。我记得她说的记号是三短一长，但也有可能是三长一短。于是我轻轻敲门，因为心里没把握，节拍便有点含糊。里面没有反应，我再敲一次，三短一长，清清楚楚的。门里传出一个男人的声音："谁呀，半夜三更还敲门？"

　　这倒是意外的发展。我真想打消登门拜访的念头，走开算了。我老远到这儿，并不是真的向往聂明萱的娇躯。可是来不及了。那人已来到门口。我既然已经宣告来访，如果又匆匆退开，事情恐怕更严重。

门开了，我发现里面的变化很大：从墙上的油漆到天花板上的电灯，一切都跟往日截然不同。站在门口的男子是中年人，衣着很考究。

"你有什么事？"他直接问道。

这一来我不道出寻人的来意也不行了。于是我说："我叫赵克明。不晓得聂小姐——聂明萱——是不是还住在这儿……"

话还没说完，有个女人的声音从后面传来："谁呀？"男子回头答道："有人要找聂明萱！"

不久这位面容姣好的少妇飞奔而出，自言自语，"我知道，聂明萱以前常叫她的朋友这样敲门。"她天真无邪地笑着说："她现在住在杨树浦，我的笔记本里有她的地址……"这时候她面有难色，犹豫不决。"不过她丈——夫……"她喃喃说道。

男子决定打发我走开。他一面轻轻拉开快嘴快舌的女人，一面命令道："跟他说她嫁人搬走了！你不知道她的地址！"他瞪着我，表情既不纯真也不友善。我知道他的意思，忙道歉说深夜打扰了他们，然后告辞离开。转身后我听见门砰的一声用力关上了。

激动和难过的时候，我没有察觉那晚滑稽的一面。我好晚好晚才回海格路的公寓。第二天上完课，我筋疲力尽，以为面对蒲艾龄还会有不愉快场面发生。没想到上了餐桌，发现我的愿望都实现了。餐桌上有豆腐也有菠菜，唯一的荤菜是薄薄的香肠片炒白菜。我若稍有弹性，这时候应该看出艾龄让步了，应该谢谢她实现我的愿望。可是我耳中还萦绕着她侮慢的话，所以没这么做。好话我硬是说不出口。我勉强说："这种菜杜先生一定赞成。"我只是随口搭讪罢了。我怀疑蒲艾龄是听了杜太太或者琼芳的劝告才软化的。

艾龄用坚定的口吻说："这是我家的餐桌。我们用不着别人赞成或反对。为了我们自己好，我们也许应该少吃油腻的东西。"她没指明这是我的想法，也没为昨晚的凶话道歉。

不过争端至少过去了，彼此已公开宣布休战。

家里的压力解除后，我才有机会重温头一天晚上的际遇，我暗笑自己。我正打算再度跟聂明萱厮混，没想到她已经嫁人了。她公寓的那一对怪男女也很有趣。聂明萱跟那个女人显然很熟，才会对她透露秘密讯号的事。那人比聂明萱漂亮，不知道是不是也曾用同样的方式卖身？那位男伴可能是她的丈夫也可能是她的情郎，年龄比她大很多。他对她神气十足，甚至有点公然保护的意味。这代表什么？上海无疑有几百几千条我所不知的生命线。我以为自己的遭遇已经够特别够奇怪了，说不定别人还觉得没什么呢。

中秋节过后是双十节，蒋介石终于宣布战胜冯玉祥和阎锡山联军。总司令亲口说他的军队死了三万人，伤了六万，双方死伤可能超过六十万人。对上海的商业界来说，蒋介石能不能趁胜加强对上海的控制才是问题的关键。一般认为他会。既然他和宋子文发行的证券上涨了将近百分之十二，不把握机会太可惜了。不过有些人存疑。蒋介石的领域扩大，问题也会增加；地位飘摇不定，不太可能和外国人对抗。这种情况下，英国人的态度具有决定性的影响。他们已经从南非联邦的最高法院请来一位法官，负责仲裁上海工部局和南京政府之间的争议。人人都知道，这位人士的法律权威不含阻吓力，可是英国佬出奇招请外人仲裁的消息传出，等于昭告全世界：他们快要采取最后的手段了。如果这一招还行不通，他们准备用武力向国民党挑战。

我对这些问题兴趣不高。我在上海租界住了半年，跟以前在内地的时候不一样，我发觉中国主权问题很复杂。问题愈是和个人的经验及生计息息相关，我们的态度就愈谨慎，提倡解决办法也就不会太强烈。有时候我觉得维持现状也不错。银行训练班的同学大概也有这种感觉，虽然我每天九点来，三点走，很少有机会跟他们长篇大论国事或其他的话题，但我的直觉应该不会错。

偶尔也有例外，开学以来，高甫奚跟我没谈过话，只偶尔在门口打声招呼。有一天下午他约我到新亚去喝茶。当时我没事做，欣然答应了。

新亚是南京路上的四家中国百货店之一。茶馆位在四楼，有一排窗户面对街道，专卖广式点心。烧卖、虾饺之类的袖珍餐点摆在蒸笼里，使人胃口大开；不想吃肉的人可以吃竹笋、香菇、豆腐、海菜等材料做成的素点。点心种类繁多，现叫现吃，非常可口，厨房不断做出一碟碟各色佳肴。客人不点菜，看着服务人员每隔几分钟就拿出一批新蒸的点心，想要什么，就拦住他们，伸手自取；服务生写账单的时候只要算碟子就行了。不同的价格由不同大小和图案的碟子来代表。这种吃法的好处是每一道分量很少，可以多尝几道。旁边有一壶茶，慢慢喝，消磨一下午也无妨。商业午餐这样吃挺不错的。

在新亚推点心车的是年轻女子。现在她们不再直接从蒸笼里拿竹托盘，改放在小车上推着走。我以为高甫奚选这个地方是因为里面人多，杯盘咔咔响，可掩盖谈话声，我们爱说什么就能说什么，不怕人偷听。后来我才知道，他原来是茶楼的常客，所有的女服务生都认识他，沿路跟他打招呼。每当一个女孩子走过去，高甫奚总要跟我说她的名字、籍贯、年龄和婚姻状况。高甫奚可以说是上海所谓的"白相人"，也就是一般说的纨绔子弟。

喝完第一壶茶，吃完头几道点心，他道出今天的话题："听说你回去找过聂明萱。"

这句话在我心中造成反响：原来他知道，一定有人告诉他。除了接收那层公寓的女人，还有谁呢？我没办法否认：高甫奚是玩家，我也没有否定的必要。但我觉得很尴尬，沉默了好一会儿，这次跟他介绍我去找她的时候不同。上回是六月，已经是四个多月前的事了。

高甫奚似乎想岔开话题，泰然自若笑着问我："你喜不喜欢'紫丁香'吴小姐？"

"谁？"我假装不知道他指的是谁。

"住在那栋公寓的姐儿，很俏，对不对？"

"她相当漂亮。"

"可惜她嫁人了。"高甫奚故作失望状。他啜了一口茶，继续说："这年头凡是过得去的姑娘都嫁人了。真可惜！"

我趁机笑他："可是高甫奚，你永远不缺女人。"

高甫奚笑眯眯地说："你是说我没定性。可是帅人儿却当上了大人物的女婿。"

"你说谁？"

"你明知道我说谁。对了，我还没敬新郎呢。"他举起茶杯，做出敬酒的样子。

我忍不住想为自己辩护。不过高甫奚的话不能当真。我考虑了一下，才说："高甫奚，我要声明，我不是谁的女婿，内子蒲艾龄是孤儿。她小时候父母都死了。"

高甫奚说："那也许是你的感觉。可是在大家眼中，你是杜先生的女婿。"

我从来没这么想过。但愿这只是高甫奚的玩笑话，不是"大家"的看法。

我不苟言笑坐直起来，高甫奚想改善气氛，就说："哎呀，赵克明，你又过敏了。放轻松一点，想法褊狭的人在这个世界上吃不开。其实你混得不错。大家把你当做大人物的女婿，这是奉承。他们羡慕你。不会贬低你的身价嘛。"

一个正在递手巾的女服务生看到他，对他说道："嘿，高先生，侬来了！侬照格照片交关好。欧摆勒柜子里头，侬要看！"他暂时住口，不再跟我讲话。女孩子把一篓热毛巾和一副金属钳子交给隔壁的女伴说："小霞，侬搭欧拿五分钟。欧到楼底下去拿照片。天才摄影家连自家格艺术杰作都看不着哪能来使！"另一个女孩看看手表说："欧只代侬五分钟。到辰光侬不转来，欧就拿到失物招领处哉。"前面那位女服务生跑开了。名叫"小霞"的这一位站在我们桌子附近，身子靠着椅背，跟高甫奥聊天，眼睛斜睨着毛巾篓，手里把玩着钳子，一会儿将毛巾夹起来，一会儿又放下。没有人理我。

我当然觉得高甫奥的话十分恼人，人人都说我太紧张，应该放轻松一点，已经成了陈腔滥调了。轻松干什么？若要学他们，我得放弃自己的本色。如果我坚持原来的作风，他们就骂我湖南骡子。反正我永远占不了上风。

下楼拿照片的女孩子五分钟左右就回来了。高甫奥的"艺术杰作"是三女两男野餐时拍的一叠快照，只有一张照片上有高甫奥。这些照片只是旅游人像，算不上什么艺术。你不妨说我不会做人，你不妨说我不善社交。我没受感动，就不假装受感动。我在场，他们三个人并没放在心上。他们把照片递给我，只是客气罢了。几个人自顾交谈，没理我。

"侬看伊勒格照片里挺神气！"

"格小姑娘叫啥名字？伊做啥拿手摆勒高先生手臂上？"

这时候另一个女服务生过来，打断了聚会。她推一辆点心车走上甬道，两个女孩子挡了她的路，她大发雷霆。"哪门戛粗鲁。啥事体，阿是啥人过寿？"她把我们这批同事和客人都骂进去了。听她的口气，那两个女孩子如果不捡起照片和毛巾篓，赶快走开，她可能会推车撞他们。高甫奥足智多谋，最会应付这种场面。"噢，小梅，这个我最爱吃！我们来吃一点吧！三碟，拜托。等一下。大概两碟就够了。我们来一碟鸡舌，看来挺不错的。"

女服务生纠正道，"是鸭舌。"这时候地板上的小火花已经被擦干净了。

高甫奚吃了四个鸭舌，小梅和我帮他吃了两个，他问我："你看我们的训练课程怎么样？"

我回答说："课程很扎实，脚踏实地，不见得很有趣，但从职业的观点来看，确实提供了我们需要的知识，你看呢？"

高甫奚正用手去拈一块鸭舌，他立刻回嘴说："完全是出纳员训练班。"

我对他的态度有点生气。于是我反问道："你指望什么？莫非一毕业就要他们派我们全体去当副总裁？"

"不是这个意思，"高甫奚已经吃完鸭舌，他看着我，继续说："赵克明，你是个聪明人。你知道银行业总不免带点想象性质，你向那些人保证，如果他们把资产交给你管理，不久净值就会加倍。他们通常都会带点别人的钱进来——大抵是一半一半。底层的资产可能是真的。上层组织的资产和运作可就要靠你的想象力了。"

"你不会是说，所有的银行家都是骗子吧？"

高甫奚说："看，你还在跟我斗嘴。"他用毛巾擦嘴。"我的意思是说，这项工作有创意性的一面和非创造性的一面。出主意的人坐在上层非常开心；数钱的人一辈子替人数钱。"

我承认，那倒是真的。不过任何行业都是这样嘛。我想全世界都一样——到处都差不多。

"嗯，银行业尤其如此，而此时此刻的上海又更厉害。"

他说这段话的时候，眼睛骨碌碌转动，耍弄毛巾的手更灵活了。我预料他有话要提。我为俩人各倒一杯茶，准备注意听。

高甫奚一面举起手势，一面说："这一行有四种人。"他在空中转动手肘，两手上下交替，活像有什么东西凌空而降似的。他同时解释道："最顶端的是组织者，通常是白相人。第二层是有组织观念也有些资产的人。第三阶层的人只有钞票。最底下的一级既没有才华也没有资产，他们是劳工、办事员和出纳——饱受践踏的土包子！"

"高甫奚，你说话真像我在湖南的朋友；你如果去讲课，他们一定喜欢听。"

他受到鼓励，更加快活。他继续说："真的？他们会同情底层的工作人员。那些人辛苦工作，利益却由别人享受。可是我问你：世上哪里有正义？来上海卖身的女人不久就会碰上一个白相人自愿替她处理事情。他会接收她的身体，也接收她的收入！银行业也没什么差别。"他啜了一口茶又说，"你为银行办事员难过。那些一文一文攒钱的人也可以抗议不公平。他们的资产建立了银行，实际上冒风险的是他们，可是在金融市场上，他们辛辛苦苦赚来的钱和别人的纸上资产一比，就相形逊色了。你有几千元，别人有几百万。这你比我更清楚。这一行最怪的一点是，高层人士甚至不必有现金，只要有势力就够了。你看杜先生就知道啦。"

这时候有个男服务生手提铜水罐，在我们的茶壶里添了一些热水。高甫奚不说话，我有机会咀嚼他的意思。我脑中的疑虑已经澄清了。高甫奚跟班上其他的同学一样，听说我娶了杜先生的义女，就跟我疏远了。我跟帮派势力关系太密切，他们不希望卷进去，我企图去找聂明萱，高甫奚觉得我还保留了某种程度的独立性。否则他不会突然亲切起来，谈话中也决不会提到杜先生。他的论点我感到意外，可是我曾替"毛笔"李登楷推动接收钱庄的事，我知道他的意思。设法说服他们的时候，有一位赵先生——名叫赵贺生——令我感触良深。他在霞飞路上开了一家钱庄。他的姓氏和仪态使我认定他一定是赵朴的叔叔；可是我没说我认识他侄儿。这位赵先生说，他父亲在霞飞路开钱庄的时候，法租界这一带还不太热闹。赵老先生以兑换货币为业，他费了不少唇舌劝邻居主妇把积蓄存进钱庄，然后用这些钱帮助街角的小店创业。每一文钱都赚得很辛苦；他渐渐认识那一区的每一家店主，自己的业务也随着上海这一带急速成长。他一个月工作三十天，一年工作十二个月，这家钱庄在他心目中不只是企业，等于是他的人格、他的个性、他的智慧、他的根，他对社会的贡献。这位赵先生自然不愿被逼出钱庄业，尤其宋子文一夜之间凭空生出一亿大洋的资产，可以用来吞吃小店号，赵先生更不愿在他的压力下退出。他告诉我们，他简直像失去儿子一般难过。我忍不住想到，他侄儿逃走，最后横死异乡，他至少要负一部分责任。

在饭局上谈事情有一个好处，不想谈话的时候可以吃东西，此刻我就是这样。我听见高甫奚说："你刚才说到撒谎不撒谎的问题。其实今天没有人能通过这种道德审判。我们要注意一点：投资客总希望看到自己的钱安全回来，外加一点利润。可以遵循的标准只有一个：就是表现。你必须成功。听我一句话：最正统的生意途径在目前已变成最不安全的一种，可能是最冒险的。"

我放下手中的排骨，一面用毛巾擦手，一面问他："那你说该怎么办？我们组织'非正统金融公司'，你当总裁，我当副总裁？"

我嘲笑他，高甫奚并不生气，也不觉得好笑，他一本正经，打从我认识他到现在，从来没看他这么认真过。他说："我没有多大的才华，所以野心并不大。但是我可不想当出纳或办事员，在柜台数钱数一辈子。而且我没有资金。假如你在青年会说的处境现在还没有改变，我们可以说是同病相怜。为了脱离困境，我们必须把眼光放远一点，攒一点本钱。"

"怎么攒法？"

"办法很多。"

"举个例吧。"

高甫奚眼睛盯着我，亮出底牌："现在有两笔交易。通常银行家会出钱。钱交给卖主到买主交换结算股票、赚得利润之间的时段由他负责。可是我所说的这两笔交易由买主自己筹钱。一切都凭口头协议，交易决定后先付百分之十，其他的等交货再付。卖主用不着提供担保。"

"那一切都解决啦。我看不出我们有什么插手的余地。"

"我恰好跟几位卖主有些交情。我来替他们担保，我需要你帮忙，希望你出面。你只要待在旁边就行了，喝茶、啃瓜子，随便你。没有人会明说你是杜先生的女婿。只要你在场，买主就相信我们跟大人物有联络，货会安全送到手。"

"可是我——"

高甫奚放松心情，微微一笑。他伸手阻止我反驳，要我也安心。他说："放心，赵克明，听我说：我百分之百确定不会出问题，否则我不会参加。可是你知道，那些生意人总是需要额外的保证。你什么事都不必做，只要以真实身份露面就行了。契约值的百分之五归我们俩。一交货就可以拿到钱。"

"我能不能知道是哪一种货？"

"我现在还不能透露。不过请你相信我，不是危险的东西——不是毒品或武器之类的。不会伤人。你见到委任代理的当事人之前，我们会拟妥细节。"

"你能不能谈谈契约的大小？"

"第一宗是六位数。如果进行得不错—— 应该不会错—— 会有一笔七位数的交易上门。"

我在心里飞快算了一下。六位数。就算二十万吧。百分之五就是一万。假如高甫奚肯跟我对分，我这一股可以拿到五千元，等于银行办事员三年或四年的薪水，已经够好了。他也许不肯分我一半。可是，就算只有两三千，对我的自立之路仍是很好的起点。

我用手指拈起剩下的一块排骨，嚼得津津有味。

我跟自己辩论了好几天，理智告诉我，我应该拒绝高甫奚的邀约。

但我借口需要多考虑，一拖再拖。我相信这笔交易不会涉及武器和毒品，因为高甫奚已经保证过了。

运送那一类的东西需要更严密的组织。通常他们会把钱直接交给执法的官员；不大可能依赖间接的人手。这次的货应该属于比较便利的类型，可能是日本仿制的西方货，例如关税很高的英国威士忌和法国香水之类的。进口的人希望逃过海关的检查，走私客通常在荒凉的岸边小岛卸货。高甫奚可能有办法将这些走私货安全带进上海。他只是想让买主以为"青帮"插手，更愿意付钱罢了。我的角色代表利益，成为极好的诱因。

我虽然不大喜欢高甫奚浮夸的性格，但我还是把他当做真正的朋友看待。他没有逼我跟他同谋。换了比较差劲的人，一定会利用我和聂明萱的关系威胁我。因为聂明萱已是有妇之夫，高甫奚问我还想不想找个婚外的女伴，那时候我们已经走出新亚，显然跟刚才的生意经没有关系。

但他所提的交易跟"青帮"的利益互相冲突，不能等闲视之。不久之前我亲眼看到"毛笔"李登楷命令许贵生以同样方式走私。而双方的工作人员可能会凑巧在同一处海滩碰面。最重要的是，事关杜先生。无论他算不算我岳父，我要冒险之前总得多想想他的立场。打从第一天碰面，他就认可了我的人格和品行。我正在犹豫之际，有一天傍晚回来，意外收到一封匿名信。内容如下：

赵克明：八月罢工期间，你出卖了无产阶级，现在你和恶名昭彰的"青帮"一起压迫全国的中产阶级和小资产阶级——上海公民的进步力量。这封短笺是最后的警告。收敛你的反革命劣行，否则就等着面对人民的审判吧。

25

十月中旬和下旬，我渐渐变成恋家的男人。放学后我很少留在市中心，总是尽快跳上开往西侧住宅区的公车。回到公寓，我大部分时间看看书报，听听收音机，偶尔跟蒲艾龄在客室里聊聊天。家里有个能干的老妈子，家务事不太需要我帮忙。不过墙上若有个相框要扶正或者屋里有灯泡烧坏要换新，我随时乐意动手。偶尔我也擦擦洗洗一番。

那封恐吓信当然也有吓阻作用，使我不敢乱跑。与其说是为执笔者列举的罪孽感到歉疚，不如说是被监视的感觉叫我害怕。写信的人知道我的姓名、住址，甚至背景，而且一定知道我最近在杜先生和李登楷指挥下的活动，想起来就叫人不安。

至于高甫奚的建议嘛，因为对恐吓信耿耿于怀，我决心拒绝他的心意。参加自己无力掌握的计划已经够叫我担心了，如今出了新的状况，冒险性增强，我趟蹚这浑水显得更愚蠢。我在门口等他，静静对他说："前两天你在新亚跟我说的事，我想我实在帮不上忙。问题不在我。情况很复杂。"

高甫奚没再争辩。他拍拍我的手膀子说："我了解。"这是我最后一次跟他说话。三天后他辍学了。我不敢确定他有没有进行原来的计划，只希望他没遭遇什么可怕的事情。我仔细看报纸，却没看到他所说的那项投机事业的蛛丝马迹。

这几天孤单成了我的大敌。我有事找不到人商量，好想把信拿给李登楷看，可是心里很矛盾，挣扎了一两天。假如我拿给他看，他可能会问我一大堆家世方面的问题，包括我在长沙的政党关系、娄义农、"马克思主义研习团"之类的，到头来还未能提供有效的诤言。

我能从他那儿得到什么开导呢？他只是随机应变，将本来连不起来的千头万绪串在一起罢了。工作压力一重，他连"银行"都听成了"闵行"。不过这种事我可不能打扰杜先生。

我真希望有机会见见那封恐吓信的执笔人！他凭什么说我出卖无产阶级大众？我要问他：是谁没有先设罢工基金就逼电车工人罢工，害人家的妻小挨饿！至于中产阶级或小资产阶级，分类更暧昧。假如你把英国佬当作我们的头号敌人，那你一定会奉蒋介石为大英雄，信赖宋子文笔下的银行家和企业家。反之，你若以宋子文代表买办阶级，那么饱受他并吞计划威胁的小生意人就是被压迫者。某些小生意人和"青帮"有密切的关联，你应该会把杜先生看做小资产阶级和全国中产阶级的靠山、缺乏阶级意识的无产阶级的代言人。问题是"负负得正"的公式可以永无止境推演下去。照信件执笔人的说法，"青帮"也可以看成一群吸血鬼和公敌。这么说来，高甫奚跟帮派人物竞争的计划无论如何都应该获得支持啰。只要它有潜力打败至今仍在外国人手中的中国海关和宋子文创立的税警队，我们就应该把它当作代表第三势力出现的运动，与革命志士的利益恰好相合。

归根究底，谁占有讲台，谁就是对的。分类的人自己逃开了道德审判。无论他是娄义农或苏湘仲，或者写那封匿名恐吓信的人，他的高调永远有效果。像我们这种议和不擅辞令的人从来就没什么机会。

我是不是过分自怜自艾？也许吧。最糟的是我不知道怎么往回缩。每次我照见卧房中的镜子，就会想起我第一次到上海，在福州路书店橱窗看到那面长镜。想想看，那是四月，距今只有六个月！当我害怕看自己镜中的形影时，我已失去了少年时代的天真。我常喻为"梨花一枝春带雨"的李丽华的影像已经远远抛在后头。如果说我毫无遗憾，那是骗人的。我到上海执行任务，一心指望看到摩登世界，奇幻、醉人、近似当代西方文学里的世界。没想到我看见的怪人和搞不懂的怪事更多，我真希望这六个月的人生经历能够一笔勾销，我可以回到湘水岸的草地漫步。以前夏天我常在那儿徜徉，空中满是小菊花香，有些地方还有野薄荷的香味！

有时候我设法甩开这种如意算盘。人生本来就是冒险，而我也接受啦。我不时在梦中重温过去几个月的痛苦经验——在十六铺遇见毛王爷、在报纸头版看见赵朴的遗照、奉命搬出闵家、在长江看见挤满难民的小船濒临淹没、听见工人在电线杆上触电、在宁波公墓跑进跑出、逆流游过黄浦江、被狗咬⋯⋯跟别人的苦难比起来，这简直算不了什么！他们不是说严寒的冬夜过后，公共租界和法租界的卫生部常常一大早就在街上拾获二十多具冻僵的尸体吗？报上不是登过上海苦力和黄包车车夫住宅的照片吗——破旧的草寮忍受完酷暑又得熬过严冬。矛盾永远存在。同一张报纸一方面揭露种种惨境，一方面又刊登烫发一次十五元和高尔夫球袜一双二十元的广告。他们还劝鞋店用金刚钻网孔条来保护橱窗呢。

我跟写匿名信的人一样，心里也很愤慨，很想指控别人，只是我不知道怎么联想，怎么铺陈夸张的字句。也就是说，我身边没有挨骂的对象。

"你为什么不穿灯笼裤？"蒲艾龄问我。

我忍着没说我不喜欢灯笼裤，更讨厌仿高尔夫球袜。我只说："这件裤子还很干净。没必要换一件嘛。"

"不过褶痕快要消失了。今天晚上脱下来，叫王妈明天早上拿到洗衣店去。不要老穿同一件裤子。看起来皱巴巴的，害我好窘。"

"好的，艾龄。"我说。

第二天早上，我改穿灯笼裤。

你可以说我怕老婆，说我已经被驯服了。无所谓。跟另外一个人住得这么近，总得互相迁就嘛。虽然我们的婚姻近乎有名无实，但是蒲艾龄觉得我在公共场合太邋遢有损她的身份。想到这一点，我比以前更注重她的感受。

　　她注意到我在家的时间比以前多。"为什么……"她一面问一面闭着眼睛点烟，吸了一口才把话问完："你突然对书本这么感兴趣？我看这几天你发疯一样猛读书。"

　　我向她解释："银行训练班只上十五星期课，接下来有个大考，在二月初。我很想考好一点，毕业以后多领些薪水——"她还在抽烟，一副沉思状，我继续说："我真的想赶快出头。你总希望我成功，能够自立吧？"

　　蒲艾龄过了好几秒才回答。她拍掉香烟灰，眼睛转向我，有点斗鸡眼："你以为你只要考得好，他们就会给你高薪的工作，让你有发展——得了，我也希望世界是这个样子！老兄，你对世上的事情还挺有信心嘛！"

　　"是啊！是真的——"我还想说服她学业成绩一定会被看重，吾妻挥挥拿香烟的手，打断我的话。她说了一句"不可能"，就不肯再听下去。

　　这时候她床边的电话铃响了。她拿着烟灰缸冲进卧房。五分钟后，她穿着大衣，手拿着皮包走出来，等野鸡汽车。她对我说："又是一个病例。这个女人喝了来沙尔消毒药水，住在红十字总医院。"

　　我没说话，她提醒我："听着，如果电话再响，用不着去接。他们该知道我已经上路了。你吃你的晚餐，不要等我。我可能会出去很久。"

　　从她讲的话，我推想那个女人可能是妓女，企图自杀。有时候我怀疑蒲艾龄的工作性质对她的人生观有抑郁的影响。她访察的女人大抵是自杀病例，其中不少是妓女。

　　在蒲艾龄提起这个话题之前，我一直怀着传统的男性观点，认为女人卖身跟放荡和风流有关，只是最近的经验使我略微修正了这

　　　　　　　　　　　　　　　　　　　　　　　　　黄仁宇全集

个想法。男人想起性爱的自由，总会想到预期的纾解。但我发觉那种经验有时候也很尴尬。男性不容易想象性行为对女性的副作用，尤其事情不太顺利的时候。蒲艾龄跟我说，某些女孩子有洁癖，觉得男人在阴道内射精就像有人把东西吐在她们脸上一样难受。她们因为不喜欢，就规避性行为或表现得很冷淡，男人却以为她们故意伤感情。男人报以不当的侮辱，更加添了女人的伤害和屈辱。还有一点，妓女的生活可能非常寂寞，男人完事后，任由她的情绪陷入焦虑之中，累积的结果可能使她的精神崩溃。有些妓女试图求取恩客的好感，不知不觉爱上了恩客。有时候狠心的无赖会利用她们的天真，骗取她们的首饰和钞票，狠狠压榨她们。受害人梦醒之后，无法面对现实，就成了自杀病房的病患。

这种案例是不是全世界都有？我不敢确定。无论是夸张还是偏颇，只要有些女人怀抱这种观念，男性就有必要考虑问题的敏感性。

这已不只是卖淫或嫖妓的问题了。事实上我举的实例跟女性心理学和整体的性卫生有关。情报来自蒲艾龄，我发觉她表面上很坚强，实际上仍抛不开"女性是弱者"的世俗观念。这对我们的关系远比她婚前非处女影响更大。

那天晚上蒲艾龄回家比她自己预料得早。红十字会总医院的那个女人死了，她喝的不是来沙尔消毒药水，而是鸦片泡酒，药石罔效。

两天后的下半夜，大概两点或三点左右，我突然听见蒲艾龄的尖叫声，我半睡半醒，以为是自己做噩梦。喊声持续下去，我接着以为是内人遇到了强盗。情势紧迫，我忽然勇气大增。手边没有东西可以当武器，我抓起一只皮鞋，奔向她的房间，在那种情况下我也只能如此了。

幸亏她的房门没锁，可是里面黑漆漆的，我循尖叫声走到艾龄旁边，把手放在她身上：这才发觉她坐在床上，噩梦未醒，说话颠三倒四，有点发狂。我在床头几上摸索，找电灯开关，突然想起我腋下还抓着一只鞋子。我放下皮鞋，找到开关。灯一亮，首先映入眼帘的是台灯旁边的半瓶威士忌。红标签，昂首阔步的金色洋人，一看就知道是什么酒。

"阿甘，是你吗？"蒲艾龄说，我双手放在她的肩上，想把她摇醒。她的斗鸡眼呆呆瞪着前方，声音沙沙的，很不和谐，好像在哭，可是她并没有流泪。

"醒醒！艾龄，是我——克明！"我大声叫她，一直想把她唤醒。可是她仍在梦呓中：呼吸含有很浓的酒味，她口里叫着"阿甘"，梦境似乎还在眼前，眼珠子一动也不动。"小心，他们要抓你！"

"他们是谁？"我问道。

"大耳和他的手下。他们还在那边！"

听到这个外号，我非常震惊。她清楚说出"大耳"这两个字。我是帮她驱除噩梦，还是被她拖入帮派斗争的回忆幽径，使一切更加复杂？恐惧感再次爬上我心头。这时候蒲艾龄伸手指给我看："他们在那儿，躲在角落里！"

她含含糊糊要我注意洗澡间的方向，眼睛一直盯着那边，更显得真有其事。

我本来可以趁机打听一些不足为外人道的内情。可是我应该尽力把她拖出回忆的隧道才对。这件事不好办，我打开天花板上的灯，抚平她后面的枕头，叠靠在床头板上，自己上了床，挤在艾龄和枕头之间，轻轻把她往下拉，让她靠在我胸口，我两手环抱着她，我一再跟她说我是她的丈夫赵克明，让她知道自己身在何处。最后她终于醒了。

但她并未挣脱可怕的回忆，完全恢复本来的样子。她一发觉自己在什么地方，马上挣脱我的怀抱，身子向前顶着膝盖哭起来。她涕泗横流号啕大哭，边哭边说："他们叫他'蒲锡罐'……推他上前……那些家伙打他，声音好大……躲在后面的几个懦夫知道那些家伙在哪里……他们让他上前挨揍……自己却连汗毛都没伤到一根，每个都这样！"

听到这段描述，我一句话都说不出来。我很好奇，可是我不忍心借机发问！蒲艾龄叫我帮她做一件事，我松了一大口气，至少僵僵的场面化解了。她跟我说："拿一条手帕给我，在右边的第二个抽屉。"我到梳妆台边拿手帕。

蒲艾龄擦擦眼睛和鼻子，只坐直一秒钟，又埋头痛哭起来，如果说她刚才的指控是替间接听来的父亲遭遇鸣冤，那她现在为母亲伤心可以说发自肺腑，由亲身体验而来。她边喘气边呢喃道："她万念俱灰，他们还欺负她……他们没动手杀她，却逼得她活不下去，吃毒药自杀！"

我一直待在她的床上，用右肩和右臂抱住她，就这样坐了一个钟头左右。后来艾龄喝下我端给她的开水，恢复了平静，我脑中却有千万股思绪涌进涌出。"阿甘"不知道是怎么样的人？他的遗音遗容至今仍被蒲艾龄带进梦里。艾龄酗酒的习惯实在是大问题，现在带给我的困扰恐怕比她自己还要大。熄灯后，我一直忘不了床头几上的酒瓶，使我想起婚礼那天杜太太不肯喝她敬酒的事。不过，我虽然对内人酗酒非常在意和关心，但是她提到双亲的遭遇，暗涉杜先生早年的事迹和人格，更萦绕在我心头，挥之不去。

现在我脑中除了一九二七年共产党事件造成的疑虑、杜家三娘或四娘的传闻、四川路爆炸案和赵朴拿来的《新报》电讯，还有蒲家的新问题盘旋在脑海。依照我切身的经验，霞飞路破坏罢工案前后矛盾，闵行村野外训练营有很多不合理的现象，都曾令我感到不安。可是我又能怎么样呢？最初我因为好奇而卷入一连串事件，后来为了生存而无法抽身，接着心不甘情不愿成了"青帮"的女婿。如今义女的背景略微曝光，我这个女婿的地位更岌岌可危了。

躺在蒲艾龄身边，我发觉自己爱上了她，而且感情一分钟比一分钟浓烈，这倒是始料未及的发展。一切都不是平常的语言能够形容的。次日我写了一小段文章，自信颇能说明那种处境。内容如下：

跟发妻共同生活六七个礼拜，才渐渐爱上她，挺可笑吧？人生的机缘错综复杂，想法变化万端，遥远而模糊的一丝或然性只要遇上特殊情境，可能会发展成不大合逻辑的具体事实。以前我从未长期接触成熟女性的胴体，体验软玉温香的感觉，了无嫌猜，无需羞怯。眼睛适应了黑暗之后，望着艾龄的呼吸渐渐安详匀整，喜悦浮上心田。她真是一点防卫能力都没有！我忘了她年龄比我大；只觉她是失去父爱母爱的十几岁孤女。她的体味叫人想起诱人的橘皮香，令人神魂颠倒。鬓边的散发伸手可及，似乎引诱着我去爱抚一番。我有一股强烈的欲望，真想占有这个与我有夫妻之名的女人。可是，情欲和发自内心的保护欲交杂在一起。我虽然一心想接近她，却无法将吾妻和蒲艾龄的个案史分开：她睡觉醒来，不时会想起父亲被打死，母亲被迫自杀的惨痛经历。她刚才又重新体验了失怙失恃的悲哀和迷惘。不，我无权惊扰她刚刚拾回的宁静。于是我克制住满腔热情，默默在黑暗中数着那夜剩余的时光，看着黑夜慢慢化为黎明，又一个秋天的白昼降临了。

26

发生这么多事情以后，你不难想象蒲艾龄骂我白痴，说我随便拿她当题材写文章，我听了有多失望。话不是她直接讲的，是胡琼芳转述给我听的。

那晚我陪了艾龄一夜，睡眠不足，次日匆匆赶去上课，不知道她白天做些什么。晚餐桌上，我渐渐感觉到头一夜的插曲不能放在心上，也不可能有后续发展，内人的态度变了。夜里她显得孤苦无依，对我十分信赖，白天恢复强壮和正常，马上露出本来的面目。从她挥苍蝇拍的神色到她痛骂老妈子没照她的意思擦地板，显示她又是一家的女主人了。我几乎没看她的脸，而且决定不谈起无谓的话题。

搭公车回家的路上，我仍有很多热情的想法和希望，最重要的就是劝蒲艾龄别再酗酒。有一件事我忘了提：那天晚上在她床边看到红标威士忌酒瓶，附近并没有酒杯，可见她是直接抱着瓶子咕噜咕噜往下灌。她不可能享受醇酒的滋味，也不可能记下自己吸收的酒精量有多少。她只是用酒精来麻醉自己，免得勾起惨痛的回忆，就我了解，痛苦的回忆最容易使人失去方向感。难怪她半夜会哭醒。

与酗酒比起来，吸烟可以算是小事，但少妇仍然不宜。我妈把抽烟的女人都看成娼妇，我倒不至于。依我看，蒲艾龄只要改掉坏习惯，别再用斗鸡眼看人，一定比现在迷人得多。我差一点告诉她，那天晚上我觉得她比胡琼芳更有女人味。

可是仅仅过了几个钟头，我已发觉热情洋溢说出这些想法对两个人都没有好处，不如闭嘴算了。只是我仍希望她肯谈谈昨天晚上的事，饭后她照常点起香烟，不谈往事，倒提起一个新话题。"嘿，赵克明，我们能不能离开上海？我都住腻了！我们到香港好不好？"

问题来得意外，我不假思索答道："可是我们俩都不会说广东话。"

她极力怂恿："你说过不难学的！"

我解释说："除了广东话，还有别的问题。就算言词能通，我们也没有人事背景。"

"我们在这边又有什么人事背景！"

"咦，至少我正在上训练班，以后保证可以找到高尚的工作。"

她轻蔑地说：“那是你的想法。”她用力把香烟压熄在烟灰缸里，表达心中的不悦。“每个人的话你都当真。高尚，只比擦地板和倒垃圾高一级！”

我为自己的立场辩护：“没办法，我别无选择。”

蒲艾龄干脆站起来，走进她房间，我也觉得很不愉快。在这种情形下，我只好假装头一天晚上的事情根本没发生过。以前她曾有类似的举止，以后一定也还会这样。我照旧躲进房间，听收音机，读金融和银行方面的书。接着我早早上床，补睡一觉。

又过了一天，礼拜六到了，下午我没课。蒲艾龄到福利基金会去开会。下午胡琼芳来了。她到我房间，飞快瞄了室内一眼，然后走到客厅和餐厅，像猎犬般继续搜索。她走到蒲艾龄房间的时候，我跟进去，看着她从头翻到尾。浴室的药橱、艾龄的梳妆台抽屉和床头柜她都一一打开。这时候我才知道她想找蒲艾龄的威士忌酒瓶，但是一个也没找到。

回到客厅，她坐在沙发上，十根手指合拢，抱着一只膝盖，小腿交叠在椅套裙边。我本来一直想找点饮料来招待她，看到她的动作，便打消了这个念头。她用质问的口气说：“你为什么要让她喝酒？”

“我—— 让她喝酒？”我自然而然起而否认，大声反问她。

她厉声说：“赵克明，艾龄是个糊涂孩子。你该对她的行为多负一点责任！”

“这是天大的谎话……”我想说七周前她劝我结婚的时候说法跟现在完全不同。当时她一口咬定蒲艾龄已经改过自新。我很想说这门亲事我本来就不赞成，是他们安排的。可是我怕这样有损蒲艾龄的尊严，就忍住了。我没有提出坚定的答复，使琼芳有机会大放厥词。她滔滔不绝说：“男人若不照顾自己的女人，谁会看得起他！”

我抗议说：“怎么？是不是艾龄对我有什么不满，还是大家议论我不负责任？”

胡琼芳没有答复我的问题。她提起另一件事。"赵克明,你是学生,没能力养家,大家都能体谅。不过,你至少应该在能力范围内证明自己有负责的打算!女人需要安全感。谁也不想看自己的丈夫像白痴一样,让机会白白从指缝中溜走。你要写诗写文章赞美心爱的女人,很好,她们会受宠若惊。可是你得先解决财务问题!别把秋叶和夏夜的月光看得比油盐柴米重要!"

　　我开始觉得自己真的有些无能。不过我实在不知道有什么办法可想,于是我咕哝道:"你要我做什么!"

　　胡琼芳把交叠的双手移到大腿上,手掌向下压,同时问我:"你还不知道自己什么地方不对?"

　　我答道:"真的不知道,琼芳。"

　　"你想想'鸡狼毫'李登楷要你去见钱庄的人,你的表现怎么样?"

　　我耸耸肩:"咦,他要我一起去,我就去啦。我们跟那些穿马褂的先生碰面,喝喝茶,吃吃饭,聊聊天,就这样嘛!"

　　胡琼芳脸上第一次露出笑容。她把两手分开,两腿伸直,身子靠着椅背上说:"跟李登楷说的一模一样。赵克明,我们真服了你!你行事永远正大光明,不管是钱或是子弹都改变不了你的作风。"过了一会儿,她咯咯的笑声消失了,和煦的笑容变成得意的讽笑。"可是我告诉过你,你的湖南骡子脾气在上海吃不开,对不对?"她照例重新把耳垂上的耳环戴好,才继续说:"他们要你在场,他们指望你出点力,告诉钱庄老板们如果坚持下去就是死路一条,或者告诉他们只要进一步就有数不清的利益。可是紧要关头你一句话也不说,装聋作哑,只管低头猛喝燕窝汤。"

　　原来这个地方我没弄懂。接收钱庄的事进展得不太顺利可能就是这个原因。总得有人负责,如今罪名落在我头上了。可是胡琼芳连他们怎么安排都不知道!为了自卫,我告诉她:"李登楷根本没叫我说那种话!他说彭先生或陶先生会开口。有时候他们俩一起来,有时候只有一个来，至少有一个在场。他们只是要我当陪客。”

琼芳站起来，伸手抚平裤装上的皱褶，眼睛看都不看我说："赵克明，我真受不了你！你难道不明白，这是'鸡狼毫'的手腕，他随口讲一点给你听，指望你自己发挥？假如他只是要你在场，何不换一个罗汉去？"她脸上的表情相当尖刻："我们打听你的表现好不好，你可知道他怎么回答？他一句话都没说，只是摇头。艾龄差一点哭出来。"

我气冲冲答道，"多谢你们俩，我还不知道蒲艾龄关心这件事。"

琼芳来访，我当下感到不是滋味。听了她的话我才知道，人人都在我背后密谈，包括我太太在内，我永远被蒙在鼓里，重大的消息总是不知情。他们一直要我相信，能当"青帮"的女婿是一种光荣，事实上义父义女之间有仇，我的前辈可能因为知道内情而被杜先生的手下伏击，但也可能不是。在这种情况下，他们选我当蒲艾龄的丈夫是因为我是内地人，对他们比较方便。我庆幸杜先生的大家族没来打扰我们，其实我们已被遗弃，只有杜太太菩萨心肠，还真心诚意对待我们。没想到不可告人的内幕偶尔被我知道了。这可能又会造成无法预料的后果。

同时我还得面对李登楷。他虽然当过几个大人物的秘书，可是现在他身为"青帮"的师爷，只好拿我当代罪羔羊，掩饰他自己的无能。他绰号"鸡狼毫"，不是没有理由的。

当然啦，他是师爷，凡事不能不要点手腕。他不能直接说："我要你干掉这个人"、"我要你烧这间房子"。部分奸谋必须心照不宣。可是，他若要我在筵席上积极一点，没有理由不明说嘛。我想他也怕太坦白，引来太多不良的钱庄，日后变成累赘。不过，他身居要职，怎么一点骨气都没有？

我心里乱糟糟，想得很多。蒲艾龄说每个人的话我都当真。其实我心中也有疑虑，有些久久不能释怀。我忘不了爆炸事件、触电

黄仁宇全集

的工人。我更忘不了《新报》档案里为我岳父讣闻准备的资料。

更重要的是，我注意到"青帮"的基本特质。他们什么都不浪费，凡事算得清清楚楚。表面上组织待我们很好。可是蒲艾龄得替福利基金会无偿工作，我得出去活动，吸收钱庄。不晓得守住蒲家的秘密是不是也算我必须要付出的代价。

训练班的人一再强调他们要给银行业一个全新的起步，完全看个人的条件和才能任用。可是我身边发生了这么多事，我现在已经不太相信了。高甫奚说他们只训练出纳员和办事员。蒲艾龄说他们提供的职务只比擦地板高一级。现在胡琼芳又来告诉我，我已白白放过发展的机会，意思很明显：不管个人的条件和才能如何，必须符合"青帮"的基本利益，而且照例有一些不合规矩、不可告人的勾当牵扯在内。

傍晚蒲艾龄回来，我在客厅跟她碰面，告诉她："琼芳今天下午来过了。"蒲艾龄好像不为所动。我又加上一句："公寓四处她都仔细搜过。"

蒲艾龄用斗鸡眼瞄我一下说："没关系。"

我怕她还没弄清楚，又说："她到你那边去过，进了卧房和洗澡间。到处都查遍了。"

蒲艾龄不耐烦地说："我听到了！"她又瞪了我一眼，然后转身走开。"听好，我很累，还头疼。别烦我。"她说。

晚餐时间老妈子说道太太不想吃饭，于是我一个人用餐。饭后我照常听收音机，复习金融和银行教科书，然后早早上床，反正没别的事可做嘛。星期天早上我照平常时间起床。没想到蒲艾龄已经出门去了。

我穿着睡袍，在客厅看星期天的报纸，希望内人马上回来。报上说"少帅"张学良已宣誓就任蒋介石的副总司令。美国很多银行歇业，这次的经济衰退叫做"大萧条"。国民政府的美籍顾问保罗·

林巴杰正在美国境内为中国争取一笔贷款。他指望借到十亿两白银，为期五十年，年息百分之二。可是南京的国民政府立刻否认他具有谈判的权威。市区头版也没什么振奋人心的消息。一位有钱的本地医生在家中被绑架。河南路的吴淞饭店发生警匪枪战。停在浦东码头的德籍船只"克劳斯·李克默号"上发现了一百箱鸦片。报上没看到高甫奚的名字和他说的冒险勾当，我个人认为是好消息。

收音机一直播放教会节目，可是蒲艾龄并没有回来。下午电台改播滑稽剧和轻音乐，我还在等她。不知道为什么，我非常想念蒲艾龄。自结婚以来，我想不起哪一个星期天她出去过这么久的。三点前几分，她床边的电话铃响了。我冲过去接，听见电话那头传来一个男人的声音。我说声"喂"，他就挂断，害我满心狐疑。

一旦来到蒲艾龄的卧房，我好想学胡琼芳，搜搜她的壁橱和抽屉。她毕竟是我的妻子。她对我隐瞒过去的事根本不应该，而且也不大方便。我怎么能为自己不知道的事负责呢？

我站在她床边，老妈子卸工前替她铺过床。床头几就在我前面，我可以从抽屉里的便条和信件查起。但我呆站在那儿，一动也不动。

电话随时可能再响，蒲艾龄也可能突然回家，站在我身后。但我心跳并未加快，手也没发抖。我没动手，不是怕到时候做贼心虚。打从小时候大人就教过我东方和西方的道德观、古圣先贤的典范、现代社会的骑士精神……萦绕心头，我若辜负人家的信赖，乱翻人家的东西，良心一定会感到不安。不过我必须承认，七个月来我活得十分艰苦，那些规则和教训对我不再有绝对的约束力，我一天比一天懂得见风转舵。这几个月我对宪兵、码头工人和电车工人撒过谎；骗一个忠心耿耿的仆人透露情报，出卖主人；对好朋友隐瞒我的党籍；要不是被匿名信吓倒，我可能会跟另外一个朋友合谋走私。我嫖过妓，偷听过房东太太谈话，结婚瞒着叔叔婶婶，甚至瞒着亲生的母亲。我已经不是亡父要我做的乖孩子了。事实上，每次琼芳说我光明正大，我就觉得很尴尬—— 这话已不合乎实情。那我为什么不敢搜蒲艾龄的房间呢？

我自己沉吟好久才明白：我爱上她了。我希望两人的姻缘能够天长地久。我搜蒲艾龄的东西，除了找理由跟她吵架，再找个正当理由离婚，还有什么用意呢？我心里没有离婚的打算。就算蒲艾龄有什么不可告人的事和交游关系瞒着我，我也要等她自动对我吐露，好重新计划两人共同的生活。目前我应该加强她的信心，不该害她失去自信。

当然我也为自己的利益着想。男性占有女性的行动在我血液中汹涌，而我觉得身心是分不开的。我站在蒲艾龄床前，残余的烟味不再那么浓，那么难闻了。反之，我被一种橘子皮的香味吸引，认出那是内人身上一贯的体香。感官的接触不禁使我联想到首次跟她共眠的情景，当时我因为自尊心受到伤害，气愤填膺，所以两人的关系一开始就不好。我又想起两天前的晚上，我心里好想要她，却考虑到她的情绪容易受伤，终于忍住了。我们的婚姻还有许多方面有名无实。我听见老妈子叫她赵太太，她在电话中也以英语自称"宝龄，赵"，我觉得好幸福。可是名义上的满足使我更想改善实质的关系。我想占有对方，却也想要属于对方。我希望自己可以搂住蒲艾龄的肩胛骨，坚定地说"这是我的人"。我希望把脑袋埋在她胸前，重新出生，当她的小孩，她的婴儿，或者她体内的一个分子。

怀着这样的思绪，我倒在蒲艾龄床上，一把踢掉脚上的便鞋。窗帘上的花卉图案笑眯眯俯视着我。我不怕蒲艾龄正好在这个时候回来，发现我睡她的床。我准备告诉她我对许多事情的看法。我由身后的床罩底下抽出一个枕头，内心扬起一种亲密的感觉，自觉身心都与她同在，肉体和灵魂合而为一。

你一定还记得她对我的辱骂吧，我也没忘记。可是看了最近的发展，我想她的反应是针对身边的很多事情，不是针对我。怪就要怪种种压力和敌意使她大发雷霆，不该怪她的个性。前天晚上看她毫不设防地默默躺在我旁边，我曾经发誓要照顾她，所以我更不能计较芝麻小事了。

有人批评我浪漫得不切实际，我懒得否认。爱情是什么？是洋溢着美丽心境和高贵情操的奇缘，也是我想实现的心愿。目前我跟内人蒲艾龄可以说万事俱备，只欠东风。四月我刚来上海的时候，谁料到我会娶上海黑社会领袖的义女为妻呢？结婚之后，我万万没想到蒲家跟杜先生有仇，直到她做噩梦说出来我才知道。只要我们肯互相体谅，平淡的故事还是可能发展下去，变成美丽的恋情。

不错，蒲艾龄和我是夫妇，曾有过肌肤之亲，可是我们之间缺少浪漫的爱情，所以婚姻有名无实。如今我意外发现：就算次序颠倒，那种爱仍有可能发生。蒲艾龄肯不肯接受我的观点，像未婚的闺女一样，让我学心焦的单身汉热烈追求她呢？

我想她会肯。换了我，我一定愿意。如果我的身世充满悲剧和阴谋，我必然渴望和人生观截然不同的人在一起。如果我的童年回忆逃不开柏油、水泥和灰砖，我必然喜欢和熟悉山水及乡野传奇的人做伴。我把头埋在蒲艾龄的枕头里，努力让自己相信内人会完全顺着我。心里一高兴，居然想喝了她那瓶红标威士忌，晕陶陶的——她那瓶酒可能还藏在我身边不远的地方呢。我浑身有一种安详宁静的感觉，等候内人的焦虑一扫而空。我房间的门还开着，那端的收音机开得很大声，可是电波传来的笑语人声渐渐模糊，分不出是什么。我睡着了。

蒲艾龄回来，天都快黑了。她大发牢骚："你这个人可真怪！你自己没床吗？"接着命令道："回你房间去！"

我看到她的斗鸡眼，一句话都没说就乖乖照她的话去做。从那天开始，蒲艾龄外出，一定会锁上房门。

27

　　我彻头彻尾考虑过，我决不能背叛杜先生——无论现在或者预见得到的将来都是如此。财务问题不说，光是为了活命，我也不能跟每一个政党、每一个组织、每一个派系、每一个帮会作对呀。蒲艾龄的指控使我非常难过，但毕竟只是语无伦次的梦话。事后我并没有机会盘问她。她一句都不提，我又没有勇气提起，万一她的话证实了，那种局面我恐怕也应付不来。我不如往好的方面想：我跟杜先生的关系起自互信，而他尊重我的人格不可能全是假的。

　　我考虑外因，进一步揣摩杜先生的困难。既然我得折腰才能跟他帮里的人相处，他要使整个帮派的人团结更不知要怎么迂回曲折呢。随便看一下报上的新闻，就知道他无法完全掌握情势。我忘不了那天——我想想看，是八月十七日吧——他在胡琼芳家，叫我们帮忙破坏罢工。他告诉我：除非我们的银行和工厂够多，能建立一套新规则，否则大家很难团结在一起。他是真的关心。你可以说这个人有很多错处，但你不能说他不爱国。冲着这一点，我就应该三思，不能遽下结论。

　　我还有些摇摆不定，英文《大陆报》上的社论使我下定了决心。我把它逐字抄在笔记本里。标题和头几句中译如下：

公平与互惠

　　有一天治外法权将会消失，到了那一天，白人和他们所代表的正义、公平、慈善、互惠、目标廉正、签约诚实，尤其是中国硬是不肯吸收的"公平交易"精神，也会随着消失……

这篇社论出现在十一月，也就是我疑虑未消的时节。写社论的人不明白我们有组织上的难题。他教给我这类中国读者一个教训：我们必须互让一步，全国团结，否则就没有办法生存。有了这个想法，我更相信杜先生是认真的。

　　想起李登楷仍然很不愉快。我提醒自己，任何官僚体系的真理都是从上面颁布到下面，谁官大学问就大。人事关系方面，李登楷一定也有他的困难。他必须装出完美无瑕的面貌，不能犯错，否则下次就很难指挥人了。不过这个想法并不能解除我的烦忧。我不晓得该不该请杜先生容许我避开"青帮"的非正规活动，专心做合法的银行事业。他的组织内一定有技术职务适合我，而我也应尽全力给大家留下好印象，课业方面必须拿到好成绩，我还打算让蒲艾龄卸下访问医院的职责。只要她不接触那些令人沮丧的悲剧，她的人生观可能会明朗些，悲哀的回忆也可以抛到脑后。不过这个要求有点过分。不知道我替杜先生做的事够不够多，有没有资格要求这么大的恩惠。

　　蒲艾龄的态度可以说飘摇不定。我早就发觉，她心里有困扰的时候才会显出斗鸡眼。当她自由自在，没什么牵挂的时候，浑身散发出一种恬静的气质，变得相当动人。有时候她若有所思，会静静看着我说："真不公平，可怜的丈夫，你该娶个好闺女，我实在配不上你！"我真想问她，我们何不对彼此好一点，好好把握往后的日子。可是我这么一说，等于承认她是坏女人。就算不为彼此的关系，至少为她的士气着想，我还是不要太直率来得好些。

　　蒲艾龄心情好的时候，到过我房间几次。有一次我告诉她，我巴不得她在我的枕套和床单上留下她的体香，她听了大笑，手指头弯成火钳状，捏了我的脸颊一把。不过，我们虽然这么亲密，她内心深处却好像有一个我永远无法穿透的秘境。我百思不解。

杜太太的生日快到了，我们决定送一份寿礼。我们知道她什么都不缺，礼物只是表达我们对她的孝思。所以我们决定一起去逛街买东西。蒲艾龄叫我下午到仁济医院去接她。我到了医院，她还有事在城里忙。助理男接待员有点像旅馆的侍者，他带我到二楼上海福利基金会办公室，我在那边见到一位美国妇人。

她名叫贝蒂·透纳，中文名字叫董贝蒂。她对我说："请坐！艾龄再过五分钟就回来。"接着改用中文说："五分钟！"她怕我听不懂，还伸出五根手指头，代表五分钟。以前我从来没有跟白人女子面对面交谈。外国电影和广告上的女人总是像洋娃娃似的。近距离一看，真人和银幕上的影像可是截然不同。像贝蒂·透纳这样红润的脸颊确实很迷人。有些人具有中国妇女少见的好身材。不过她们的鼻子太尖，鼻孔不是圆形而是椭圆的。而且她们真高大，穿的鞋子跟我一般尺码！说到大体印象嘛，我实际见到的西方女人可以分为两类：传教士和衣着入时的女人。内地传教士比较常见。她们从不化妆，总是一再提醒你罪恶的代价是死亡。衣着入时的美女在沿海地区比较常见。她们的头发卷卷的，戴手套和软帽，浓妆艳抹，嘴唇涂成艳红色，眼睛或绿或蓝，头发呈浅棕色，叫人看得眼花缭乱。有几位常搭电车，眼睛自信地凝视远方，从来不看同车的乘客。在电影院里，剧情若演到热闹滑稽的地方，她们会开怀大笑。

透纳小姐不属于任何一类。她个子很高，脸上没搽粉，棕色的头发梳得很直，可是她对自己的美貌并非浑然不知。她无拘无束微笑着，用一双蓝色大眸子望着我，把我当作老朋友看待。不管她做什么，身边总弥漫一股随遇而安的气息，使我相信这儿的每一件工作都很有意思。她把自己会用的每一个中文字句用出来，如果还词不达意，就改用英文，并且加上活泼的手势。好外向的女人！我真羡慕她的人生观。我观察到，要有这种快活的脾气，必须有个无忧无虑的背景。后来蒲艾龄告诉我，董贝蒂是美国人，正在大学念研究所，她义务到福利基金会工作，顺便搜集社会学研究资料。在上海福利基金会工作的外国太太小姐并不全部都像她。艾龄说："你真该见见郝黛勃！"她是指黛勃拉·郝金斯。想到这个名字，西洋文学中常见的别扭老处女的形貌立刻浮现在眼前。

我对贝蒂·透纳着墨甚多，是因为那天下午我感到相当愉快。我在她办公室里等蒲艾龄等了将近十五分钟，她拿些美国杂志给我看，表示她要继续处理桌上的一堆文件，我猜一定是基金会的个案史。不过我们也小聊了几句。透纳小姐说内人是"甜蜜的孩子"，还坦率地说艾龄"吃了不少苦头"。我正想问她，她迅速掉转方向，说蒲艾龄终于找到"好丈夫"她实在很为她高兴。她使用"好丈夫"一词，我以为她只是客套。可是她放下手头的文件，专心看着我，说话非常认真，仿佛求我相信似的："宝龄告诉我，你真的把她照顾得很好。"又用中文说："照顾她好，真的！"我一句话都说不出来，但我非常兴奋。我暗想内人为什么从不直接表达她的激赏，还得靠一个不太会说中文的人来转述。可是，我真的高兴极了。

外面气温骤降，蒲艾龄进来的时候，两颊通红，眼波流转，我内心又是欢喜又是骄傲，两种情绪在体内汹涌。她站在贝蒂·透纳身边，亭亭玉立，可是跟高大的白种女人一比，仍然显得很秀气。外国来的女人皮肤白皙，加上艳丽的血色，远非李丽华的苍白容颜所能相比，如今内人肤色黝黑，呈现中国女人特有的韵味，跟外国美人反而各有千秋。

为了庆祝杜太太四十岁生日，我们买了一只手镯，上面反复出现"寿"字的浮雕图案。蒲艾龄特地安排提前两天去看她，避开群众和家属，否则磕头的问题将进退两难。我不反对在杜太太面前磕头。日子久了，她在我心目中确实有如慈母。可是我一旦对杜太太磕头，就得对杜先生磕头，这一来我会被当作"青帮"的入门弟子。直到今天我仍不知道那件事有没有人从中说起。我们到了华格枲路的寓所，杜太太叫女佣来传话，说她不要我们磕头，免得折寿。这是缩减繁文缛礼的好理由，而且正合我意。我们向她拜过寿，她抓着我的手说："侬好好待伊。欧要伊格父母晓得伊过好日子。"这时候蒲艾龄插嘴说："妈，勿要操心。伊待欧交关好。"杜太太喃喃说道："交关好，欧希望来日在地下见到伊格父母，会得对得起良心。"她让我想起身在湖南的妈妈。

我们走出杜家寓所，蒲艾龄还是容光焕发，喜气洋洋。她提议："我们何不到逸园舞厅去吃饭跳舞？"

"可是我不会跳哇。"我说。

"很简单。跟着音乐节拍。你整天开收音机来听，应该听得懂拍子，知道主音符的位置。"

我还在犹豫。蒲艾龄抓住我的手臂说："来嘛，头两次我先扮男的，由我带你。你当女的，跟着我跳。慢慢你就会习惯啦。"她没再多说，直接告诉野鸡汽车司机："我们去逸园。"半路上她塞了一张十元钞票给我，让我付账。

我们在逸园玩得很痛快。餐厅人多，大抵是中国人，也有几个外国人，无论华洋都以中年男性和年轻女子居多。我们等舞池挤满了人才下场，免得人家注意我们。蒲艾龄很会带舞。换我带她的时候，我还怯生生的，不好意思放松身子，只敢跨小步，双足难得离开地板。我用心追随音乐节拍，步子错了好几回。蒲艾龄大概跟得很辛苦，可是她似乎不放在心上。"你只是没练惯罢了，"她说。她不时笑眯眯望着爵士乐队。我一看他们的面部表情，就知道他们是菲律宾乐师。回到餐桌旁，内人的下巴还不时按节拍往前晃，看样子她玩得很开心。我担心她会叫酒来喝，结果并没有。事实上她亲自拒绝鸡尾酒女侍，把人家打发走。休息时间她只抽了一根烟。

歌舞表演由一个俄国艺人团担任，他们才是真正的"罗宋"人。

他们演奏手风琴，声音响彻全舞厅。突然间，男艺人全都跳起舞来，双足蹲踞，手臂交叠在胸前，腰部和膝盖齐高。动作看来很困难，大家都跟他们一起拍手。我觉得最有趣是一对跳华尔兹的男女。他们像老先生和老太太笨手笨脚转圆圈，没什么舞姿可言。等音乐的节拍和声量加大加快，他们开始滑行，动作优雅多了，活泼多了，一路跳一路抛掉围巾、披肩、帽子和大衣，成为衣着时髦的一对——男的是英俊潇洒的青年，女的是漂亮的少妇。舞池的灯光照在他们身上。他们跳得非常老练，非常美观，全场观众掌声如雷。不过，灿烂的回旋没有维持多久，等灯光暗下来，他们又戴上假发，摇摇摆摆，恢复老人妆，看起来疲惫不堪，跳的虽然还是华尔兹，却叫人想起饥寒交迫的蹒跚步伐。最后他们摇摇欲坠走出去。灯光再度亮起的时候，蒲艾龄啜饮着咖啡对我说："看吧，赵克明，年轻的时候必须及时行乐，否则就来不及了。"我明白她的意思，而且有同感。回家的路上，我们一起靠在野鸡汽车的后座。我摸摸蒲艾龄耳鬓的头发。美味的橘皮香如今在我怀里。我看看结婚时内人送我的手表——十二点二十分。我即兴朗诵两句名诗：

花开堪折直须折
莫待无花空折枝

内人突然跳起来问道："嘿，赵克明，听起来蛮有趣！是谁写的？"
是唐朝女诗人杜秋娘。我们对她所知不多，只知道她十五岁就成了豪门的侍妾，后来她丈夫在一次叛变中被处死，她也不知所终。我不想说这些细节，所以没回答蒲艾龄的问题，只学她的睿智口吻说："看吧，诗是好东西，可以说出你想说的话。"我轻轻捏了她的脸颊一把，继续说："只是用不同的字句来说罢了。"

28

我妈常说飞来好运一定有灾祸随后发生。我们在逸园痛快一晚，正好应了这句话。流言传得很快。第二天胡琼芳又来到我家。她说杜先生真的很生气，问我为什么要带蒲艾龄到那种地方，那儿有菲律宾乐师和爵士乐队等等。我想起杜先生本人喜欢爵士乐，打算将来派一个爵士乐队到菲律宾学习。谁说的？闵行野外训练营的人哪。琼芳听了怒火中烧。她说闵行可能是我该去的地方，那边最适合我。她走到蒲艾龄房间，发现门锁着，更加生气。杜太太的生日快到了，她不便小题大做，可是我们那个月的津贴被削减了一部分，算是处罚。现在我们吃得起豆腐和菠菜就不错了。

问题当然没有这么简单，琼芳命令蒲艾龄外出别再锁房门，艾龄乖乖照办，心里却比我更难受。琼芳和我都没找到她的酒瓶，不过她又开始酗酒。你要明白，我不是自愿娶她，她也不是自愿嫁我的。我说不出后来怎么会爱上她，基于同情、熟稔、归属感和占有欲，新环境带来的新视野、安全感和自尊意识……你若要说我的想象力作祟也没关系。总之，谁的生活都经不起这样的分析吧。问题是蒲艾龄的感情不像我经历了这一番变革。我刚刚开始追她，她也刚开始有一点反应。我们的关系基础薄弱，很难承受眼前的压力和紧张。

蒲艾龄不是马上敌视我，她是慢慢跟我疏远的。起先她推说头痛，偶尔不出来吃饭，接着改在房里吃，后来连电话也不接，随它去响。我走到她那边去照料她，她就说："走开，拜托，我没事。虽然不舒服，不过我撑得下去。"有一次她干脆把电话听筒拿起来，放在旁边，用斗鸡眼看着我说："这样你满意了吧！"

我生怕内人孤单会再做噩梦，或者精神不济，没法到医院照顾那些女人，我想跟董贝蒂谈谈。可是，把一个外国女人卷进来，不是更复杂吗？我怀疑贝蒂知道上海有所谓"青帮"存在，就算知道，她也不懂个中的玄机。

我简直不知所措。我不晓得要怎么样劝蒲艾龄：欲脱离眼前的困境，唯一的办法就是经济独立，而我要自立，必须跟同班同学竞争，证明自己的才能，以便在银行业奋斗起家。我愁思满腹，无法专心课业，期中考的成绩不是最差的，但距离我能赶上的头几名还差得远呢。这种情形下我对蒲艾龄有些不满，我想取得她冀望的东西，她却一直妨碍我。

我的耐心是有限度的。我时时要面对她喜怒无常的心境，闻着她充满酒味的气息，看着她轻蔑和敌视的斗鸡眼，已经够糟了。她居然还对我发牢骚："阿甘决不会让我受这种罪！"我对自己说，好吧，她要想她的阿甘由她去想，我可要靠职业训练闯出一条生路。她害我别无选择，又恢复内地人的性格和家父的人生观。我们主张辛苦工作，到时候可能有收获也可能没有。不过，如果不播种不锄地，绝不可能有收割的机会。

就在我们日渐疏远之际，汉口路事件发生了。胡琼芳家的佣人阿朱光天化日下被人杀死。

我到丧宅去过。小口径的子弹可能是直接射中后脑勺。虽然葬仪社尽量粉饰过伤口，但阿朱在棺材内的尸体仍然显示出暴死的痕迹。他生前对谁都和蔼可亲，如今露出一副痛苦的狰狞面目。

每次我接近死亡的场景，总不免要怀疑人生的意义。那种感觉很神秘却也很可怕，最发人深省。拿眼前的例子来说，是谁决定这个山东籍的孤独客必须来到上海，在一位湖南籍少妇家帮佣，而这位少妇恰好和"青帮"帮主过从甚密，导致山东客死于杜先生的仇敌之手？我对阿朱的印象很深。第一次见到他是在四月，他对我抱怨他的老骨头受不了南方潮湿的气候，他奉命替我搬行李上下楼梯，我真替他难过。六月的邂逅更重要：我请他喝米酒，吃猪耳朵，他告诉我"三娘"的故事——在华格臬路的住宅这件事还忌讳谈呢。不过，事后我若没有指出我借住的阎家给他看，胡琼芳就不可能找到我，叫我参加杜先生破坏电车罢工的密谋了。结果我便不可能有机会进入银行训练班；最重要的是，我不会娶身带橘皮香、脾气随酒精量改变，时而友善，时而热情，时而吹毛求疵的蒲艾龄。如今和蔼的仆人已走完人生的道路，眼看要埋进土里，叫人不禁怀疑这一切对我究竟有什么意义。

我到丧宅不完全是感伤怀旧，也代表我能力范围内对杜先生的道义支持。

阿朱身份卑微，但他的死却有政治暗杀的意味。他大白天在汉口路的一条弄堂里被枪打中，那儿离期货股票交易所只有几步之遥。刺客并没有动他的猪皮袋子和里面的票据。射杀弱老头的场面一定有人目击，可是没有人报案。大家怕受到牵累。我们有理由相信是罢工发动者干的。他们自知不能没有杜先生，甚至可能需要跟他谈判。罢工发生在八月，枪击案却到十一月底才发生，两件事相隔三个月，这是唯一合理的解释。同样的，最近的几件抢劫和绑票案可能也有政治含义：目标是让杜先生面子上不好看。现在他们要向世界证明，"青帮"老大连他的姘妇都照顾不了。他们不想切身伤害琼芳，至少不想未过河先拆桥，便攻击她家的佣人，向杜先生提出警告。

杜先生当然不会向威胁低头。他决定为阿朱举办隆重的葬礼，亲自参加仪式。不过我们知道胡琼芳已经躲起来了。这种情况下蒲艾龄床边的电话变得非常重要。我们必须随时提高警觉。有一天晚上我陪她到亚尔培路替琼芳挑些衣服和必需品，转交给王彬。我实在不喜欢紧急情况下还得浪费时间管这些琐事。另一方面，出了这件事之后，蒲艾龄的思绪好像机警起来，活泼起来了，我倒很喜欢。

不过我的结论下得太早了一点，意想不到的事情还多着呢。

　　我要提的这件事发生在下午。我刚上课回来，蒲艾龄也刚到虹口总医院去过。我告诉她：我知道有个小贩在麦琪路的人行道上烤栗子。蒲艾龄不信，说现在不是产栗子的时节。我说我们不妨走过去看个明白。外面阳光亮灿灿暖洋洋的，可能一下子就会消失，我想利用难得的阳光出去散散步。不过我们走了好远。蒲艾龄说得不错，根本看不到那位小贩的踪影，也没人听说过这一带有人烤栗子卖。我觉得尴尬，就对蒲艾龄说："你慢慢走。我往前找找下一个弄堂的交叉口。如果不在那儿，我就认输。我百分之百确定离这一带不会太远。"

　　不过我知道自己弄错了。附近若有人用热沙炒红糖栗子，香味百英尺外都能闻到。

　　我准备加快脚步去巡察，让内人优哉游哉慢慢走。就在这一瞬间，我听见蒲艾龄尖叫和挣扎声，后面传来枪弹爆炸声，好几个人从我身边急急走避。我回头一看，蒲艾龄坐在人行道上，面孔脏兮兮，披头散发，一只凉鞋不见了，我吓了一大跳。我低头看她有没有受伤。她没回答，全身不停地颤抖，开始发狂痛哭。这时候有一小群人渐渐围拢来。有个男人上前指着蒲艾龄问我说："格是嫂夫人？"然后又说："老兄啊，嫂夫人刚刚救了侬一命。"

　　到了巡捕房，巡官问话，办事员作笔录，我才渐渐理出一个头绪来：正当我决定撇下蒲艾龄先走的一瞬间，有个穿棕色袄子的男人掏出一支枪，好像是勃朗宁手枪，想从后面射杀我。这一刻蒲艾龄的斗鸡眼占了优势。那人一掏枪，还没瞄准，她集中的视力已瞥见枪铳的闪光，不过我更要感谢她脑筋灵活，为人机警。我相信她可能在噩梦中见过这一幕，心里有预感吧。事情在我背后发生，我只能猜测她那一声"呜——呜"的惊叫是出自本能，想警告我"凶——凶——手，刺——刺——客。"多亏她长得又高又壮。她扑向枪手，把手上的东西全部扔向那人的左肩和左手肘，使他不能瞄准，不能射中。没想到对许多微妙小事这么敏感的女人，遇到危险的情况能够这么果决和大胆。实际上她没打中那个人，另一位穿棉袄的共犯从后面抓住她，把她推倒在人行道上。她不肯罢休，想去抓第二个人的腿。这回还是没抓中，可能是被那个人甩脱了，不过那人也重重跌了一跤。一切都发生在五秒钟以内，很难说那一枪是什么时候射出的。我相信我听见骚乱声，回头望的刹那。就在千钧一发之际，我挪动了身体，偏离凶手瞄准的地区好几英寸。凶手可能着慌了，或者手枪故障，跟同伴拔腿就跑，没再发第二枪。我低头看蒲艾龄的时候，很多人以为她受伤了。他们都在谈"一个女人中弹"，其实流弹射到几英尺外一个路人的手臂，幸亏伤势不严重。只有一个人看清楚整件事情的经过，就是问我蒲艾龄是不是我太太的那个人。蒲艾龄突然变得神经兮兮，我自己又从头到尾迷迷糊糊，要不是那人合作，我们也许一辈子都搞不清楚是怎么回事呢。

雷名登的名字听来跟外国制的"雷明顿（Remington）打字机"很像。他是杜先生的外语秘书，会说英语、法语和德语，俄语是否精通则有不同的说法。在"青帮"阶级组织中，他的地位跟李登楷差不多，大概只低一点点。如果说李登楷是参谋长，那他就是副参谋长。如果李登楷算内政部长，他就算外交部长。一切都合乎逻辑而且首尾一贯。中文秘书绰号"鸡狼毫"，外语秘书靠打字机展现专长，名叫"雷明顿"再适合不过了。于是"李雷"或"雷李"并称，成为效率甚高的团队。

那天下午雷名登打了好几通电话，结果我们把细节交给法租界当局办理。他们的弹道实验室可以将打中阿朱的子弹和企图杀我的子弹作一比较。我们走出位在霞飞路和贝当路之间的巡捕房，住进不远处的圣玛丽医院。蒲艾龄治疗瘀伤和惊吓，医生给她一些镇定剂，让她好好睡一觉。我睡在邻床，跟住旅社一样。我生平头一次睡在十字架耶稣像底下。

　　傍晚蒲艾龄还睡得正香，"雷明顿打字机"来看我们。他要我相信，枪击事件只是神经战，共产党旨在恫吓，并不真心想除掉我。照他的说法，现在蒋介石已消灭北方的军阀联军，决定加强对上海的控制。共产党知道他们大概得离开上海，也许要投效江西的毛泽东。可是实现这个计划之前，他们想展现自己的力量，一方面掩护撤退，一方面作为将来重返上海的论据。面对这种情况，我们千万不能显露自己的弱点。我们休息一两天，等体力恢复后，我应该回去上课，蒲艾龄也继续访问医院的病人，不过工作量也许可以减轻一点。他保证会有便衣人员随时留意我们，我们的公寓也会有人把守。

　　我没提几周前我收到匿名信的事。我没辩称阿朱是被一颗子弹直接射中后脑勺死的，多亏内人机警我才侥幸逃过一劫。我对他苦笑了一下，他对我露出友善的笑容。我们俩都明白：我们被一个官僚体系统治，真理永远由上层颁布到下层。不过我下定决心：万一横死，我要尽量避免露出阿朱那种狞笑。你听来大概会觉得愚蠢吧；我躺在医院床上，一直在演练自己万一被子弹打碎脑壳时脸上该露出什么样的笑容。我发觉很难做到，不禁猛眨眼睛。既然我差一点和死神相会，而且两次遇险，我必须对可能发生的事情有点准备。

　　神经战没有带来进一步的死伤。一个星期内公共租界和法租界抓到二十个可疑的共产党和"左"派，交给蒋介石的江苏高等法院，其中包括狄思威路女青年会的一个十七岁少女。我们不知道他们最后遭到什么下场。一般人都相信杜先生在幕后主持这件事。他曾表示，如果对方不停止攻击他的组织，还会有更多人被捕。他没有这么大的权威，可是他身为地下市长，势力大，影响力也大。他的话具有预期的效力。我觉得大多数神秘案件和两度谋刺我们的事都是自称"左"派分子的人在"青帮"异议分子协助下干的。杜先生一方面保证要惩罚向他挑衅的外人，一方面加强内部的纪律，果然有效。天气渐凉，白昼渐短，上海似乎恢复了原有的平静。

难以解决的纠葛使我非常难过。我想脱离党，可是我不希望以前的朋友、同志和那些跟我一样只是从学术及理想主义观点热衷于马克思主义的人，被当做坏蛋，遭到拘捕和惩罚。

麦琪路的枪击事件对我和蒲艾龄的关系有良好的影响，我觉得很高兴。她确实救了我一命。假如我还没娶她，这时候一定会向她求婚。不管她是不是处女，有没有当过娼妇，一辈子有过多少个男人，现在都无关紧要了。枪击事件扫除了一切缺点。枪手射出那一发子弹的时候，蒲艾龄和赵克明一起再生了，我们的境遇比世上别的夫妻伟大。我真想对我妈提起她美丽无瑕的新媳妇。要不是怕我妈立刻到上海来见她，使问题更复杂，我真是会这么做呢。

我们回到海格路公寓的下午，因为头几天睡眠时间不定，蒲艾龄还在睡午觉。我看她呼吸很安详，喜悦和骄傲在心头汹涌。后来她醒了，问我说："嘿，赵克明，你为什么这样看我？"

"我正在欣赏你呀。"我立刻答道。

她说："嘘。"她的语气非常坚定，我知道她已经完全康复了。可是她接着说，"你不接受人家本来的面目，总是靠幻想造出她的新相貌。"

我反驳说："不会吧。你不是救了我一命吗？"

"你是指对抗枪手啊。我身不由主。我对谁都会这样。你总不会眼睁睁看着一个人被坏蛋从后面偷袭吧？！"

"我以你为荣，而且很感激，忍不住更爱你。我们别争了好不好？何不再到逸园一次，今天晚上如何？"

她用手指轻轻敲着床垫说："庆祝什么？"

"庆祝我们脱险呐。既然坏蛋还会出现，不如在我们快快乐乐跳舞的时候被他们射杀，死得像罗密欧和茱丽叶。我们永远不衰老。"

蒲艾龄眼里出现一丝闪亮的光芒，可是马上就消失了，斗鸡眼再度显现。她说："赵克明，你疯了，永远这么极端。不知道是你的个性还是湖南人的通性。好死不如歹活，我见过太多烈士，我可不想死。"她打算爬起来，可是她停顿几秒钟说，"我们出游一次，已经被罚款五十元。现在有各式各样的间谍和走狗跟踪我们，你说要去逸园，我问你钱从哪儿来！"

哼，钱，钱永远是问题，而且是我的弱点。我想起杜太太给我们的结婚贺礼。距今只有十个礼拜，一定还有剩。可是我不敢提起。谈到这件事，杜先生和胡琼芳的影像浮出脑海。我正想帮蒲艾龄穿上拖鞋。一提到钱，连这个动作我也不敢做了。我看着内人伸脚去穿拖鞋。她把一根烟塞进嘴里，火柴放进睡袍口袋，将睡袍的腰带束紧，快步走向洗澡间。

29

圣诞节快到了，我送给蒲艾龄一枚玉戒，希望能取代过去三个月来她一直戴在手上的结婚戒指。她戴在右手，我对她说："艾龄，应该戴左手。"

你大概会觉得我太拘礼，太注重仪式的象征价值吧。其实我的意思正相反：我最喜欢自由表白心意，就我和蒲艾龄的关系来说，我是想诱使她挣脱传统的规范，让她看出我们的处境是多么不平凡。她身上随时带有橘皮香，我渐渐喜欢那种气味，简直有点着迷。问题是我们没有多少法子互诉心声。我们不是受过洗的基督徒，两人都不信奉任何宗教。可是我像同一代的多数中国人，置身在价值观变动的世界，只要西方礼节和习俗能帮助我们建立信仰，加强信仰，我并不反对接受。女人左手上的戒指正好符合这个观念：是一种表达的方法。

你要知道，今年冬天天气严寒。麦琪路的枪击事件发生后，我们的例行工作只暂停三天。后来的一个礼拜，有人护送我们到该去的地方。我们坐上头派来的专车或者野鸡汽车，旁边总会有秘密侦探作陪。警戒心并未放松。就算我们搭公车，仍觉得后面有杜先生派来的人保驾，衣兜中藏着装满子弹的手枪。我们住的公寓楼房经常有人监视，不过"鸡狼毫"宣称二十四小时派了人，我倒有点怀疑。十二月中我们听说胡琼芳回到她住的地方了。"青帮"和他的对手或挑战者一定有了某种协议，我们总算松了一大口气。即或如此，我还是习惯不时眨眨眼睛，料想万一我的脑袋中了刺客的子弹会是什么样子。

假如蒲艾龄相信我们生死同命，我愿尝尝在围城中结合成一体的甜蜜滋味。不过，她无法摆脱父母惨遭迫害的回忆，人家为我们安排的婚姻和随之而来的一切她也看成家族的不幸，所以每一回合的挣扎她都不够积极。有时候我怀疑她是否明白：她无论如何都是杜先生的义女，我只是娶了她才成为"青帮"的外围人力，其实可有可无。她似乎习惯反过来想。

酒精实在是最大的问题。内人酒醉的时候，会重温五年或十年前的生活，我必须参照脑中的时间表，才能确定我面对的是哪一个蒲艾龄。诸位若没有耐心，恐怕会觉得我没有必要为这么一个无可救药的病例费心思，其实我把这个病例当做挑战。内地性格之类的话就不必多说了。你说我是固执还是真心爱她并不重要。我要把蒲艾龄拉出回忆的幽径——我发誓如此，最近的发展使我的意志更坚强。

你们喜欢提出对女人的"洞穴人理论"。男人雄赳赳气昂昂，他的诱惑力来自男性强大的自信，象住洞穴的初民一样，先把女人打昏，再拖她上床。蒲艾龄跟帮派人物相处，有过不少痛苦的经验，她是不是喜欢这一套十分可疑。但是我要说，我可不喜欢。我无法抛掉自己的人格，做出不合我本性的事。对于"愈难到手愈喜欢"的那一套我也抱着相同的看法。你可以说蒲艾龄已经嫁给我，她是我的妻子，该由她来就我。我有种种优势，可以和别的女人谈情说爱，让我太太吃醋。我第二次到聂明萱的公寓，就类似这种手法。一想到那种爱可以说是欺诈和玩弄手腕得来的，我就不自在。人生的真和美都可能会荡然无存。

实际上，我最大的不满在于生活环境。蒲艾龄说我们若有机会搬到别的地方，就可以重新开始，我也有同感。到哪里去呢？谁都可以说出上海的许多优点和缺点，但上海是地平线内我们唯一有机会呆的地方，进退两难的人绝对不止我一个。这方面我们还得感谢世上有个"青帮"呢。

于是，一切又在原地打转。

玉戒指是我从皮夹拿出六元，外加参加《银行周刊》征文比赛的五元稿费买的。征文比赛的结果在十二月十九日星期五揭晓。我觉得很失望，我没得到首奖、二奖或三奖。不过落第的佳作也有五元安慰奖，立刻邮寄到作者手上。

写这篇文章的时候，我倒不敢抱得奖的希望。文中写的只是瞬间即逝的念头。我估计，一九三零年岁末，我们这一代的人会遗憾没有长期或短期影响人生的"突破性新闻"。我虽大致安于现状，却也无法永远平息内在的不安。现在报上说，蒋介石和列强废除不平等条约的谈判已经往后延。同时英国人已派一艘炮艇到南京。他们对上海的折中方案是增加工部局的中国董事人数，从三席增加到五席。英国人已经在里面占了六席，另外三席由美国人和日本人轮流分任，中国代表加两个不见得会改变市政的方向。司法方面，他们宣称中国的情况不宜废除治外法权。"越界筑路区"—— 也就是公共租界和法租界道路超过条约限制的地区，列强建议承认中国的主权，但是国民政府必须把领土租给列强使用。这些条件蒋氏觉得难以接受。政治僵局是全国不景气的缩影，我们这些年轻人没有多少工作机会，可以说是不景气造成的。外交关系困难重重，跟国内经济缠夹在一起。

我的文章大抵遵照赵朴前一阵子的引导。湖南的桐油是重要的经济农产品，外国人称它为"中国木油"或"中国核仁油"，是由网球般大小的桐油果提炼出来的，可做油漆和亮光漆的干燥剂，销路远达各国。榨油剩下的废料做成肥料饼内销。这种果实唯一的供应来源是典型的农家，他们通常在稻田外的山坡地上种个两三株桐油树。金主们放高利贷给农夫，预先买下产品。收获时节他们用独轮车载运桐油果，因为处理不小心，破损率很高。如今外国金融市场的白银价格降低，你一定以为桐油的外销量会扩大吧。其实不然，因为产量无法提高。而生产者零零落落没有组织，价格也涨不起来。

　　我的概念如下：如果能劝农夫们将人力物力凑在一起，组成生产合作社，用更大片的丘陵地种桐油，一起把稻米生产集中在下面的谷地，避免灌溉沟渠加多，也许可以大量生产，这么一来银行也会出手相助，不但融资帮忙他们作业，而且会改进他们的生产技巧。这个活动将像滚雪球一般，不断扩大，很快的土地便可以合并与分割、抵押和移转。更经济的使用土地，可使资本累积，创造工作机会。有一天我们说不定可以出口油漆，而不只是原料。这个计划若能适用于湖南的桐油生产，用在邻近各省的其他农业产品也应该有效。征文主办单位希望把银行作业和中国的前途联结在一起，这个主旨合乎征文的范围。

　　我当然知道自己文章的弱点：没有统计数字为凭，不含实地勘察报告，连一点个案研究都没有。写文章的我对这项商品的供销网和价格结构等细节一无所知。我甚至猜不出运输成本或产品与副产品之间的价格比率。每棵树的平均方英尺数略掉了，鼓励银行进入乡村的法律服务连提都没提到。这篇文章依靠两样东西：坦率的观念和无拘无束的热情。开头和结尾都是一连串的"如果"。

　　我写文章写到半夜，蒲艾龄在公寓另一边睡得正香，我发现单靠热情就可以撑下去。我的热情威力无穷，一句引出一句，一段连着一段，使文章贯穿成完整的一体。文字流畅产生了必要的说服力。信不信由你，写着写着，主旨变得叫人心服口服，连我自己都感动极了。我要告诉你一个基本的事实：在社会科学研究方面，中国内陆有如无人之境，如果我无法提出一套可靠的数据，别人也不可能。在这个无望的时代，我们必须相信未来仍有前途，因此精神洋溢最重要；我的文章便充满了那种驱力。银行家是谁？他们是技术人员，可是他们必须乐观，必须瞻望地平线那一头。我愈思索这些相关因素，愈相信拙文的积极想法可以弥补技术上的缺陷。杂志社和编辑所要寻找的就是这些。我有希望得首奖吧？

　　首奖有五十元现金，够买一枚比蒲艾龄手指上那个婚戒更重的金戒指。坦白说，公寓的生活安排不是我的意思。柴米油盐由别人供应有损我的自尊心，可是我提醒自己：没什么好难过的，我们并不完全靠杜先生的施舍度日。艾龄和我享受的舒适和福利，已经凭工作和冒险付出了代价。有一点我很惭愧：身为丈夫，我没有赚钱给内人买过结婚戒指。自从我发现自己爱上了蒲艾龄，我真想用自己劳力挣来的戒指，换掉原来的婚戒，如果可能的话，价值最好超过那一枚。

　　在前往逸园和阿朱被杀之间的日子里，我连着两个晚上写文章、誊文章，一句都没对蒲艾龄提起。从文章投入徐家汇附近的邮箱到比赛结果揭晓，我的心情轮流陷入两种极端，有时候我乐观到极点，自信首奖已如探囊取物，有时候从技术人员的客观角度再看原稿，又觉得缺点很多，冷汗直流，自觉一定惨败。即或睡在医院病床上，或者由保镖作陪坐在车上，胸中仍不免起起伏伏。由于我把比赛的成败和我们夫妻的祸福联想在一起，就不可能有折中的答案。入选为佳作，收到一张五元的支票，只算得聊胜于无，这是我始料未及的。

　　星期五的邮件带来折中的结局和安慰奖。我趁银行关门前兑现了支票，还不知道怎么办才好。星期六早上蒲艾龄到医院办事情，我正准备出门，电话铃响了。是王彬邀我去学开车。他说我们不妨到龙华，利用飞机场附近的空地。我表示要跟蒲艾龄商量，他闷哼了一声，非常失望，这一来我起了疑心。尽管他不只一次说要教我开车，但过去他最多只是含含糊糊许诺罢了，现在为什么突然要带我到郊区去练车，而我没有当场答应，他又为什么这么难过？真想不通。我对他的为人太了解了，我相信他邀我一定有条件。他遗憾的大概不是我失去学车机会，而是他自己失去某种良机。

我走到门口，电话铃又响了。对方嘀嘀咕咕发出几个音节。我应了一声"喂"，等他表明身份，没想到他竟挂断了。这个男人的声音很像前几个礼拜天我等待蒲艾龄时打来的神秘客。他上回也是这样挂断的。如果我猜得没错，他不会说上海话，甚至可能不是中国人。晚上蒲艾龄问我家里有什么事，我提到这位打电话的怪人。她似乎吓了一跳，双手僵在空中好一会儿，下巴缩到脖子上，眼睛瞪着空茫茫的前方，斗鸡眼很明显，有点不对劲。

我提到王彬的电话，她的反应才活泼了一点。她先反驳车子属于王彬的说法。"我头一次听到这种事。王彬说别克车是他的？"

我回答说："从我认识他的第一天到今天早上，他始终这么说。如果不是他的，我才觉得是新闻呢！"

"得有人向'鸡狼毫'李报告。这家伙可别弄坏了别克车。驾驶座在左边的车子我们只有这一辆！"

我没搭腔，她继续说："我不知道他搞什么鬼。告诉你，这家伙什么都赌。赛狗、轮盘、扑克牌、麻将——随你说！我想他现在搞房地产投机烫了手。新年快到了，他一定欠了一屁股债，才选中你当下一个冤大头，说什么要教你开车，还说那辆别克车是他的！"

我知道内人不喜欢王彬——没有人喜欢他——不过她可能说的太过分了一点。我辩道："他应该知道我没钱。"

蒲艾龄的眼神非常锐利："他知道才怪！那个家伙，如果他知道，他就不叫王彬了！他现在病急乱投医，向张三借钱还李四。他会把你的钱剥得一文不剩，公车票钱也好，午餐费也好，全部骗光。他会向餐厅打杂工人借钱，付小费给侍应生！"

圣诞夜蒲艾龄跟我说好一起参加勃林顿饭店附近基督教堂的烛光礼拜。这一夜的经验实在太美了：唱诗班、风琴曲、读经、唱圣歌、默祷……节目进行一个钟头，最后以蜡烛游行收尾。重点在于欢乐和希望，不长篇大论讲述你的罪、我的罪、羔羊被杀等老套，使人觉得俗虑尽消、充满颤动的新灵气。与会者中国人和白人各占一半。

我们鱼贯而出，跟牧师握手，瞥见贝蒂·透纳站在教堂前面的石头步道上。经过蒲艾龄指点，我花了一分钟才认出她来。"董贝蒂"真的变了。她脸上化了妆、衣着时髦、浅棕色的头发整整齐齐塞在帽子里，身边有个西洋男士，穿着厚厚的大衣，站得直挺挺的。她用临时想起的中文说："了不得，你们小孩子来做礼拜了！"

我住在上海半年多，渐渐了解美国人说的中文。本来只是"不寻常的"，到了他们嘴里就成了"了不得"或"不得了"了。我们不会对大人说"你们小孩子"。可是美国人说"你们小孩子"只是代表亲昵，没什么特别的意思。

我们走近以后，她向身边的护花使者介绍道："丹尼，来见见我的朋友赵先生和赵太太，宝龄替社会福利基金会工作。她和我共用医院的一间办公室。宝龄、克明，这是我的朋友丹尼斯艾斯凯。"

我们客客气气寒暄了几句。细看起来，这位艾斯凯先生年纪比透纳小姐大得多，皮革状的肌肤有不少皱纹。他脱帽打招呼的时候，露出银灰色的头发。根据我住在上海租界的经验，我听得出他说话带有英国腔。

贝蒂浑身喜气洋洋，她改用英语说："我有个很棒的消息！密西根大学已接受我入学，攻读硕士学位，由洛克菲勒中心出钱。很棒吧？"

蒲艾龄和我向她道贺。我问她密西根在什么地方。

贝蒂马上答道："就在中西部！"她发觉我还是不明白，就用中文解释说："半边的西方"，意思是"往西部的半路上"。这时候她又觉得需要进一步解释，才能把这课地理弄清楚，于是继续说："美国地图顶端，靠近加拿大的地方，有五个大湖。"她拍拍格子呢帽，代表美国顶端，并伸出五个手指代表五，然后把皮包挂在肘弯处，横伸出左手架在直举的右手上说："有两个半岛，一个这样伸出去，一个这样伸，伸入五大湖里。这两个半岛就叫密西根！"

她身子靠着英国佬，手挽着他的左手臂。艾斯凯先生跟她说话，内容却是冲着我们："贝蒂，我们别让赵先生和赵太太在冷风里逗留太久。"他开始轻触帽檐，打算说再见了。贝蒂·透纳拉着男友退后三步，脸仍向着我们，兴高采烈祝我们圣诞快乐。

我对蒲艾龄说："好活泼的少女！"我忍不住佩服西方人，尤其美国人。他们自己就像大孩子。报上说美国问题丛生，股票市场崩盘，很多企业破产，失业率高涨，今年联邦政府收支赤字达一亿八千万美元。一亿八千万美元！可是美国人的骨气和精神并没有挫伤的迹象。他们照样打棒球、看服装表演和赛车、打破航空纪录。

在他们眼中，世界是一个大操场，万事都很"了不得"。

蒲艾龄送我的圣诞礼物装在盒子里，围巾和手套配成一套，都是茶色的。我送她的玉戒指连盒子都没有，只用包装纸包一下。蒲艾龄说："真美。"她戴在右手，我说是要给她戴在左手的。

我决心避免戏剧效果，把送礼的事弄得很随便很自然。两人对坐在咖啡桌畔，彼此相隔几英尺。我将围巾戴在脖子上，双手把玩着手套，一下子戴上，一下子又脱下来，可是仍不能消除做作的感觉。我要内人戴上一枚象征夫妻关系的戒指，表面上只是应景，其实却是一种仪式。我跟她结婚将近四个月，分享过许多不平凡的经验，但从未向彼此立誓要白头偕老，诚心相待。回想起来，我甚至没向她求过婚呢。

我慢慢告诉她征文比赛的事和我过去几个月来的情感。我提到她做噩梦那天晚上，我才发觉自己爱上了她，并坦承先前我感觉麻痹，心情乱纷纷。我再念一遍她教我跳舞那夜我在野鸡汽车上朗诵过的诗。我提起麦琪路的枪击事件，还透露我怎么查出她手指的大小。问题在缺钱，我也坦白说了。接着我讲到星期六我在北四川路偶尔撞进一家店，店主劝我买玉。他说玉是传统的定情物。我承认我从皮夹里添了六元进去，不过我搬进公寓前自己大约还有这个数目的余款，所以整个戒指都是我自己买的，不是用别人的津贴买的。

我滔滔不绝解释的时候，蒲艾龄垂下了眼睛。她一向不太有耐性。我把玩着手套，她也将戒指戴上又脱下，脱下又戴上。她没看我，也没照我的意思，试戴在左手。

我停顿下来，她抬起头，倔强地说："赵克明，你用不着这样。我知道你是逼不得已才要我，我也是逼不得已才嫁你。你没有选择余地。"她对我苦笑一下，无精打采地说，"我们被套牢了。"

这个反应叫人失望，但我并不觉得意外。此时内人的气味非常诱人，声音却不好听。没什么用，我们的婚姻必须靠感情来加强，光靠身体的吸引力是行不通的。

我放下手臂，双臂交叠，靠在沙发椅背上说："不要排斥媒妁之言的婚姻，有时候也能白头偕老，看情形而定。就拿我爸爸和妈妈来说吧，婚前我妈根本不知道我爸长得什么样子，我爸也只是远远偷瞄了我妈一眼。可是我记得他们如胶似漆过了三十多年。你知道，我父亲几年前去世了。他死后不久，有一天早上我妈醒过来，眼睛还没完全睁开，就挣扎着伸手去摸热水瓶，因为父亲生病的时候，她早上醒来第一件事就是让他喝一口温水，已经养成习惯。他通常眼睁睁躺在那儿。他老是先醒，可是他宁愿等，耐心地等。我妈睡着的时候，他不想吵醒她。我刚才提的那一天，妈伸手去摸热水瓶，正要倒水，才想起我爸已经走了。她痛哭失声。你听到她的哭声，一定会替她难过，心都跟着她碎掉。可是你也许会羡慕她。她的婚姻真幸福，彼此感情这么深……"

我正要说：就算我们的婚姻不是从恋爱开始，也可以让它变成一世深情。可是蒲艾龄已经站起来，手仍拨弄着玉戒，把它当做算盘杆上的一粒珠子；而且戒指仍戴在右手指上。我看看她，发现她的眸子闪着泪光。她柔声说："赵克明，我知道你的心意。我实在配不上你。所以我才告诉王彬，你是天下最好的丈夫……"她转过头去，加上一句，"理当娶个好闺女。"

30

一九三零跨入一九三一年的星期四早晨，动荡不安的一年过去了，我真希望新年能带来更平静、更稳定的新气象。南京的国民政府为庆祝蒋介石战胜冯阎联军，史无前例宣布新年放五天假。上海的中国社会忠心耿耿执行这项命令。银行关门，我们也跟进。我要到元月六日星期二才回去上课。

蒲艾龄出门，要赶到旧市区附近的威廉生医院，临行对我说："你福气好。"周末放长假，娱乐界女人的自杀案件比平常多。可见有些人的快乐是建筑在别人的痛苦上。至少有两件案子涉及国民政府大官和上海时髦少女的风流韵事。照女方的说法，这些人答应离婚娶她们，害她们怀了身孕。可是绯闻一闹开，男人就驳斥女方的要求，指控她们不贞，说她们是妓女。无论最初为什么会惹上这段孽缘，毒药和遗书成了这些女人唯一的出路。

我讨厌内人一再接触固定模式的悲剧。整天面对这种事情只会加深她对人的不信任、对男性的偏见、对官僚体例的不满。她的努力并非真的对"福利"有贡献，只是协助"青帮"处置这些案子，讨好南京的大人物罢了。

我们的关系没有改善，但也没有恶化。她左手右手都不戴我送给她的玉戒指。庆祝新年的蛋酒曾害她醉过一两回——她捏我的脸颊，所以我知道，不过也没什么大碍。只要她不沾烈酒，通常都不会失去常态。

噢，对了，元旦那天我们到华格臬路去向杜先生和杜太太拜年。不知道为什么，杜宅总让我想起圣经中"我父家有多栋华厦"的句子。提到新年，我最怕的就是磕头。我以为我们得跟"青帮"的人一起列队到杜家，膜拜帮主，依照阶级和辈分领取酬劳。没想到杜先生手下的行政人员做了巧妙的安排。蒲艾龄和我只在屋内逗留二十分钟。他们安排好，每半个钟头接纳一批贺客。蒲艾龄和女客们去见杜太太的时候，我跟约三十位男客待在楼下。他们都穿西装，看来像专业人才和思想进步的生意人，大家三五成群，一面等杜先生下楼，一面讨论目前大家感兴趣的几个问题。有一群正在谈逸园的赛狗新节目——每只狗出现两次，一次跑五百码一次跑三百码。另外一群人正在谈南京政府的新规定。从新年开始，一切硬币、纸钞和邮票都不再印外文。他们七嘴八舌说：

"简单嘛，狗跟人一样，有些短程跑得快，有些长程跑得快，偶尔也有例外。有些狗两者都擅长，但是不多。新节目投入新的变数，比赛会更有趣。"

"对，让你有两次输掉赌金的机会。"

"我觉得这是好主意。有人一辈子住在这边，从来不肯学一个中国字。总有一天他们连五元券和十元券都分不清楚，现在该上点语文课了。"

"我不相信。英文和法文可以废止，可是阿拉伯数字怎么办？不能没有半数啊，你知道我的意思，我是指二分之一。"

"阿拉伯文的半数有什么了不起？"

"明信片上的两分半邮票不能少吧？"

不用说这些都是杜先生门徒中的"现代派"。他们看来很杰出，但是成就不足以和待会儿要来的权贵相提并论。构成"青帮"主干的"传统派"会在阴历年来。杜府已安排在不同的时间和场合接待不同的人马。

我离开客厅不到五分钟。等我回来，墙边已放好一张长桌，上面摆着一对蜡烛，铜烛台很大很大，擦得亮晶晶。桌子前面放了一张明朝式样的柚木太师椅。桌布和椅子的饰套都绣了精美的图样。我在古典戏剧中见过那种东西，从来没想到实际生活也可以运用。前面有一块红色的厚羊毛毯。李登楷和雷名登分立两旁，等杜先生坐定——"雷明顿打字机"居右，胡子仔细修过，胸口口袋露出一截褶好的手帕。"鸡狼毫"居左，身穿长袍马褂，跟杜先生差不多。

雷名登做了个手势，三位年轻人在地毯半步外排成一行，年纪最长的也不过三十出头。他们双手握拳，举到额顶，先向杜先生请安，然后右脚同时向前挪一步，左膝向下弯，整个左胫骨落入地毯内，接着屈右膝，身体完全落在原先预计的落点，也就是地毯的长方框内，两端和后面只留几吋的空间。依据观察，他们一定排练过很多次。三个人向杜先生磕了三个头，额头每次都在恰当的时间碰到地毯，分秒不差。仪式进行间，杜先生一动也不动。不管他心里想些什么，表情可是一点也看不出来。我猜这一套礼节已进行许多次，依照礼法，他是不必还礼的。等三位新门徒站起来，依次向左向右对李登楷和雷名登鞠躬，杜先生才起身跟他们三个人握了一下手。

接下来的仪式平淡无奇。他们端出蛋酒给我们喝。三十位客人轮流问候杜先生、李登楷和雷名登。这回只要抱拳举到下巴就行了。轮到我的时候，我第一次觉得这个人——说是帮主也好，说是"大耳"也好，说是我岳父也好——真的能引起我的敬畏，不只因为他此刻在自己的宫殿内，扈从云集，被各种繁文缛礼包围，他那一笑也不笑的目光真的颇能减低别人的分量。

我好几个礼拜没见到李登楷了。我向他拜年的时候，他向我介绍一位刚才磕过头的年轻人，名叫劳伦斯·严，戴一副细金边眼镜。我觉得他可能是留学回来的。从西装纽扣到皮鞋的橡胶跟——他跪在杜先生跟前的时候，我有机会观察——一切小地方都带有喝过洋水的气势，他的眼镜也不可能是国产品。蛋酒上桌时，有人不小心碰了他的手肘一下，他用英语说声"对不起"，一口英国腔。雷名登在一旁对我说他是《上海经济评论》的编辑，又跟他说我在《银行家周刊》的征文比赛中得过佳作奖。劳伦斯·严对我颔首道："幸会幸会，赵先生。"也是用英文说的。

　　面对他，我的思绪起起伏伏。我去见李登楷的第一天，他说在烛光下磕头是文盲的落伍习俗。后来我才知道，对"青帮"的人来说，感想有别于诺言，跟誓言更有天渊之别，所以随口说的话不能当真。可是，亲眼看到学术背景和外国经验这么扎实的人入会还得跪地磕头，不能例外，我感到很困扰。可见在上海连专业人才都不能得罪"地下市长"，否则事业不可能成功。雷名登和李登楷显然不勉强谁磕头。不过这回的示范很有效。你看，劳伦斯这么有实力的人都行了大礼，谁若抵制，必然会被淘汰，不赶快入会的甚至会错过占个高辈分的先机。

　　我斟酌自己的前途。娶了蒲艾龄，我的未来更不稳定。艾龄白天乖乖当义女，晚上睡觉和不留神的时候常提起错综复杂的恩怨。看李登楷和雷名登对她这么冷淡，就知道他们对这种情形不可能一无所知。雷、李二人明察秋毫，雷名登连我参加征文比赛的事都知道，我觉得很吃惊。任何线索日后都可能成为意想不到的联系网络。

　　一九三一年的日历首页刊有大使牌香烟的广告，第二页则印出一瓶轩尼诗三星白兰地的图片。今年的旧历年是二月十七日，还有六个礼拜就到了。我这才想到，训练班的课程只剩四周，结束后放三天假，接下来是长达一周的期末考。考完放个比较长的假。过年后再开学，就进入实习阶段。学员不太有机会在教室碰面，也不太可能再碰书本了。我们将到银行当出纳,算金库里的银锭,看账簿怎么记,信用状怎么拟法。我们要学习为房地产估价,批核个人贷款和动产抵押贷款。有了这个时间表,旧历年前的期末考相当重要。分数是衡量学员成绩的唯一准则,我总觉得赞助的银行会仔细考虑,否则何必考试和阅卷呢?

两个学员退出后,我的成绩在四十六位同学中暂居前十名,蒲艾龄还不知道。我暗暗希望:未来几周,我专心读书,凭用功和运气可以再升上几名。立志拿第一未免太不切实际,不过前五名应该不会太难。我很想靠自己的才干出头,不靠人事背景,所以名次对我很重要。而且我觉得,要跟蒲艾龄维持健全的关系,我必须自尊自爱。新年这几天我正好趁机复习功课。我很少出门,蒲艾龄不在家的时候,我照她的意思连电话都不接。我只希望这段不受干扰的宁静时光够我达成小小的心愿。

有一段时间外界似乎很合作,一切平平静静的。头一个礼拜什么风波都没有就过去了。唯一重要的新闻是法国元帅霞飞(Joseph Jacques Cessaire Joffre)在一月三日去世,不过只有法国社区注意这条消息。第二周又在安静中度过。可惜平静的气氛不能持久。第三周的第一天,传说宋子文在上海北站被人射杀,后来有人提出更正:宋子文逃过一劫,名叫童玉卢的秘书成了替死鬼。谣传杜先生参与密谋,我可不相信。"青帮"和国民政府的摩擦虽然存在,但不至于派刺客杀人。从背后射杀宋子文对杜先生有什么好处呢?阴谋和谣言可能是他的仇人设计的。不过这件事使大家都提高了警觉。蒲艾龄床边的电话响起时,我们再也不能不接了。我们住的公寓楼房再度有保镖看守。

次日传来毛泽东在江西大胜的消息。那一场战役其实是由一九三零年的最后三天打到新年的,但国民政府扣住新闻不发,半个月后大众才知道。原来毛泽东以四万红军对抗十万白军，先倾全力攻打蒋介石的一师军队，俘虏了师长张辉瓒将军。国民军的其他各师闻风丧胆。这条消息震惊全中国。我们上课的北京路大楼里，大家细声议论可能的结局。如果不严重，蒋氏政府不会延迟两星期才发布消息。我全心准备期末考，不晓得这件意外事变还会传来什么后续新闻。

又过了两个礼拜，一点消息都没有。二月二日星期一下午，我上课的最后一天，蒲艾龄来到我们那栋大楼。她不等下课，直接叫大楼管理员把我叫出教室。在走廊对我说："赵克明，我们回家。"她气喘吁吁宣布，"你的杜先生要你去长沙。"

我还想抗辩："不行啊，我要考试，只剩三天了。"

"别管考试了。这是急事。"

我搔搔头。内人不耐烦地说："走吧，大家都在等你。你明天一大早搭中国航空公司（CNAC）的飞机。飞机票'鸡狼毫'已经替你买好了。"

31

中国航空公司的水陆两用机看起来不像一架完整的飞机，倒像是很多各具功能的零件组合成的怪玩意儿。驾驶座和单引擎高高在上，三叶螺旋桨大胆往前伸。箱形客舱取代一般的机身，里面有六个座位。跟别的部分比起来，客舱太庞大，装配又十分简陋，似乎不合飞航安全的标准。双翼镶着铁丝和木柱，好像不知道要追随机头还是机尾才好。如果把这艘飞机的浮舟放在水上，证明它的重心准确，也许更能显现整艘飞机的优点。如今摆在陆地上，机头在起落架之间高高翘起，看起来实在很不舒服，谈不上不美观。

我们坐下以后，引擎发出很大的声音，轰隆轰隆，呼噜呼噜，里里外外眼看要解体了。座椅和扶手震动个不停。没想到飞机要起飞的时候，驾驶倒没再用力压引擎，反而放松了一点，发出一阵轻柔和谐的高音。实际起飞并不难。机翼表面震动了几下；跑道边的青草往后飘。飞机升空前滑行了一段路，什么时候离开地面我都不晓得，不知不觉已来到黄浦江上空。我们好像近在大帆船顶端，不过我看到浦东码头黑底白字的屋顶，知道我们已经飞得比我想象中要高。后来飞机又不断攀高。我瞄了一眼灰蒙蒙的上海天空，但是没看见东海。飞机已经往西走了。

以二月来说，今天暖得出奇。刚才在候机室等雾散，胡琼芳曾对蒲艾龄说：这种暖天最宜栽种水仙花。她的话可能有理。我想人的行动也必须配合外力，选择恰当的时机，才能得到最大的成果。这是另一种人生观，我常常遇到如此机缘，却想不出办法利用。

中国人口四亿五千万，有多少人搭过飞机（军机也包括在内）？可能不到两千人，我猜大约一千人左右。中国航空公司从去年九月开办民航，十二月就有一架飞机坠毁，美国飞行员送了命。现在大众对飞航还没有什么信心，我们机舱的六个位子只坐了三个人。除了我，有一位好像是富商，另一位是中年女性，穿着西式服装，打扮很优雅。我们各自靠窗看风景，显然各有各的心事。

我暗想到，我已进入航空时代，领先好几亿人。我应该往天空瞧，志在地平线另一端，尽量把握即将来临的奇遇。期末考拿高分的机会已经失去了。我不该踟蹰，应该在昨天就把它一笔勾销。情势逼得我企盼明天和后天。可是说老实话，壮志凌云是一回事，实际的心境又是一回事。基本上我是一个被俗欲束缚的人，我理想的浪漫故事从来没有在实际的情况下进行。

我们飞过真茹上空，我估计这个时候琼芳大概正带着蒲艾龄到花店去买水仙花球。刚才在候机室里，她提过霞飞路的花店。她们可能并坐在汽车后座，让王彬当司机——两个女人在一起，总是情同姐妹。不知道"白茉莉"和"月亮脸"让内人在公寓门口下车后，会发生什么事。

我担心的事情很多。

我这趟差事带刺激性。上回我偷运过黄金到上海，相当顺利，这并不表示我应该把运送金条当做我的专长或职业。毛泽东可能会扩大江西的苏维埃基地。假如他现在从地主、高利贷主和反革命分子手中没收了一百斤或两百斤的金子，那是他的事。他若需要把黄金交给周恩来或者沿海的某个人，那也是他们之间的事。我跟共产党的联系并不扎实，自娄义农叛党后，联络完全中断。不过我到华格皋路，听"鸡狼毫"简报的时候，他诚恳地说："别担心。这回你是代表杜先生。"

他对我解释说，这次要送的黄金数量非常庞大，不可能塞进一两个人的棉被或手提箱里，而且现在国民政府的宪兵队加紧控制京沪区。有时候他们会把箱子和盒子拆开来检查。水运也不安全。宋子文的税警团为了征收统一的通行税，派机动船只在各江面和港口穿梭，什么都查。所以现在的运送计划很特殊。黄金将藏在一家内地公司送交上海的大宗货品中，人用不着搭轮船。长沙那一头只对我一个人透露运输工具、货品的性质、如何领回黄金、抵达日期等资料。事实上，载货单将交给我本人。我为什么这么重要呢？没什么奥妙，传言往往比事实更有力。我是杜先生的女婿嘛。共产党内部也有人相信这一套。我在内地出现是"青帮"在上海不食言的保证。另一头也有个知道我身份的人，当时我还不知道是谁。"鸡狼毫"李登楷打开抽屉，拿出一张快照和放大镜，仔细看照片，兴奋地问我说："你认识这个人吧？"

我接过照片，不用放大镜就认出那人是古家骧。他到过"马克思主义研习团"多次，不只一次纠正我的思想路线。李登楷指出，这

　　　　　　　　　　　　　　　黄仁宇全集

个人现在担任共产党长沙支部的代主席。我既然记得他,他一定也记得我。古家骧曾要求我出面,才肯敲定这笔交易。现在你不难想象:一切黑社会组织不管彼此敌对或是友好,都会暗中接触,交换情报。"青帮"参谋长能够取得娄义农的下一任长沙共产党主席的照片,湖南党部也应该不难拿到我的照片,银行训练班的档案里就有啊。

接着"鸡狼毫"教我怎么和古家骧联络。他把钱和机票交给我,问都不问我对这件事的意见。"赵先生,你最好快一点。杜先生请你和艾龄吃晚饭。在琼芳家。"

现在我已经见过杜先生好几回了。我发觉他在一大群人面前显得很冷静,威风凛凛。可是三两个人的场合他相当亲切,尽管私下和公开都很少长篇大论,却颇能说服人。

胡琼芳家的晚宴是家常式的,但名义上的家长却未列席。排除王彬是最近常有的现象。反正也没有人会想他。

席间"白茉莉"畅谈即将来临的阴历年。杜先生不大讲话。他只开过一次口,问胡琼芳长沙的街道既然铺着粗削的花岗岩块,如果黄包车轮胎不是用抽气灌的,而是用硬块橡胶做的,那车子颠簸起来乘客怎么受得了。我没搭腔。不过我同意有大事要谈的人应该先吃吃喝喝一番。酒醉饭饱之后,谈起问题来思绪比较具体,神志也清明得多。

饭后会谈只有杜先生和我两个人,连胡琼芳都没有参加。两人关在楼上的小房间,使我们比先前更亲密。很少人能这样获得杜先生全心的注意,哪怕只有短短的几分钟。

充满领袖气质的帮主对我说:"赵克明,侬晓得欧搭共产党不同道,不过欧搭伊拉个人无没啥深仇大恨。"

我冒冒失失说:"杜先生,欧相信侬讲格话。"我应该换个比较委婉的说法才对。我一说出口就后悔了。

杜先生好像不放在心上。他继续说:"伊拉搭欧讲,要欧代伊拉卖透黄金办两桩事体:第一,伊拉准备拿整个组织—— 所有男女同志——通通撤到江西去投效毛泽东。格个欧无没问题。保证不干涉。"

"是的，杜先生。"

"第二，伊拉想在上海买药品。格一桩欧也勿能反对，只要符合人道目标，欧无没道理阻难。"

我说："杜先生，侬已经证明侬戛慷慨。"

我相信他一定喜欢我的恭维。可是他没什么表示，继续谈正经事："欧问侬：侬阿晓得格眼黄金值多少铜钿？"

"李——李先生讲靠近百万洋钱。算得少一点，也有五、六十万，不会低过格个数目。"

杜先生说："明白了伐？格只是小数目。不管是五十几万元还是六十万，都没啥好兴奋的。讲起钞票价值，欧兴趣弗大，懒得花格个辰光，也不会麻烦侬走格一趟。"

这可能是真话。我不增不减，只应了一句："是的，杜先生。"

杜先生把手放在大耳朵后面。他解释说："欧接受格笔交易，有两个原因：欧不希望别人家讲欧褊狭，讲欧记恨任何人。伊拉来向欧求援，欧不能拒绝。不过，还有一个原因更重要——"

"是——"

"赵克明，就算欧拒绝，伊拉还是会拿黄金运进上海。伊拉会得分一小包一小包，格搭藏个五两，格面藏个十两，会得牵连交关多人，包括阿拉的弟兄。侬清楚得很，一眼眼赚头格样传递，结果侬也抢，欧也抢，一定会得造成兄弟火并。"

这是全新的角度。我佩服他的见识，忍不住表示同感。我忘了算自己是第三次还是第四次说："是的，杜先生。"但我是自然而然说出这句话，身不由己。

他继续说："欧怕有些歹人以为有机可乘，故意挑拨阿拉弟兄格感情。"

"侬不会让格样事体发生。"我替他做了简单的结论。他所谓的"歹人"左派右派都有。在我心目中，"歹人"包括杀死阿朱和宋子文秘书的人、写匿名信给我的人、把蒲艾龄推倒在地及谋刺我不成的人……他们都是坏蛋。

他突然问我说："赵克明，侬搭欧打交道多久了？"

我真心答道："杜先生，欧不敢厚着面子皮自家讲搭侬打过交道。欧头一次见侬，是去年四月在'铁罗汉'格餐厅。十个月左右，靠一年了。"

"时间过的交关快，对伐？"

"确实不错，杜先生。"

"喏，赵克明，看看格个。欧要侬想一想：去年侬从上到下、从下到上、从侧面到背面见识过欧格组织。侬一定听过欧不少格事体。欧杜某人做过啥，又做过啥。基本上欧是想保护殆些底层弟兄的利益。有些人流血流汗、做牛做马几十年，甚至好几代，到今朝还在底层。伊拉从来不提出非分的要求。伊拉格志向只是保住自家分内格权利，也就是工作地盘。假使无没伊拉支持，欧绝不可能在黄浦江东岸伸出手脚，所以欧对伊拉有义务，欧一定要先站稳。阿拉不欢喜殆些歹人在上海胡搞。格哪！"

"欧完全了解。"我是真的了解。我在十六铺碰见绰号"毛王爷"的人，付出惨重的代价，已经得到教训了。"鸡狼毫"说我这一趟是代表杜先生，我渐渐明白他的意思。现在我像一个拜别王宫出国的大使，接受君王耳提面命。我想这次的口信必须传给我以前在湖南的同志。最后一刻，我突然想到，杜先生口里的"歹人"也包括发动罢工的人。

他的目光别开了一会，让我思索和消化他的话。接着他随口问道："李登楷阿有帮侬安排好出差格事体？"

"都安排好了。"

他脸上浮出罕见的笑容，用更亲密的口吻说："李登楷讲侬可能需要上一两节速成课，才能应付紧急情况。侬计划寻侬从前格武术教练来教侬。格事体办了？"

"今日下半日已经办好了。"

他是指闵行野外训练营的柔道教练。教练到华格臬路教我怎么跳火车，怎么在崎岖不平的地面落地。没什么了不得的。我们师徒在一起的时候，"鸡狼毫"说："看吧！你到闵行住两夜，也有好处。"我们在花园里练习，在草丛里落地十几回。

一切都安排好了。杜先生站起来说："好，一切都安排好了。其他格事体要侬自家做主。祝侬一路顺风。快点回来，阿拉来好好庆祝旧历年。"

飞机大致沿着长江走。长江下游弯弯曲曲，江面时宽时窄。我看过飞机追过多艘张满了帆的大帆船，心里好高兴；偶尔也会瞥见一片亮闪闪的瓦顶在悬崖树丛间若隐若现。那一定是寺庙—— 地面上的人要走到山路近处才看得见呢。农田中的灌溉沟渠很多。真的，空中鸟瞰可以加宽人的视野，培养崇高的情操。

不过我要再说一次：我是个多虑的人。这趟出差，很多方面都可能出错。几个月来，身边没有一个人提过娄义农。上回听到他的名字，他已改名苏湘仲，正主持一个国民党和军阀联合成立的反共组织。他可以设陷阱抓我。另一方面，如果我的共产党朋友以为我是杜先生的女婿，他们可能把我当人质，用来解决他们的争端。我只知道我在长沙的联络对象是古家骧—— 刚才我匆匆看过他的照片一眼。因为我有小资产阶级偏向，他在马克思研习团把我指责过好多次了。现在我必须代表"青帮"劝他别干涉上海的劳工。借着我的身份，我要从他手里接过毛泽东收到的所有黄金。有人也许会喜欢这种古怪的情势，以我扮演的角色为荣。我可宁愿待在公寓里安分守己。

公寓里，蒲艾龄似乎是另一个焦虑的来源。我还不认识她就娶她为妻，后来又不知不觉爱上她。我们的关系飘摇不定，很容易受外在压力影响，如今沟通又被迫中断。她有酗酒问题，还得应付四周每个人隐含的敌意，我想她不见得比我轻松。

杜先生带我到琼芳家的客房以前，我曾想告诉他以后我不再办这一类的事情，想专心在银行界工作，而且请他尽早卸除蒲艾龄在医院的任务，免得她对人生心灰意冷。经过三思，我觉得这样好像先谈条件才执行他的命令，有违他的忠义观念。我不如等任务完成，或者像他说的，等我们有闲情过旧历年，再来谈这些事。

飞机在南京的明故宫机场停下来，接下一个航空包裹。没有旅客上飞机。到了九江，中年妇人下去了，只剩我和另一位旅客要飞到汉口。飞机继续西行，我渐渐感觉天气的变化。太阳不见了，我们在乌云中飞翔。人在机舱里，冷气流渗进来，心里也冷了半截。气象预报说会下雨，可能是真的。飞了将近六小时，首次搭飞机的兴奋和新奇感已经烟消云散，焦虑和担忧袭上心头。慢慢接近事先说好的会面地点，我并不怕被抓，我怕找不到要找的人。我到桥边的时候，万一古家骧不在场怎么办？

32

那天晚上我来到汉口旧英租界的一家旅馆。第二天，也就是二月四日星期三早晨，我换上棉袄和球鞋，把皮鞋、天梭表、西装和大衣送进当铺，当了二十五元。这次交易是短期的，我只要多付五元利息和手续费，就可以在十天内赎回一切。我在中央邮局租了一个小邮箱。邮局办事员一转身，我就把回程机票和多余的钱放进一个写给我自己的信封里，打开邮箱的暗码锁，把信封放进去。这样汉口就变成我此行的准备站，我随时可以领回，不需要表明自己的身份。我买了一条便宜的棉被，用麻绳捆着，在武昌登上下午开往长沙的慢班火车。身边全是带着鸡笼、鸭笼的农夫，我不需要特别伪装。我跟三等车厢的乘客很能打成一片。

坐火车考验的不是勇气而是耐心。国民政府的宪兵和警察没有上车检查。可是车速慢吞吞，每站都停，简直叫人受不了。傍晚夜幕降临，寒意噬咬着手指和脚趾。我脱了鞋，只穿着袜子，把脚贴近座位下的蒸汽铁管。火车一路向南开，进出车厢的旅客说的方言也变了。说话习惯顶着上颚的湖北人换成嘴唇动得比较快、比较散漫的湖南人。湖南话不严谨，但土语词汇很丰富。夜里火车渐渐驶进我的家乡，差异更明显了，以前我搭快车从来没有注意到这一点。

谢天谢地，这回我不需要进入长沙市区。长沙市以北五哩处的新河铁路桥在夏天的战事中被炸坏，有一根桥墩还没修好。这回火车降低速度，由一道临时搭的便桥过河。地下工作人员已经把这种情形转报到上海。车速慢，又是在晚上抵达，我可以神不知鬼不觉在北岸跳车。午夜前几分钟，车子到达这个地点。我听见哨音，看见一盏灯摇来摇去。火车慢下来了。这是独一无二的良机。我只要稍一耽搁，车子马上就会开上河面。我在车尾的平台上。先咬紧牙根然后放轻松，纵身一跃，从侧面跳下火车，在空中准备好，脚一碰到地面，就要将上体向前撑。我双手抓紧棉被，免得紧急落地时头部和胸部被擦伤。

我跌倒了。微光中，我跳车的地点好像很平坦，其实是斜坡，不过那边有大型灌木和茎干挡着，我没有一路滚下去，只有几个小块瘀血和割伤。火车轰隆轰隆驶过去，我开始纵览整个地区。现在旗手走了，附近一片黑暗和寂静，静得叫人害怕。我冷得发抖，很想小便，但我心里更担心一件事：万一娄义农出其不意来到我面前，怎么办呢？说不定他已经设下陷阱来抓我，这个念头萦绕在我心头，挥之不去。

我在河岸上等了几分钟，灌木丛应该能掩盖我的形影，而且铁道上若有人出现，天空下自会显出模糊的人体外形。我正焦虑不堪的时候，有两个人沿着铁道向我走来，脚步一起一伏轻敲着铁轨的枕木。其中一位带了手电筒。他漫不经心向左右两边乱照，可见他不是常常追逐逃犯的警察——若是警察，会始终一贯的扫视灌木边缘。两个人走近了。我听其中一位说："他要是在这里，不会走远的。"另一个答道："除非他没搭这班车。"

是古家骧。我没有理由再玩捉迷藏了。我出声宣布："我在这里，我是赵克明。"又用长沙话说："赵克明在各里啰。"

渔民用鸬鹚（水老鸭）帮忙打鱼。每一只水老鸭脖子上套个圈圈。除非渔夫放松圈绳，否则水老鸭抓得到鱼却没法吞下去，鱼就不断落进桶里。可是水老鸭不肯平白干活儿。主人不时放松它的咽喉，让它吃一条小鱼，奖励勤劳的水老鸭。

古家骧和我在岸边散步。我们沿着石板路走，经过农夫身边，来到沙岸上。路上他说出他的感想："薪饷只够填饱肚子，盈余都归资本家。不管干活儿的是鸟是人都是这样！"

共产党长沙支部的代主席活动于一艘内地型帆船之上，也就是内地农夫运产品到大都市的那种船。里面没有房舱。不过货舱顶盖着一块活动竹篷。船身各处的木板都抹过桐油，表面很干净很光滑。篷盖是用剖开的竹子做的，全都抹了桐油，上了漆，一片片连接起来，弯成拱弧状，两端系在船侧，构成折篷船顶。船身相当宽，我横躺着不必卷起身子。我抵达新河桥之后，曾在黑暗中跋涉两三哩路。上了船，就这样横躺着睡了一夜。

刚到船上，古家骧端一杯米酒给我。他说："夜深了，你喝下去，睡个好觉。"确实不错，我把球鞋放在船头，没脱衣服，用棉被裹住身体，在甲板上睡得好香。早上醒来，我想起晚上我曾数度被船身摇醒，可是一翻身又睡着了。古主席、他的助手和三位船夫就在我身边不远的地方。破晓时分，我发现船停泊在湘水一条支流的岸边，离交会口不远。

冬天的空气冷得沁人，却叫人神清气爽。渔夫在四周捕鱼，附近小屋的烟囱炊烟袅袅。到处一片宁静祥和，五个月前惨烈战斗的回忆已烟消云散。船家在船尾的甲板上用小炭炉煮稀饭，古家骧建议我和他到岸上散散步，也就是说，我们有正事要谈。

我对代主席的印象和一年前大不相同。现在他理平头，穿棉衣棉裤，尽量适应乡村的环境。他必须学农民优哉游哉，船一星期走二十哩也不放在心上。古家骧显然学得很像。他谈起剥削水老鸭的渔夫，虽然用马克思主义的术语，却流露出旁观者的幽默，一点也不像共产党活跃分子。

而且他曾经是权威主义的腐儒。在他心目中，每一个名词都有它的字面意思和隐含的意思。看每一篇文章，都得分析它的革命价值，这当然跟传统语法不一样。现在他也许还保留了部分人生观，但他比以前更能应用书本上的知识。一路上，他叫我看九月交战时留在树上的弹孔。打中树顶的是没有纪律的军队，打穿树干低处的则是精兵，不仅技术优良，士气和团队合作也较佳。看到这些弹孔，不难想象战斗的场面。他继续向我说明当时的情况，我对他的想象力佩服万分。他是娄义农的死对头，军阀省长出一万银元悬赏他的脑袋。而他为人确实相当风趣。

我不相信他始终以船为家。做饭的船夫既然夹八啰唆的向他提出问题，可见得即是日常饮食之事，他们之间并没有一定的长久之安排。船上显然也没有什么书报文章，更非长居久住之征象。另一方面，船只吃水很深，可见船上载的东西相当重，这一来更增加古家骧的神秘性。

这个人获选担任非常重要的职务，决不只是因为他善于扮演农夫而已。

怕落入陷阱的心情一扫而空，我现在又怕新主席可能会劝我秘密为他服务。根据我和共产党朋友相处的经验，我决不能听他们叫我"同志"，接受他们灌输的思想，否则我不知不觉志愿做这个做那个，他们随时可以强迫我接受他们的"正确路线"。我们到达沙岸边，跟渔夫们隔着一段距离，我决定采取主动。我说："古先生，我叫你古先生，你不介意吧？"

他耸耸肩说："好的。古先生、古委员、老太婆、啄木鸟……没什么差别。"

这个答复叫人目瞪口呆，我吓了一大跳。他看我半信半疑，就说："小赵，别把我当怪物。我不会吃了你。在研习团的时候，环境不同，我们必须采取不同的姿态。我们要担心团体意识的问题。这并不表示我们天生精神不正常，一辈子喜欢谈主题咬字眼。"

我疑虑顿消。他说出这种话，我们可以不必谈唯物辩证法了。我仍尽量小心说："此行我只当信差，两头传话。"

他笑着一鞠躬，好像要对我致敬。我一直把这个人当做辩证学家，没想到他也能扮小丑。

我受到了鼓励，连忙说："你知道，派我来的人同意替你卖黄金，保证价钱公道，得款立刻交给你在上海的朋友，他不会干涉这些人撤往内地，还保证他们能拿到需要的医药补给品。"

古家骧欣然说道："好。我相信这是双方在上海讲好的条件。"可是理论家古家骧终究无法完全摆脱教条主义的立场。他补充道："双方的长程目标尽管不相合，却不妨为短期的共同利益合作。"

他的态度这么有弹性，我不难再往前一步。我说："不过有一点杜先生要声明：他努力拉拢劳工关系，你们在上海的朋友却插手破坏，他很不高兴。古先生，容我说一句公道话，杜先生那样做，实在是不得已的。"我打算以自己的经验为例，说明杜先生只是让不可行的情势变为可行。他不能不随机应变。

不过这番说明没什么必要。古主席说："这已经不成问题了。中国实业界工人很少，只出现在少数租界口岸。让他们肩负革命重任未免太不切实际。我们有些同志在这方面犯了严重的错误，自己烫了手。这是左派的脱轨！你用不着跟我说这些，小赵。你可以对你们杜先生报告，为了我们自己的利益，我们中央已决定改掉那种愚蠢行为了。"

　　我内心响起胜利的旋律。五分钟内我已做到自己打算花好几天完成的事，连争都不必争。既然一切这么顺利，过不了多久他就会把载货单交给我，我便可以启程回上海了。任务完成后，我有没有机会亲自向杜先生报告喜讯，并为蒲艾龄和我自己请命呢？想到这些，我再向古主席提出一个问题："古先生，恕我冒昧，再问一句话，你不介意吧？"

　　"当然不会。"

　　"你刚才说，一切都谈好了。那你为什么要我来呢？我并不是不喜欢来，承你热诚款待，可以坐飞机，还可以呼吸乡下新鲜的空气，对我只有好处。不过我觉得，就完全没有我的参加也同样可以功德圆满完成这笔交易。"

　　这回古家骧没有立刻回答。他一直往前走。我小跑一两步，才赶到他身边。他停下来，望着我说："你知道答案嘛，小赵。这边每个人都以为你是'大耳'的女婿。"

　　他用"以为"这两个字，表示他知道我不是。我趁机澄清："我不是。内人叫蒲艾龄，没爹没娘。你可以说她是杜先生的义女。不过父女关系并不亲切。"

　　古家骧并不惊讶，但他脸上第一次现出怀疑的神色。他说："赵克明，你还是只替自己设想。现在你为'杜大耳'工作，你发觉他必须应付不识字的黄包车夫和苦力组成的帮派。你可曾睁开眼睛看看我们的沟通问题？我们在成千上万的农民群中！他们供应我们粮食，与我们并肩作战，替我们打先锋，跟我们生死与共！"

　　　　　　　　　　　　　　　　　　　　　　　　　黄仁宇全集

我望着他，一句话都说不出来，满头雾水，不知道这跟我们翁婿间的关系有什么瓜葛。古家骧继续说："这些人想要知道：我们为什么要把艰苦赢来的战利品交给恶名昭彰的上海黑社会头子，让他得利？我们必须向他们解释：为了我们地下工作人员的安全，这是最明智的办法。接下来他们会问：我们怎么保证杜某某会守信呢？我们只能说：那个人历来靠公众形象立足，他大庭广众之下一言既出，决不会收回。他已经派他的女婿到这儿来当联络人。你注意到今天早晨我派出去的两个船夫的反应没有？"

"没有，我没注意。"我说。

古主席没有明说，却以动作建议再往前走，只是步伐比刚才慢些。我陪他在沙地上吃力地前进。他继续说："他们很满意：他们已经偷听到我们随口说的话。现在他们正在村子里传播消息呢。赵克明，你要知道，我不在乎你娶的是那人的大女儿还是他的幼妹、尊夫人是他的义女还是姑姑或表妹，与我们也毫不相干。重要的是人人都说他派了女婿来，这一道传闻已经成了事实。有了这样一般的昭告天下，我们也不怕他不守信了。这一来，我们的党也因此而更得民心。"

这时候几个渔民大声欢呼。有一个人用渔网抓到一条大鲤鱼。古主席不再讲话，往那个方向看，我趁机弯下身子，取出鞋里的一粒小石头，并把另一只鞋的鞋带系好。

下午我们溯溪到湘水中间停泊的"民生号"边。头一天古家骧已经叫人把一百三十坛桐油搬上船，准备交给上海的一家"南沪公司"。收件地址叫我哑然失笑，原来是我们那栋公寓楼房的地址。不过后来才发现其中十二个坛子有裂缝或者会漏，古主席和船长说好要收回破坛子，在二十四小时补齐，所以载货单不必改。我要略微说明一下：那些容器是为内陆运输桐油特别制造的，以陶土做成，中间的直径大约两尺半，重量轻，好拿，但相当容易破损。每只外面都裹着草绳网，苦力用扁担一次挑两个。平常都在河岸交货，运到海港都市，再把桐油倒出来加工：油坛子可以退回，重复使用。因为瓦坛子太容易破，"民生号"船长说，运家不妨自己雇人手装货。这一串安排完成了走私运黄金的计谋，又直待到我这位青帮驸马登场眼见，才在最后关头发货。

我跟他们到货舱，弄清楚财货藏在什么地方。古主席思虑周全，我不得不佩服他。十二个坛子破损换过，其中五个藏有黄金。油坛子昨夜一直放在小船底，我还在上面的船板上睡了一夜，居然一点感觉都没有。黄金这么重，要不是处理非常小心，油坛子一定会破裂。小船在轮船边停好之后，古家骧叫四名手下分成两组，把坛子放在一块木板上，轮流搬上大船。四只手托着木板的四角，四只脚步调划一，不但要走路，还要爬上大船边的钢扶梯，然后爬下里面的舱门梯，进入货舱里。古主席亲自指挥。轮船再过几个钟头就要开了，三副有别的事要忙，没有注意我们。

装有黄金的油坛子并没有做记号，但我自信不难找出是哪几个。

坛子高两英尺多，在货舱中十个十个排成一列，摆在可以挪动的下甲板。每一行每一列之间都有绳子和竹篾隔开，以免滑动和碰撞。我只要记住地板上油坛子的排列队形，自然可以找到特殊的五个坛子：其位置分别在第三列第一个、第四列倒数第二个、第五列第三个、第六列第一个、第八列第二个。有四个靠近远处那一端的走道，从那边伸手可及，有一个靠近这一头。排列位置相对代表"一九三一：二"，就是现在的年份和月份，我不用写就记得。上海收货的一方，必须事先缴好过港税，准备在货品送进仓库前赶快带走油坛子。在杜先生的势力范围内，这应该不成问题。除非有人告密，黄金被国民政府发觉的可能性微乎其微。就算他们打开一只油坛子，看到浓稠稠的棕色桐油，也不会进一步查下去。货舱主管代表船长签署载货单的时候，我们回到小舟上。听说大船再过不到两个钟头就要起锚了。

●油坛子排列图

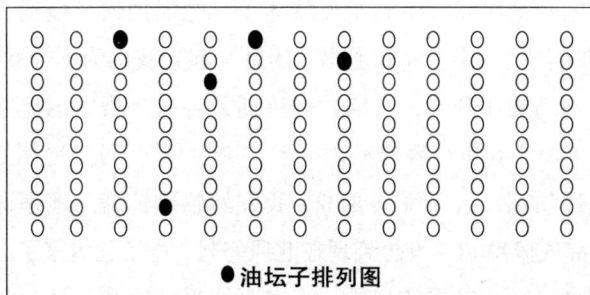

上了小船的甲板，古主席说："这艘'民生号'的引擎很有力，常用来溯航长江三峡。现在顺流而下，五天后就可以到上海。那应该是—— 我看看—— 二月十日礼拜二。你最好快一点。我们送你到桃山火车站附近，你应该来得及搭北上的火车。"

我说："好极了！"眼睛望着遥远的岳麓山，心中百感交集。

33

二月五日星期四傍晚，我在桃山车站搭火车离开，觉得这一趟出差很成功。想到我的整个工作都靠杜先生女婿的身份来执行，我有点不安，但我明白现在人人都得略微虚张声势。连杜先生也不得不勉为其难承认是我的岳父吧。不管翁婿关系是真是假，现在我既然拿到载货单，任务已经完成了。我在六点差几分上了火车。这回搭的还是慢车，明天将抵达武昌。看来再过二十四小时我就可以到上海跟蒲艾龄见面了。

可是我有个奇怪的预感,总觉得好运不会那么长久。我猜得没错。火车头呼噜呼噜出发,不到半夜就坏了,勉强把列车拖到一个荒凉小站,撇在侧轨上,乘客才知道出了问题。起先我以为不会耽搁太久。反正星期六邮局还开着,星期六和星期天各有一班中国航空公司的飞机前往上海。我可以轻轻松松赶上"民生号"。可是星期五早上北行的快车过站不停,天气又变了,我开始感到惊慌。地理课本说长江流域中部气候温和,没想到现在北风怒号,竟下起雪来了。气温极低,火车窗户结着厚厚的白霜。人在车厢里,面孔、耳朵和双手像要瘀血和发炎,疼得要命。夜里小孩子一个一个叫冷叫饿,想睡觉都不可能。我到车站办公室查询好几次。起先办事员用乐观的口气说:"快了。"问了两次以后,答案变得比较实在:"只有老天爷知道。"深夜再去,我发现办公室的门拴起来了,里面一片漆黑。有个同车的乘客说电报线被强风吹坏,没有信号,火车不能走。幸亏附近的村民有生意头脑,趁机卖花生和茶盐蛋给旅客——在这种情况下,价钱贵一点也是应该的。

星期六铁路线通了,先让长沙和武昌间的快车通行。我看到快车一辆一辆过去,无计可施。等到我们的列车换了车头,又即开即停的北上,到武昌已是星期日夜半时分。天明之后我过江到汉口,已是星期一上午。中国航空公司星期一没有班机。不过我仍有一天的闲暇,可以从容换上西式服装,拿到机票和钱,搭二月十日星期二的飞机。我脑中已记下"民生号"的时间表。古家骧估计"民生号"星期二到上海,是依据最有利的情况。其实冬天江水的流速比较慢。星期五晚上和星期六早晨,轮船在湘水也可能碰到凛冽的北风,未必能全速航行。一波耽误定会造成连锁反应,在下游的停靠港口连连耽搁。我自我安慰道,"船就算星期二能到上海,也不可能在傍晚六点以前赶到。"我进一步提醒自己,我至少可以早两个钟头降落在龙华机场,虽然时间紧迫,还是可以掌握先机。晚上我出去看了一场国语电影，想轻松一下。但松弛的目标没有达成，我心里仍挂念着桐油坛子里的黄金。我对自己说：老天爷不会这样捉弄我吧。虽然置身在最不可思议的处境，我仍不该先绝望。只要回到上海，就可以找到帮手。既然我到过"民生号"的货舱，见过货运主管和三副，必要时可以亲自上船，阻拦桐油坛子卸货，等杜先生的部下拿木托盘来再说。

星期二早晨，我到中国航空公司的办公室，第一次觉得情况危急。要载我们到机场的汽车引擎一直开着。我和另一位乘客正要跳上后座，飞机场突然打了一通电话到航空公司办公室，劝我们晚一点出发。暴风雪已经向东移。头一天晚上南京上海地区下大雪，现在发展成冰雨。长江下三角洲能见度等于零。十点半我担心的事情发生了：他们证实两地飞机场关闭，当天的班机全部取消。我再乐观，也不敢奢望自己迟一两天到上海不造成严重损害吧。坏消息也许还在后头，谁也不敢保证明天会放晴。

古家骧把黄金放在桐油坛子里，计划订得很巧妙，可以预防第三者拦截。我佩服之余，没有料到其中的危险。此刻我恨不得捶胸脯，怪自己不在"民生号"上订个舱房，跟着船走。他们给了我回程机票，我认定坐飞机比较安全、比较快、比较舒服、效率比较高，可以有更多时间在地面作准备。现在我跟船货分开了。载货单有什么用呢？一点用都没有。明天或后天载着黄金的轮船将停靠在浦东的黄浦江岸。我在银行训练班学过，这种事叫做"延时停泊"。我知道这些定时客货轮的运作方法。船一进港，货舱和客舱都必须清干净，尤其货舱的架子更要让出来，供下一趟船使用。每一个空间都已定好用途。所以那些油坛子尽快送到码头仓库—— 我想一定是用扁担挑—— 照常例运走。金重坛轻，半路上可能会有一个坛子倒地或裂开，油溅出来，黄金散落在木板和船只的钢板上。一定有人去报案，展开调查，宋子文就会知道这件事。他们说不定会报告蒋介石本人。迟早杜先生将受到连累。他们用心查,最后很可能会追到古家骧身上,因为"民生号"有好几位高级船员看到他在湘水指挥一艘小船。简言之,因为赵克明笨头笨脑,人人都要遭殃。首脑后面有很多民众和门徒,猜忌将会扩大,最后各门各业全部受到影响。

我可以说情势远非我所能控制。现在碰巧遇到三十年来最严重的暴风雨,该怪谁呢?身为斡旋者,我已尽了力,忠心耿耿听从双方的指示。我已经到过我该去的地方,搭过我该搭的车船和飞机。我忍受过饥、寒、恐惧、焦虑和悬而未决的滋味。可是这时候叫苦也好,邀功也好,都改变不了任务失败的事实,而且这次失败可能会出人命的,一切都完了,我苦心栽培的夫妻情感也会落空。

我走到一家饭馆,虽然不饿,还是叫了一碗猪肝和腰子汤下饭吃。我希望吃饱之后,精神可以恢复平衡。当我发现自己正不知不觉啃咬汤匙底部,我下定了决心:不能再畏畏缩缩,坐立不安了。我必须回头采取更积极的行动,否则永远改变不了命运的走向,还会拖着别人一起毁灭,一起受罪。我至少可以打长途电话到上海呀。

电话总局在福安路。打电话到上海要两块钱,在出纳窗口支付,办事员会带顾客到一栋大楼的电话亭去。无论电话接通没有,都不退费。这不成问题。问题是我跟上海并没有说好要用电话联络。因为没料到短短的一趟出差弄得这么复杂,我根本不懂怎么拍发简单的电报。为了提醒那头注意坛子里的黄金,我只得用普通的言辞来说明。

我当然知道,大众使用的长途电话是南京政府交通部提供的,一切出纳员和接线生都领政府的薪水。他们可以决定用无线电或有线电接连两端,不必跟顾客商量。前往电话局途中,我两次停下脚步,迟迟没进去。万一"民生号"到上海途中耽搁了,中国航空公司的班机明天准时起飞,岂不是多此一举?我用电话明语通知上海的朋友或"青帮"人物,宋子文和税警队不是也会察觉这件政治意义大于金钱价值的走私案吗?寒风中,我几度自言自语。我喃喃地说:"真

—— 真是—— 进—— 退—— 两难。"

第三次，我终于走进电话局。我算了又算，觉得不采取行动比冒冒失失更危险。"民生号"很可能比我先到上海。黄金被发现的可能性百分之百，而使用公共电话的危险仍是未知数；可能会惊动国民政府的侦探，也可能不会。我想他们的效率不见得那么高，不见得能查到每一个线索。而且我的电话是打到海格路的公寓，不是打到华格臬路的杜寓。一旦蒲艾龄来接电话，我可以假装是家人通话，把黄金和桐油的消息藏在寒暄问候之中。内人也许有很多缺点，但她并不笨。她可以把话传给琼芳，再由琼芳转告"鸡狼毫"。

接线生替我接到公寓两次。我在空中两度听到六百哩外蒲艾龄床边的电话响起。静电干扰听来像压力锅的哔剥声。接线生一次持续拨号十五秒，然后切断。她说："先生，对方没搭腔？"我知道这个时间蒲艾龄常常不在公寓，电话没人接。可是今天下午我很急躁，电话没接通，我觉得不是好兆头。我走出电话局，在街角的铺子喝了一杯茶，心情才好转一点。天空开始放晴，温度倒降低了。冷风吹着我的耳垂和指节，寒入骨髓。鞋子里面湿湿的，脚指头和脚跟很不舒服。我回到电话局，决定再打一次电话到公寓。如果还没有人接，我就试打到胡琼芳家，再不成，就找"鸡狼毫"。现在情况危急，总得想办法告诉上海的人那批船货的事。

这回电话接通了。没想到蒲艾龄床边的电话竟是一个男人接的。我过了好几秒钟才认出说话的是王彬。他在公寓里干什么？我一时不知道是怀疑，是好奇，还是生气，竟呛得说不出话来。我用力喘气。"宝龄呢？"我对着话筒吼道。

"渡⋯⋯ 海⋯⋯ 走了⋯⋯ 我看⋯⋯"

他说话断断续续。静电的声音使得通话像电缆桥在旋风中上下摇晃。

我觉得我不能对公寓里的王彬发火。把消息传过去最重要，而时间紧急，再下去就没有机会了。万一通讯被截断，想说也来不及了。我必须把原来要跟内人说的甜言蜜语抛到脑后，赶快将警讯传过去，其他的事以后再说。我大吼道："你听得见我说话吧？"我立刻发觉这样也不行。我屏住气息，把话筒举在离唇边两英寸的地方，一字一句清清楚楚地说："王彬，我要你仔细听。你听得清楚吧？"

听筒里传出哔哔剥剥的声音。王彬用苏州腔说："……我听——到过了……"我舒了一口气。我在学校话剧社吟诗和演戏的经验现在派上了用场。我说："告诉李登楷，货在'民生号'轮船上，再说一遍，轮船'民生号'……别插嘴，听好……轮船'民生号'今天下午或明天早上到。你听清楚了吗？现在说话，说你听见了，货在轮船'民生号'上。"

"我重复三次，杂音里才传来王彬的声音，哇……哇，哇……'民生'……哇哇……；哇哇……明天，啊哇。"我静下来的时候，听见前面有个非常清楚的女声："上海，你别挂断，喏，汉口，接进来。"一定是中间的接线生。

握着话筒的手不再发抖。我继续说："油坛子在二号舱，请说一遍，在二号舱，油坛子很薄，是陶土做的，容易破。一共一百三十个，每个都得小心拿。告诉我，你有没有听见油坛子在二号舱。要小心拿。请说一遍，要小心拿。"

我不知道这些话传过去多少。我说话的时候，听筒里的静电声筒直像放鞭炮。我不记得反复念了多少次，也听不清王彬的回答——他的声音不但常常被哔剥声打断，而且调子软软的，活像发自一页两头拉着、中间不断震动的纸张。实在太吃力了。电话挂断后，我舒了一口气。不管有没有效，我只能做到这个地步。我自觉五脏六腑都已掏出来，塞进话筒里了。电话费一共十九元二角，我并不吃惊。后来证实电话内容已用有线电传到九江，然后通过无线电传到上海。出纳员对我解释说，通到沿海的电话线被暴风雪弄坏了。

回到旅馆房间，我用自己的棉被盖头，用旅社给我的棉被裹住身子。想到王彬在公寓，我觉得不安；但我知道蒲艾龄很讨厌王彬。接着我想起上次"鸡狼毫"和王彬执行杜先生一个简单的命令，居然犯了大错，把"银行"听成"闵行"。现在我从六百哩外用无线电话传送一条非常非常重要的情报，指望他们采取行动。成功的机会又有多少呢？

我一再安慰自己，国民政府的税警团应该不妨事。他们由官僚体系管理。既然我听不清无线电话，他们也不见得能听懂。我相信他们没有耐心仔细听。不过本地宪兵非比等闲。如果电讯单位的人去告密，他们可能到旅馆来找我。只要我传送的讯息勾起他们的疑虑，他们会带我到宪兵队去问话。当然啦，我有载货单证明是合法生意。怕的是他们连看都懒得看一眼，一开始就严刑拷打。

我用棉被盖头，逐渐陷入无底的黑暗和烟蒙蒙的气味里。身体倒下，精神也变得很虚弱。此行我第一次感到失败已成定局。就算这一回合逃过了，以后我还会被派到自己不想去的地方，代表自己不赞同的非法目标，总有一天我会为自己根本无意犯的罪被捕。现在我又累又泄气，经不起刑罚。万一宪兵逮捕我，我不如承认自己是共产党，让他们尽快枪毙我算了。

实际上倒没有警察或宪兵来敲我的房门。傍晚我迷迷糊糊睡去。我梦见蒲艾龄和古家骧用斗鸡眼对望。后来王彬也来参加。接着杜先生也出现了。他带我和古家骧到一个怪地方，那边桐油坛子像输送带上的产品，一列列滑过来。杜先生命令我用一根大锤把坛子逐一敲破。可是手上的铁锤变得软弱无力，像抹布似的，滑溜溜扫过坛子表面。每一个坛子都毫发无伤。杜先生说："应当格样。"他抢过我手上的大锤，用力敲每一个油坛子，就这样匆匆砸了十个左右。可是里面并没有碎黄金。桐油喷出来，随着迸出石头和碎砖块。杜先生生气了。他放古家骧走，要我负责。他对我吼道："赵克明，侬格个歹人，侬格个瘪三，格勿是黄金！"

我醒过来，全身出冷汗，气喘吁吁。

几分钟后，我又睡着了。深夜我梦见我妈立在岳麓山前。我抗辩说："妈，我不能来看你，你应该明白。我一来，他们就会抓你。最近我做了好多要不得的事，不能一一向你说明。问你儿媳妇好了。她会一五一十说给你听。你不明白的。"

34

第二天，也就是二月十一日星期三，我抵达上海。那天天气非常冷。我从飞机窗口看到白雪覆盖着下面的山峰和河岸。飞机驶进阳光里的时候，还有几片雪花懒洋洋飘着。不过飞机按时起飞，还比预定时间早几分钟降落。我庆幸自己没有病倒。王彬和胡琼芳到龙华机场来接我。我十万火急地说："带我到华格桌路。"他们俩一路没说话，谁也不提黄金、长途电话或蒲艾龄的事。我们上车后，胡琼芳说："赵克明，走完这一遭，你已经从幼稚的小伙子变成负责任的男子汉了。你回来精神挺好，我也高兴。"

现在我对事情有了概略的印象。既然他们没提黄金和油坛子，我敢说船货还平安；轮船可能还没到上海。不过我没想到他们来接我，蒲艾龄竟没有来，而他们也不解释半句。她一定出事了。否则我从汉口打电话回来的时候，王彬不会在公寓里。她不是住院就是出走了。后者的可能性更高。

两件事我都猜对了。"鸡狼毫"李登楷告诉我，星期一晚上和星期二早晨大风雪来袭。长江下游的船只大部分在江阴山峡避风，天气放晴后，几艘轮船急忙往外驶，结果发生互撞，有两艘船坏了，有一艘搁浅在沙洲上。"民生号"靠近船列尾端，足足慢了二十四小时。

"鸡狼毫"劝我好好休息。载货单留在他桌上,自会有人去缴过港税,找船公司办妥未完成的手续。明天一大早"民生号"会停在浦东区的戴生昌码头,我必须准备去接船。只有我知道哪些油坛子藏有黄金,所以我非去不可。我相信"鸡狼毫"已预先收到通知,晓得这艘船的油坛子里有黄金。如果现在才听我说起,他不会事事这么有把握。电话机传来的消息不清不楚,又由笨嘴笨舌的王彬传话,不见得有如此之效果。

回公寓的路上,我假装漫不经心问道:"宝龄呢?"

琼芳坚定地说:"她去度假。赵克明,听好,现在你是成熟的青年了。希望你不要小题大做。她的东西留在公寓里,我待会儿再过来收拾。你已经听到'鸡狼毫'的话了,你要准备明天到浦东去办正事。我去告诉杜先生,一切都没问题。现在他正在康士坦俱乐部开会。"

到了公寓大楼前面,他们让我下车。我不必担心没钥匙进不了门。王妈还在,她来开门。桌上的花钵和花瓶都收起来了。一个大木箱留在客厅中央。壁炉板上有一个信封,注明是给我的。我拆开来,短笺内容如下:

谢谢你,克明,你是一个非常体贴的人。可是这枚戒指应当留给比我忠心的人,我希望你交好运。

蒲艾龄

这枚玉戒我本来有意当做结婚戒指,没想到她不屑一顾。我将它留在壁炉板上,脱下她给我的手表,并排放在一起。接着我退到公寓另一端。公寓隔成两套单身住宅,实在很恰当。如果当初结婚没举行婚礼,现在不办离婚手续,婚姻自然消失,岂不更快更简单!

那几个钟头我想得很多。我曾经溜到蒲艾龄房间。她大部分的衣物和用品都还在。床头几的抽屉有卫生纸、两包卫生棉、安眠药和琼芳遍寻不着的东西——一个威士忌酒瓶，里面的酒还剩四分之一左右。我真想服两粒安眠药，用烈酒灌下去，倒头就睡，抹去心头的痛楚。我的手指已经去掀瓶盖了，但理智命令我放下酒瓶。明天还有正事未了呢。我走回自己房间，从药橱里拿出两片阿司匹林，用清水吞下去，然后在客厅地毯上做体操，额头和胸部出了好多汗。我洗个热水澡，吃王妈替我煮的饭菜，打了两次喷嚏。不过我知道感冒可能被我赶跑了。我额头可能有点烧，但我决不会病倒。明天我一定会在戴生昌码头露面。

当然我心里一直想着蒲艾龄。这毕竟是她的公寓。账单上有"蒲艾龄"的名字，从窗帘到墙上的画，样样都带着她个人的色彩。公寓里随时可以闻出她的气味——化妆品和体味融合在一起，别人也许闻不出来，我却可以辨认。我闭上眼睛，仿佛看见相处五个月的妻子夜里赤足在地毯上行走，脆声跟我说话。这些都会继续萦绕在我心头，我不知道该怎么填补感情的真空。人家一定会问起赵太太到哪里去了，我不知该怎么回答。她不告而别将是永远无法治愈的伤痛。

从另一方面来说，我们分手虽然剧烈，却一点也不意外。夫妻相处，从来没有机会好好发展彼此的感情。我们的婚姻始于政治安排，也终于政治安排。不幸我发现了她早年身世的秘密。我真希望是我救她一命，不是她救我。基于感激和同情，我对她情深款款，她并不认为是爱情。不过什么叫爱情呢？我开始怀疑了。在正常生活中，人人站在平等的立足点上，个别的诱因多多少少可以预料，也许会发生爱情，在这个样样颠三倒四的乱世，爱情不大可能发生。

最后一趟出差不但证实了我原先的想法，也加宽了我的视野。这是空中旅行的好处。极短的时间就可以看见相隔千万里的两处迥异景观，可以当做史书同一段落的两个句子：彼此相连，描述的事件却相隔几百年。前一阵子赵朴说过：外国人统治的商业中心——

上海—— 与广大的内地绝不可能和平统合为一体。我们这种两头跑的人，很难过常态的生活，我们的人生往往难以预料。

我坐在客室的茶几旁，两脚架在上面—— 圣诞节蒲艾龄说我们被套牢的时候，我也是这个样子。那是四十九天前的事，只差一天就满五十天。现在她已经解套，从我生命中消失了。我移动双足，发现一件早先没注意到的事。花钵已收起来，茶几上有一盘白色的鹅卵石—— 她捡石头，一定是要种水仙。她和琼芳到机场送我的时候，谈到过水仙花球。那是二月三日星期二，距今只有八天。我不禁想道：我若不出差，蒲艾龄会不会留下来呢？

不过我头脑清楚得很。我连忙告诉自己，她跟我的关系不是被任何事件破坏，是因为有名无实才破裂的。我无法供应她要的东西。我没有能力迁居到别的都市，我没有办法摆脱她所愤恨的养父的阴影；我不会耍手腕，插足而成为李登楷想并吞的那些钱庄的股东或合伙人。蒲艾龄决心离弃我，可能是一时冲动；但分离的种子早就种下了。

趁着伤口还疼得厉害，我不妨利用这个机会，彻底自我检讨。从小家人就教我要付出工作才有收获，所以我随时准备善意待人，比本分多付出一些，以便别人肯投桃报李。有时候别人先对我付出，我也会对他们感到抱歉。简单的互惠原则在一百年前或者五十年前可能会产生效果，现在却已过时了。不管我走到哪里，人家都说我的性格是湖南骡子脾气，有时候很难说是恭维还是责骂。

想到湖南，又勾起新的不安。我思念蒲艾龄，竟没想到一件大事：我去长沙，不但代表杜先生，而且是以女婿的身份去的。共产党在这种体认下把黄金交给我。现在我已被妻子遗弃，成了王老五，"青帮"还肯不肯兑现诺言！共产党对我们的协议是不是还有信心？谁知道这件事是否从头到尾是预谋？我开始怀疑：事态未明之前，我明天该不该照原定计划到戴生昌码头？

我正要打电话给"鸡狼毫"，请他晚间见面讨论这件事，胡琼芳意外来到公寓。她叫我不要担心家用账的问题，只要照旧把账单放在藤篮里，她以后会处理。王妈那边的小额现金我也不用管，自有人会跟她算。她承认蒲艾龄这时候走确实带来一个"技术问题"，杜先生清楚得很。所以他已经跟我的"前妻"说好，三十天内不准再嫁，三十天后我们的婚姻自会失去法律效力。为了怕人怀疑他对黄金交易没有诚意，他准备明天晚上预付一笔钱给上海共产党地下组织，数目多达二十万元。不过黄金若没收到，他可不付钱。他倒不是对钱斤斤计较，是怕万一受骗，一辈子会成为大众的笑柄。

　　我问她："现在蒲艾龄呢？"

　　"在马尼拉。"

　　"是不是跟一个菲律宾爵士乐手在一起？"

　　"赵克明，你怎么知道？"

　　"我想他打过几次电话给蒲艾龄。我接电话，他就挂断了。"

　　"看，你早就知道了。那你为什么带她到逸园舞厅？我告诉过你，杜先生会不高兴的！"

　　"是她的主意。反正她和我不对头。其实她对这边每一个人都不大对头。"

　　琼芳坐下来。她用罕见的关怀语气问我说："你还关心她，对不对？"

　　"可以说是。你一定看到那枚玉戒指了吧。"我指指壁炉架，没有特别提字条——她想必读过了。然后我又说，"我以为两个人在同一间公寓里共同生活五个月，一定会日久生情。把对方当破袜子或烂纸头丢掉，应该没那么容易。"

　　"赵克明，对不起，都怪我撮合你们俩。我没想到你这么认真。可是你说过，她决定离开上海。最近杜先生对她很头疼。所以说，她走了并不表示你不好或者你不行。"

我没搭腔，她继续说："现在想她的不只你一个。杜太太也很难过。我们只得告诉她，蒲艾龄现在过得很好。"

"跟吕宋笛手私奔，还会过得好？"我克制不住满腔的轻蔑和敌意。

琼芳解释说："他有一半或四分之一中国血统。中国人在南洋各国都受到歧视，只有在菲律宾能跟当地人打成一片。蒲艾龄说，她肤色黑，更容易跟他们来往。那个男人家里很有钱。他喜欢爵士乐，所以自愿当乐手。"

我在心里暗骂道，原来是个吕宋白相人。琼芳还以为我听到这些会感到安慰。她没想到我自尊心受伤。

我们都被套牢了，大部分男人陷在本人观念的牢笼中，女人则被自己的肉体所困禁。

八点到九点之间，我打了十五分钟左右的瞌睡。后来突然惊醒，口水从嘴角淌下来，内心不觉感到一股莫名的悲哀。我用力摇头，才确定今夕何夕，我身在什么地方。以前从来没出过这种事。

现在是一九三一年二月十一日星期三晚上，我孤零零在上海法租界海格路二三二号 B 楼的 F 公寓里。外面飘着雪花。客厅里只开着壁炉架上的一盏小灯，光线暗蒙蒙的。壁炉照例没有人动。可是整栋大楼的暖气太强了，叫人口干舌燥，鼻膜也很不舒服。

这个日子有两项特别的意义。距离阴历年只剩六天了，传统生意人解决账目的最后期限就在这几天。而我们银行训练班的期末考今天是最后一天。飞机在龙华机场降落的时候，他们一定正好考完。长沙之行影响太大了！虽然只去九天，可是我完全失去了公开竞争、在职业上出人头地的机会！不过，既然家里的女眷出走，养家活口的工作不再那么重要。我甚至不太想跟杜先生交往下去。

我没经过大脑，下意识从盘中捡起一些鹅卵石，在茶几上排出"宝龄"的英文字母（PAULINE）。不过我排完 U 后，又改变主意，把石头放回去。我还没决定要不要上床睡觉，忽然发觉一件怪事。房门的钥匙孔咔咔作声，开始转动。我记得王妈跟我说过晚安，已经走了；她知道我在里面，决不会这么做。我想不起还有谁能够随便进出这个地方。场面一时变得相当吓人。我轻轻蜷缩在椅子上，一动也不动，背靠在椅子上，双足仍架在茶几上。门把转动，王彬走进来。他进来以后，关上房门。

我抗议说："你吓死我了。应该先敲门嘛。"

王彬没有直接答复："你为什么不开灯？"他一把扭开墙上的开关；屋里霎时灯火通明。他抖掉大衣上的雪花，把帽子扔在沙发上，好像在自己家里一样，他踢踢地上的大木箱说："我得想想这个女人的东西该怎么运出去。这些人真不体贴！他们总是把问题留给别人解决！"

他在诉苦。这是蒲艾龄的公寓。他处理"这个女人"的私产真头痛啊。原来他有权自由进出这层公寓，不需要经过我许可，不需要尊重我的心情。但他没有动手打包，反而一屁股坐在茶几另一头的椅子上，大衣也没脱。

王彬虽然心肠麻木，但他可能看出我的不悦，迟钝地咧嘴笑着说："克明小弟，别生我的气。我完全站在你这边。我觉得老杜太不公平。他不该让蒲艾龄这样离开你。"

我怒火中烧，恨不得大叫："滚出去，用不着你同情！"可是我知道，"超级佣人"王彬没有权利自居这个地方的主人，我也没有，便忍住了。我在蒲艾龄痛恨的人面前发脾气，只会使情况更糟糕，造成更严重的后果。我设法挽救自己的尊严："真—— 的，我不，我不想谈这件事。"可是我的声音很难听。

王彬不是敏感的人。他无视于我的痛苦，滔滔不绝往下说："小兄弟，打起精神来。我看这个女人配不上你。她没有眼光！就算非走不可，也不该跟一个吕宋吹笛手厮混！"

我活像被人从背后用生锈的刀子捅了一刀，深入肾脏和胃部，拧绞着我的肠子。疼痛之余，一股温热涌上全身。我挣扎着站起来，双手放在睡袍口袋里，有一只手还抓着蒲艾龄的告别书。我两脚发麻。如果蒲艾龄在场，她一定会宰了王彬。突然间，我想起茱莉亚·万和赵朴分手的时候，我自己也说过类似的话。我对王彬说："我去睡了。你自便，不必客气。"

"拜托，别走，"王彬冲过来，把我推回座位上。他保证，"我道歉。绝不谈那件事。你不喜欢谈女人，好极了。我也不喜欢。我今天来，不是为了那个。"

他这么一说，我不觉动了恻隐之心。我看看他的猪眼和中分头，问道："那你有什么事？"

王彬从大衣口袋掏出一张纸头。他站在我旁边说："明天我该陪你到码头照料进货的事。你说二号舱。载货单上注明一百三十坛桐油。小兄弟，告诉我细节，你知道，明天耳目众多，我不能问你太多话。我希望事先有个大概的印象，免得最后关头在甲板上出错。总不是一百三十个坛子里都有黄金吧？"

他手上的纸头是"民生号"货舱的排货图，也就是货运人员装货和卸货的计划单。王彬在简图上正确指出油坛子的位置，指甲在上面留下一道印痕。于是我向他说明，黄金摆在五个特殊的坛子里，往船尾的方向看去，从左边第三列算起，这几个坛子的位置正好是"一九三一：二"。

王彬说："真有心计。"

明天有人分担我的重责，我放心不少。到时候黄金安全从革命政党交到上海黑社会手中，我就可以交差了。这个担子实在太重，明天我可能又要为感冒所苦。此时此刻，实在需要人帮忙。他虽然笨手笨脚，却是李登楷的手下。于是我说："叫工人把坛子放在搬易碎物品用的木板上。叫他们抓住四角的底台，小心搬。一百三十坛都要这样。不过你帮我留意，那五个特殊的坛子绝不能出错。"

他满面春风说："我明白了，没问题，"说着把纸头折好，放回口袋，"小兄弟，现在我不打扰你了。宝龄的东西改天再来收拾。"

35

我相信二月十二日早上我前往戴生昌码头的时候，已经染上了感冒。我的喉咙又干又痒，流鼻涕，眼睛泪汪汪。可是手上有急事要办，精神紧张，逼得我撑下去，通过几小时艰难的考验，没有病倒。

桐油的各种税都交了，轮船公司的出货文件也发出来了，"鸡狼毫"命令十六铺的人马负责领货。他们是训练有素的码头工人，还派了一艘汽艇去执行这项任务。他们打算直接把坛子搬上汽艇，整个载到黄浦江对岸。只要黄金运到"毛王爷"的棚子，就跟摆在银行保险箱一样安全。运作起来似乎很简单。

主要的人员包括六月教训我一顿的"毛王爷"、差一点打烂我的面孔的功夫高手、揭发我是奸细的小伙子、送我到街道上的阿齐……全是我的旧识。他们显然还记得我，而且知道他们顶头上司的顶头上司跟我有不寻常的新关系。不过，我们遵守帮派的惯例，接受"不打不相识"的金玉良言，前嫌尽释，上次的事用不着提了。我们接受眼前的角色，就是最好的道歉。

九点差几分，汽艇停在恰当的位置，等待"民生号"。阿齐把手下分成几个二人小组。最后一分钟他简单吩咐他们："弟兄们，哪们要搬格坛子每一只欧都当做古董一样宝贝，比哪们格手脚还要值铜钿。拿伊当做团儿，当做宝玉，听到了伐？四只手抓牢木板，四只眼睛看牢。不可以有一眼差错。"他若在蒋介石的步兵队里，可以当个好排长。

我担心的是王彬。他说会到码头来，却不见人影。我开始后悔头一天晚上把宝藏的位置告诉他。我经过三思，李登楷从来没对我说过要派王彬帮我的忙。胡琼芳来看我的时候，说过她自己会来收拾蒲艾龄的东西，她并没说王彬不久会到公寓来。除非特别下令，上级从来不派王彬来办事情。这个鼠辈在搞什么鬼？他也许觉得杜先生冷落了他，苛待了他。他跟我提到"老杜"这两个字。跟"青帮"有关的人从来不这么叫法。杜先生就是杜先生。我应该注意到这一点才对。王彬可能是搞房地产投机有了麻烦。不过他不会动这批货的脑筋吧？对一个小人物来说，这样未免太大胆了。

码头工人一面等，一面在下面玩牌。他们没请我，我也没什么事要下去办，就走到舵手舱去。在钢梯上我差点滑了一跤。舱房很雅致，里面的设备都是黄铜或红木做的。舵手端一杯茶给我。他用一层棉套子裹着瓷壶，安全地摆在挡风板下面的架子上。我谢谢他，同时打了两个喷嚏。我说："对弗住，欧恐怕有点伤风。"

他说话带有宁波腔："这几天伤风格人交关多。阿拉还好，呒没占着。"

黄浦江的能见度很差。大部分船只都开了灯。舵手跟我说完话，继续擦舱房的金属装备和木头框框。我倚着长凳—— 其实是船尾一个大工具箱的盖子。说也奇怪，我们刚停泊好不久，另一艘小艇过来了。"毛王爷"、把风的小伙子和功夫高手都上了船，往下游驶去。这我倒不担心。阿齐还在我这艘船上，我跟他合作比较自在。

舱房的时钟指着十点。"民生号"不见踪影，王彬也没露面，我怀疑这两件事有关联。想到头一天晚上这家伙趁我心烦意乱骗我泄露情报，我觉得很不安。我上了他的当了。

舵手打完蜡，擦完船上的设施，正静静看一本小说。我也从大衣口袋拿出一份《字林西报》。我两眼水汪汪，报上的小字好像有点模糊。不过我利用看报来稳定心情。报纸的头条新闻是"红星航运公司"的四万吨级大轮船"贝尔干兰"号来到上海，将停在吴淞江湾之间，道格拉斯·费尔班在船上，上海的外国社区都热烈欢迎他。另外，美琪大饭店要举办情人节舞会。日本准备开放女性投票权。苏联决定把木材和纸浆推进市场，这对加拿大和美国的木材业者会造成很大的压力。基于特殊的理由，我最不爱看菲律宾吕宋岛的新闻，但菲律宾总督富比士先生（Hon. W. Cameron Forbes）的反共演说占了显著的篇幅。我眨眨眼，仔细看船运栏：海口停泊的外国军舰太多了，有英国炮艇"蒙古号"、美国运输舰"萧孟号"、美国驱逐舰"鹦鹉二一八号"、日本炮艇"伏见号"、意大利巡洋舰"利比亚号"、法国炮艇"托乌尔号"……报上没有提"民生号"抵达。

我一直在考虑该不该打电话给"鸡狼毫"。可是要提王彬的问题，我得先承认自己向他透露黄金在什么地方，指控他的时机可能还没有成熟。从另一方面来说，如果消息真的走泄到某一个能破坏黄金交易的人耳中，损害也许已经造成了。我环顾四周，找不到付费电话，人又不能随便离开。这种事也不能找阿齐帮忙。

十点三十分过去了，不知不觉已到十一点。接着十一点三十分又要过去，"民生号"还是无影无踪。我已经上了两次洗手间。舵手放下小说，又动手刷刷洗洗。十二点，水滨的几栋大楼响起了钟声。阿齐走过来聊了几句，舵手也来参加。他推断"民生号"可能停在吴淞泊船口等领港员上船。"欧弗操心，"他镇定地说。听了这个消息我很高兴。我脑袋充血，视线模糊，但我集中精神听清楚他的每一句话——此时此刻这已是唯一的安慰了。他说黄浦江的宽度可以容纳很多大大小小的船只。实际情况没有这么简单。从船尾到船头，从左舷到右舷，有时候船身的间隔叫人捏一把冷汗。虹口那边供大海轮停泊的码头堵住了部分水道。还有外国货轮和军舰停在中间。驳船、拖船和手划的大船穷凶恶极，挡住彼此的去路。如果想在这些船只间安全通行，每一艘船的速度 都得好好计算。不过水流和潮水又使得调度更加复杂。涨潮和退潮时黄浦江的水深相差四英尺多。舵手纠正阿齐说："是五英尺。"不管四英尺还是五英尺，如果潮水使得水流方向不对劲，情况就会和预计的大不相同。总之，我们必须把黄浦江当做拥挤的街道，有很多狭窄的巷衢、颠簸的地点和崎岖不平的角落，所以领港技术非常重要。目前有执照的领港员很缺乏。部分问题出在正牌领港员身上，他们大抵是外国人，每次当局想训练新人，他们就推三阻四。难怪有时候轮船必须在吴淞泊船口的起点干等好几个钟头。

这个说法叫人心服口服。不过等雪开始落下来，江面船只少了，"民生号"还迟迟不出现。看来恐怕不是领港员太忙，没时间理它的缘故吧。

一点左右，阿齐带来几个热馒头。两点钟我们等待的轮船还是不见踪影。雪下得很急，愈下愈大，街上积雪也愈来愈厚。耽搁到现在已经没有什么理由可以解释了。我下去跟阿齐的手下待了一段时间。不过那个地方离引擎和温热器很近，蒸气弥漫，铁锈的气味很浓，我的鼻窦和鼻膜不相宜。码头工人玩牌玩了这么久，热诚一点也没有减退。根本没人理我。

快到三点的时候，阿齐到舵手舱来透露一则坏消息。像我这种处境的人，任谁听了都会像被判死刑一样。岸上的船公司刚刚接到一通吴淞打来的电话。上午国民政府的税警团登上"民生号"，部分货品被没收，船只获准继续航行，再过不到一小时就会抵达戴生昌码头。

四点前几分，雪量小了，"民生号"停在码头边。它终于来了，黑色的烟囱上有浅蓝的平行四边形图样，吊杆折起，两侧的油漆饱受风吹雨打，露出生锈的小斑痕，锈片斑斑驳驳——跟上星期我在湘水看到的没什么两样。阿齐和我挤过一波波涌上岸的人潮，向货舱走去。进了货舱，我真不知道该跳进黄浦江，还是等共产党杀手以叛逆的罪名从背后射杀我才好。坛子大部分还在，可是有九个不见了。有些地方隔开坛子的绳索和竹篾已经被撕开。不管是谁干的，他一定知道暗号。搜猎的人抢走了五个装有黄金的坛子，另外还把四个挡路的坛子也带走了。空出来的位置仍代表"一九三一：二"。

剩下的一百二十一个坛子里，没有半两黄金。

阿齐说："赵先生，侬搭欧阿要拿文件给货舱主管看，搭伊拉讲欧们要卸货了？"

我无精打采，彷徨失措，随口说："随便侬。"

我病了一个多礼拜，旧历年也在病中度过。那段时间我发高烧，吃得很少。王妈在一旁看护我。我不大记得看过医生，不过一定有医生来过，否则哪里来的一大堆药丸？胡琼芳死了丈夫。她什么时候来看我，怎么会来照顾我，我一点都不知道。我不省人事的时候，几个女人的形影混合出现。我把王妈看成阆太太，有一次还看成我母亲。阆太太的轮廓有时候又跟琼芳的五官交叠。所以琼芳可能来过公寓一次或两次。不过她说什么或做什么我一点印象都没有。然而，我不时看见窗台上的阳光，偶尔听见炮竹声和收音机的音乐声。我没发觉自己留在以前和蒲艾龄共同生活的公寓里，也没注意到她的东西已经运走了。

我和阿齐还没决定要怎么处置"民生号"那一百二十一坛价值不高的桐油，"毛王爷"忽然传话给我们，叫我们赶快卸货。我们得把一百二十一坛当做一百三十坛，默默收下，别盘问什么。其他的事情他"毛王爷"会处理。他的汽艇后面拖着一艘更小的船，一切未决的问题都有了答案。

原来王彬狗急跳墙，临时起了贪念。那天晚上他来找我之前，被债主逼得走投无路，就找了几家上海的银楼，说要低价卖一大批黄金给他们。他自己事先订好飞机票，准备逃到香港。他从我口中听到货舱里黄金的位置，订下一个奇谋。二月十二日一大早，他跟两名助手租了一艘小汽艇，往吴淞泊船口驶去。他们算好"民生号"抵达的时间，换上国民政府税警团的制服，佩戴手枪。计划如此周详，却没想到他们一转身，跟他们接触过的人就向青帮报告，连提供国民政府税警团制服的人也不例外。最后各种消息在华格臬路汇集在一起。"鸡狼毫"猜到他们的计谋，布下陷阱。他们任由王彬等人从"民生号"上取走九个坛子，可是王彬正要带战利品上汽艇离开，"毛王爷"就带人围上去。这次上船的是正牌国民政府税务员，他们私底下是杜先生的门徒。骗子被捆住手脚，两个从犯未拴铁链，直接丢入长江口的水面。王彬背叛"青帮"，犯下滔天大罪，不能不杀鸡儆猴。他被绑在船底，拖了十三哩路，抵达上海，尸体在十六铺放了好几个钟头。我回程也看见了。身上的绳子已经拿掉，但手腕和脚踝的勒痕清晰可见。全身浮肿，蓝制服的扣子已撑不住衣服，有一只裤脚管裂开了。一头浓密的黑发贴在额头。这具尸体活像一个吹胀的气球，只依稀留下一点人形的变貌，看起来非常可怕。我想到这是李登楷下令干的，心里很不安。不论好或坏，王彬不到二十四小时前还活生生跟我说话，对我微笑。回顾过去，"人命太脆弱"和"恶有恶报"的想法交互浮现在我心头。这么一大笔横财，又是江西浴血的成果，好像注定要成为祸根。黄金还没易手，已经死了三个人。帮里处置叛徒的告示发出以后，对外宣布王彬失足溺死。没有一个人说他不是。

我扮演的不过是蒙昧的命运工具，而且是小工具，可是一想到我若机警一点，守口如瓶，可以保住三条命，我就觉得罪过。说起来我也辜负了杜先生、"鸡狼毫"和胡琼芳的托付。如果古家骧发现细节，不晓得他对我会有什么看法。我真怕华格臬路那边会追究谁向王彬泄露油坛子的排列暗号。结果提都没人提。我渐渐相信，李登楷决定设陷阱对付王彬，我走泄消息不但不算过失，也许还算功劳一件呢。除了我和李登楷，可能还有别人知道暗号。根据过去几个月的经验，每次我到外面去作双边接触，甚至只是跑个腿，旁边的人都互相联络，形成小圈圈和大网络。例如阿齐跟我说"民生号"因为找不到领港员才迟迟不进港，其实他显然知道吴淞泊船口出了什么事。

现在怎么办呢？我必须更有信心。杜先生曾经指出，黄金一旦卖出，得款立刻交给共产党地下工作人员，他甚至说要预付货款。要考验他有没有遵守诺言，只要到街上逛一圈就行了。反正我需要运动运动，恢复体力。

我在街上一连逛了几天，愈走愈远。第四天我散步回到公寓，发现蒲艾龄的房门半开，胡琼芳正在用她床边的电话。我走进客厅，她一定听见脚步声了。起先我觉得不该偷听人家讲话。可是过了几秒钟，我已明白怎么回事：她是故意引我偷听的。

"好吧，随便侬，"她说。我想她一定坐在床沿上，一只脚穿鞋，一只脚没穿，一只手指随电话线弯曲翘起。

她继续说："欧愈想愈欢喜。伊面架子生得好，人又机灵。特别是脾气像小团，可怜兮兮，欧觉到满可爱。……啊，啥事体？（我越想越中意。他人长得漂亮，又聪明，更有一股小孩子脾气，叫人看来值得怜爱。……呀！什么呀？）

"屋里乡有个负责任格男人，凡事认真，勿是交关好？一日到夜搭骗子勒一道，烦死透人了。连侬老太爷也是一样…… 哈，侬要欧相信格一套？滑稽哩，欧刚刚才说骗子！…… 笑煞人哉。（家里有一个男人能说话算数，岂不甚好。我和这些骗子混到一天到晚，烦死了，连你大先生在内…… 哈，你要我相信你这一套？真滑稽，我刚才说骗子，真笑死人了。）

"勿没格事体，绝对勿没！是格两日才发生格。伊生病了。老实讲，侬真该看看伊格眼神，满老实…… 侬不懂，侬格人太腐败了。"（没有那回事，完全没有！只有这两天才这样。他生了病，你要看他的眼睛才有这种感觉，那种真诚的态度……你不懂，你太腐败了。）

我仿佛又发起高烧来，这回滚烫的感觉延伸到耳根和面颊。她的电话继续打下去。

"得了，侬同殆个演戏格姘头杰吧，搭侬讲，伊满死心眼。欧哪晓得……看侬格宝贝干囡儿私奔格辰光伊邪气伤心……是侬自家发现伊有品格的，对。？……欧相信伊肯（算了吧，你和你的女戏子朋友去吧，可是你要知道他可是凡事顶真的。我怎晓得的？看他对你宝贝干女儿与人私奔时他那么伤心！他有品格，不是你先生自己发现的吗？对吧？……我相信他肯的。）

"勿要讲了！欧一眼也不信！哈，哈，哈，侬戛滑稽得来哩。（用不着说了，我才不相信呢，哈，哈，你真滑稽。）

"就算阿拉两人都有湖南骡子脾气好了……别讲伊娘娘腔。侬应当看看伊打架格样子。看伊安能熬过病痛。（就说我们两个人都有湖南脾气好了……不要说他有女孩子气派，你要看他挣扎时那段神情，看他和病魔王作对的那段气派。）

"欧要到教堂去行婚礼……弗要到江湾注册了事……欧要留点物事拨孙子看……帮欧安排，好哦？侬弗觉到侬利用了人家？……现在欧来当格个家，格啥事体包在欧身上。伊只差没把命送拨侬了。"（我要到教堂行礼……不是江湾注册了事的那一套了……我要留一点纪念品给后人看……你也要出面安排呀，你不能一直利用人家呀……现在我来当家，有我做主，他为你几乎把一条命送掉了。）

我听到"命"字，突然发觉我的一生又有危险了。于是我连忙跑出公寓，跑出大楼。现在我的整个脸和脖子都烫得要命，吹到外面的冷风，觉得好舒服。一辆电车来到街角，我跳上去。车上空位很多，我站在中间，抓住头顶的把手。车掌走过来的时候，我掏出一张一元券——这是我身上仅有的钞票。

"先生，侬要到哈里搭？"车掌问道。

"啥个地方偕可以格。"

我想这是相当贴切的回答。

感谢陈怡真小姐在沪语对白方面的指导和协助

——译者宋碧云